"十三五"国家重点图书出版规划项目

国家出版基金项目
NATIONAL PUBLICATION FOUNDATION

大国经济丛书·新兴大国经济问题　　　主编　欧阳峣

新兴大国交通运输溢出效应与区域经济增长

以中国为例

罗会华　著

格致出版社　　上海人民出版社

总　序

经济学发展历史表明,经济理论的重要程度往往取决于被解释现象的重要程度。中国的崛起被称为"东亚奇迹","金砖国家"的崛起已成为"世界奇迹",这说明大国经济现象的重要程度是毋庸置疑的。如果将典型的大国经济发展现实和经验的研究提升为普遍性的理论体系和知识体系,那么,中国经济学就有可能掌握国际话语权。

一般地说,掌握国际话语权应该具备三个条件:一是研究的对象具有典型意义,被解释的现象不仅对某个国家的发展具有重要意义,而且对世界的发展具有重要意义;二是取得的成果具有创新价值,在学术上有重要发现,乃至创造出新的科学理论和知识体系;三是交流的手段具有国际性,研究方法符合国际规范,可以在世界范围交流和传播。

在大国经济研究领域,第一个条件是已经给定的,因为大国经济发展具有世界意义。关键是要在第二个条件和第三个条件上下功夫。要通过创造性的思维和研究,深刻把握大国经济的特征和发展规律,构建大国经济的理论体系和知识体系,追求深层次的学术创新和理论突破;要使用国际化的交流手段,运用规范的研究方法和逻辑思维开展研究,从中国与世界关系的角度来看待大国经济问题,并向世界传播大国经济理论和知识体系,从而使大国经济理论具有世界意义和国际影响力。

我们将联合全国的专家学者,致力于探索超大规模国家经济发展的特征和规律,进而构建大国经济理论体系和知识体系。格致出版社以深邃的目光发现了这个团队的未来前景,组织出版这套《大国经济丛书》,国家新闻出版总署将其列入

"十二五"国家重点图书出版规划,为大国经济研究提供了展示成果的平台。

我们拥有这样的梦想,并且在集聚追求梦想的力量。我们期望这个梦想成为现实,并用行动构建中国风格的经济学话语体系,为中国经济学走向世界做出积极的贡献。

欧阳峣

前　言

　　中国改革开放后,特别是20世纪90年代以后实施财政分权政策和积极的财政政策,中央政府及地方政府对交通基础设施进行了大量的投资。2003年,中国铁道部提出"推动中国铁路跨越式发展",开启了中国铁路发展的新时代。在2008年应对金融危机而推出的4万亿经济刺激计划中,将近一半经费投向了铁路、公路等交通基础设施,因此,中国的交通运输业得到了高速发展。当前我国交通运输供需紧张的状况基本得到缓解,运输瓶颈制约基本消除,基本上能为经济社会发展需要提供基础保障。

　　虽然大部分研究肯定了交通基础设施建设对我国经济增长的重要性,但随着我国交通基础设施的建设规模的扩大,部分研究认为,地方政府存在过度投资、重复建设、资源浪费等问题,为了"要想富、先修路"和政绩竞争,我国交通基础设施投资建设出现了不协调趋势。国内学者对我国交通基础设施的溢出效应进行了大量的实证研究,就结论而言,大部分研究认为我国交通基础设施的溢出效应显著为正,但也有研究指出溢出效益显著为负或者不存在溢出效应。现有的研究围绕交通基础设施对经济增长的研究展开了大量的研究,得出许多有益的结论,但在以下方面仍需进一步回答:(1)交通运输对区域经济的影响机理是怎样的? 现有的研究较少从空间的视角来展开,需要从新的理论框架、新的视角进行系统研究,特别是从理论上阐述交通运输溢出效应的存在。(2)我国交通运输对区域经济增长是否具有空间溢出效应,溢出效应是正向的还是负向的,其作用有多大? (3)改革开放以来,我国的区域经济经历了不同的阶段,交通基础投资在区域上也存在倾斜,那么我国交通基础设施的溢出效应是否随着时间的推移发生变化,是否在不同的经济板块上具有不同的表现？

　　基于新的理论与方法，对发展中大国的交通运输与经济增长间的关系进行研究，回答上述问题是非常必要和有意义的。本书采用理论分析与实证研究相结合的方法，对我国交通运输对区域经济的增长效应展开了系统研究，主要的研究内容有以下的几个部分：

　　第一，构建了交通基础设施促进区域经济增长的理论模型。构建了一个简单两区域模型，基于柯布—道格拉斯生产函数分析了区域间交通基础设施改善对两个区域经济增长的影响，及其对区域间的专业分工和产业结构变迁的影响机理以及引致的经济增长效果。并采用新经济地理学理论来拓展两区域模型，基于标准自由资本模型将空间相关性纳入交通运输与经济增长的分析框架，分析区域内和区域间的交通基础设施对区域间产业空间布局和经济增长的影响，并从中推导出交通基础设施存在的直接效应和溢出效应。

　　第二，分析了我国区域经济与交通运输的时空演化及现状。在我国区域经济发展阶段的基础上，利用 Stata 15.2 软件得到区域经济时空演化图，分析每一阶段我国区域经济空间格局的变迁，并从经济总量、经济增长率等方面对我国区域经济的空间格局现状进行了分析。从铁路密度和公路密度来考察 1978—2016 年间我国基础设施的空间分布与变迁情况，以及对铁路、公路、水路和航空四种交通运输的相关指标进行系统分析，并在区域层面和国际层面进行了比较分析。

　　第三，对交通运输与经济增长的动态关系进行了理论和实证研究。实证检验了经济增长率、客货周转量增长率与交通运输基础设施增长率之间的动态关系。基于全国时间序列数据，采用 Johansen 协整检验方法对实际人均 GDP、交通网络里程与换算周转量的长期与短期关系进行了检验；基于省级面板数据，采用面板 VAR 模型，检验了交通网络密度增长率、换算周转量增长率与实际人均 GDP 增长率之间的动态关系。

　　第四，实证研究了交通基础设施对本地经济增长的影响。选取了宜万铁路途径恩施市作为研究对象，分析了宜万铁路路线选择和立项背景，认为宜万铁路途径恩施市可视为外生冲击事件。基于合成控制法评估了宜万铁路的开通对恩施市人均 GDP 增长的处理效应,并采用双重差分法(DID)进行了稳健性检验,证实 SCM 结果的稳健性,并探索性分析了恩施市受益于宜万铁路的主要条件。

第五,分析研究了我国区域经济的空间自相关性。选取各省级行政区域 1978—2016 年实际人均 GDP 的自然对数作为分析指标,利用 Geoda 软件计算出的全局 Moran's I 指数值及进行了检验,并根据其变化趋势把我国区域经济的空间自相关关系分为三个阶段;根据 Moran 散点图分析了我国区域经济空间集聚的时空变迁情况;以 LISA 聚类地图和显著性地图检验了空间分布格局及其显著性。

第六,实证检验了我国交通运输对区域经济增长的溢出效应。对纳入了交通运输变量的空间面板计量模型进行了相关的检验,检验显示具有随机效应的空间面板计量一般模型是最优的模型。基于空间面板计量模型,采用地理距离空间权重矩阵,检验我国交通运输溢出效应与区域经济增长的关系,并分阶段、分区域和分阶段分区域进行了模型的估计并测算溢出效应。

通过对上述内容的研究,得出如下的主要结论和观点:(1)区域间和区域内的交通基础设施改善所导致的区域产出变化存在差异。区域内和区域间交通基础设施的改善会对区域的产出产生不同的后果,其直接效应和间接效应存在差异,与区域间的经济优势和交通基础设施优势对比相关。(2)我国区域经济与交通基础设施具有相似的时空演进和空间布局。对我国区域经济和交通运输的时空演进分析发现,实际人均 GDP 较高的地区的交通网络密度也较高,而且随着人均 GDP 空间格局的变迁,交通网络密度的空间布局也发生变迁,表明我国区域经济和交通基础设施间存在一定的关联性。(3)我国交通基础设施供给具有强外生性。采用 VECM 和 PVAR 模型均发现,交通网络里程增长率没有受到人均 GDP 增长率的显著影响,在一定程度上表明我国交通基础设施供给表现为外生,并非由经济发展水平和基础设施存量来推动,而是主要由中央政府的建设规划和地方政府的"晋升锦标赛"来推动。(4)交通基础设施产生正向直接效应需具备一定的条件。评估宜万铁路对恩施市经济增长的处理效应为正,但在溢出效应实证研究中发现存在交通基础设施对本地经济增长存在负向直接效应的证据。因此,交通基础设施促进本地经济增长具有区域异质性,需要具备一定的条件。(5)我国区域经济增长存在较强的空间自相关性。1978—2016 年期间,我国 30 个省级行政区实际人均 GDP 存在着显著的正向空间自相关,表明我国区域经济增长存在较强的空间自相关性,并且我国区域经济的空间格局主要以空间集聚为主,而且空间集聚格局有进一步强化的趋势。(6)我国交通基础设施的溢出效应具有时空异质性。分阶段、分区域的实证表明:东部地区的铁路只在第 3 阶段存在正向溢出效应,公路仅在第 1 阶段存在正向溢出效应;中部地区的铁路在 3 个阶段均存在正向溢出效应,公路在第 1 阶段和第 3 阶段均存在正向溢出效应;西部地区的铁路前 2 个阶段的溢出效应为正,在第 3 阶段为负,公路在 3 个阶段均没有溢出效应。由此,得出我国交通基础设施的溢出效应具有时空异质性的结论,交通基础设施产生溢出效应的条件需要进一步深入研究。

结合实证研究结论和我国交通基础设施发展现状,主要提出以下政策建议:第一,我国未来的交通基础设施投资应以完善综合交通运输体系为目标,而非传统的促进经济增长为目标。鉴于东部地区交通网络密度已达到较高水平,实证表明东部地区交通基础设施的经济增长效应已不显著。因此,交通基础设施投资应从促进经济增长为目标转向以完善现代化综合交通运输体系为目标。第二,提高交通基础设施建设决策的科学性。实证研究表明,我国交通基础设施建设具有强外生性,但这样有可能会导致重复建设,无法有效实现资源的有效配置,因此,建议决策时更多立足于经济和效益的视角,并且制定交通基础设施建设规划时,充分考虑交通基础设施的空间相关性和空间溢出效应。第三,未来优先并重点建设中西部地区交通基础设施。中西部地区的交通网络密度较低,实证表明提高西部地区的交通基础设施供给落后于交通运输需求;实证表明当前中部地区公路和铁路的直接效应均为正,因此,我国交通基础设施建设的重点应转向中西部地区。

上述对策建议可为相关政府部门制定交通基础设施发展规划,确定交通基础设施投资力度与方向等决策时提供参考。

ABSTRACT

After China's reform and opening up, especially after the 1990s, the central government and local governments have invested a lot in transportation infrastructure. In 2003, China's Ministry of Railways put forward "promoting the leapfrog development of China's railway", which ushered in a new era of China's railway development. In 2008, nearly half of the 4 trillion economic stimulus plan launched in response to the financial crisis was invested in railway, highway and other transport infrastructure. Therefore, China's transport has developed rapidly. At present, the tension between supply and demand of transportation in China has been basically relieved, and the bottleneck of transportation has been basically eliminated, which can basically provide the basic guarantee for the needs of economic and social development.

Although most of the studies have affirmed the importance of transportation infrastructure construction to China's economic growth, with the expansion of the scale of transportation infrastructure construction in China, some of the studies believe that local governments have problems such as over investment, repeated construction and waste of resources. In order to "want to be rich, build roads first" and compete for political achievements, the investment and construction of transportation infrastructure in China is in an incongruous trend Potential. Domestic scholars have done a lot of empirical research on the spillover effect of China's transport infrastructure. In terms of conclusions, most of the studies believe that the spillover effect of China's transport infrastructure is significantly positive, but some studies have pointed out that the spillover effect is significantly negative or there is no spillover effect. The existing research focuses on the research of transportation infrastructure on economic growth, and draws many useful conclusions. However, further answers are needed in the following aspects: (1) What is the impact mechanism of transportation on regional economy? The existing research is rarely carried out from the perspective of space, which needs to be systematically studied from a new theoretical framework and a new perspective, especially the existence of the spillover effect of transportation. (2) Whether China's transportation has spatial spillover effect on regional economic growth, whether the spillover effect is positive or negative, and how much is the effect. (3) Since the reform and opening up, China's regional economy has gone through different stages, and the traffic infrastructure investment is also inclined in the region, so whether the spillover effect of China's traffic infrastructure changes with the passage of time, and whether it has different performance in different regional economic sectors.

Based on the new theory and method, it is necessary and significant to study the relationship between transportation and economic growth in developing countries. This book uses the method of theoretical analysis and empirical research to carry out a systematic study on the growth effect of transportation on regional economy in China. The main research contents are as follows:

The theoretical model of transportation infrastructure promoting regional economic growth is constructed. Based on Cobb Douglas production function, a simple two region model is constructed to analyze the impact of the improvement of the transportation infrastructure between regions on the economic growth of the two regions, as well as the impact mechanism of the improvement on the division of labor and industrial structure between regions and the effect of the economic growth. Based on the standard free capital model, the spatial correlation is incorporated into the analysis framework of transportation and economic growth, and the influence of transportation infrastructure on the industrial spatial layout and economic growth between regions is analyzed.

This book analyzes the temporal and spatial evolution and current situation of regional economy and transportation in China. On the basis of the development stage of regional economy in China, the book uses Stata 15.2 software to get the spatial and temporal evolution map of regional economy, analyzes the change of spatial pattern of regional economy in each stage, and analyzes the current situation of spatial pattern of regional economy in China from the aspects of economic aggregate, economic growth rate, etc. From the perspective of railway density and highway density, the book investigates the spatial distribution and changes of infrastructure in China from 1978 to 2016, and makes a systematic analysis of the relevant indicators of railway, highway, waterway and air transportation, and makes a comparative analysis at the regional and international levels.

This book studies the dynamic relationship between transportation and economic growth. Based on the national time series data, Johansen cointegration test method is used to test the long-term and short-term relationship between the actual per capita GDP, transportation network mileage and the converted turnover; based on the provincial panel data, the panel VAR model is used to test the dynamic relationship between the density growth rate of the transportation network, the converted turnover growth rate and the actual per capita GDP growth rate.

The book empirically tests the impact of transportation infrastructure on local economic growth. This book selects Enshi City as the research object, analyzes the selection of Yiwan railway route and the background of project approval, and considers that Yiwan railway passing through Enshi City can be regarded as an exogenous impact event. Based on the Synthetic Control Method(SCM), the book evaluates the treatment effect of the opening of Yiwan Railway on the per capita GDP growth of Enshi City, and uses the double difference method(DID) to test the robustness of the SCM results, and explores the main conditions for Enshi City to benefit from Yiwan railway.

The spatial autocorrelation of regional economy in China is analyzed. The natural logarithm of real per capita GDP of each provincial administrative region from 1978 to 2016 is selected as the analysis index, and the global Moran's I index value calculated by GeoDa software is used to test. According to its change trend, the spatial autocorrelation of regional economy in China is divided into three stages; the spatial and temporal changes of regional economic spatial agglomeration in China are analyzed according to Moran scatter diagram; and the spatial distribution pattern and its significance were tested by Lisa clustering map and significance map.

This book empirically tests the spillover effect of transportation on regional economic growth. In the book, the spatial panel measurement model with traffic and transportation variables is tested, which shows that the general spatial panel model with random effect is the optimal model. Based on the general spatial panel econometric model and the spatial weight matrix of geographical distance, the book tests the relationship between the spillover effect of transportation and regional economic growth in China, and estimates and calculates the spillover effect.

The book draws the following conclusions: (1) there are differences in regional output changes caused by the improvement of traffic infrastructure between and within regions. The improvement of transportation infrastructure in and between regions will have different consequences on the regional output, and its direct and indirect effects are different, which is related to the comparison of economic advantages and transportation infrastructure advantages between regions. (2) China's regional economy and transportation infrastructure have similar space-time evolution and spatial layout. It is found in this book that with the change of spatial pattern of per capita GDP, the spatial layout of traffic network density also changes, indicating that there is a certain correlation between regional economy and traffic infrastructure in China. (3) the supply of transportation infrastructure in China is exogenous. Using VECM and pvar models, it is found that the growth rate of traffic network mileage is not significantly affected by the growth rate of per capita GDP. To a certain extent, it shows that the supply of traffic infrastructure in China is exogenous, not driven by the level of economic development and infrastructure stock, but mainly driven by the construction planning of government departments. (4) there are certain conditions for the positive direct effect of traffic infrastructure. The treatment effect of Yiwan Railway on the economic growth of Enshi City is evaluated as positive, but in the empirical study of spillover effect, it is found that there is evidence of negative direct effect of transportation infrastructure on the local economic growth. Therefore, transportation infrastructure to promote local economic growth has regional heterogeneity, which requires certain conditions. (5) there is a strong spatial autocorrelation in China's regional economic growth. During 1978—2016, there was a significant positive spatial autocorrelation in the real GDP per capita of 30 provincial administrative regions in China, indicating that there was a strong spatial autocorrelation in the regional economic growth in China, and the spatial pattern of regional economy in China was mainly spatial agglomeration. (6) the spillover effect of transportation infrastructure in China is spatiotemporal heterogeneity. The empirical results show that: the railway in the eastern region only has positive spillover effect in the third stage, while the highway only has positive spillover effect in the first stage; the railway in the central region has positive spillover effect in the three stages, and the highway has positive spillover effect in the first and third stages; the spillover effect in the first two stages of the railway in the western region is positive, negative in the third stage, and the highway only has positive spillover effect in the third stage There was no spillover effect in all three stages.

Combined with the conclusion of empirical research and the current situation of China's transportation infrastructure development, the following policy recommendations are put forward: (1) China's future transportation infrastructure investment should take improving the comprehensive transportation system as the goal, rather than the traditional promotion of economic growth as the goal. (2) Improve the scientific decision-making of transportation infrastructure construction. It is suggested that the decision-making should be more from the perspective of economy and benefit, and the spatial correlation and spatial spillover effect of transport infrastructure should be fully considered in the planning of transport infrastructure construction. (3) In the future, priority will be given to the construction of transportation infrastructure in the central and western regions. The empirical results show that the direct effects of highways and railways in the central region are all positive. Therefore, the focus of China's transportation infrastructure construction should be shifted to the central and western regions. The above suggestions can provide decision-making reference for the relevant government departments to formulate the development plan of transport infrastructure and determine the investment intensity and direction of transport infrastructure.

目　录

第1章　导论 　　　001

1.1　研究背景与研究意义 　　　001

1.2　研究思路及研究内容 　　　006

1.3　研究方法 　　　010

1.4　本研究的创新点 　　　011

第2章　理论基础与实证研究现状 　　　013

2.1　经济增长的理论基础 　　　013

2.2　区域经济发展理论 　　　015

2.3　交通基础设施溢出效应的理论基础 　　　018

2.4　交通运输与经济增长的实证研究 　　　022

2.5　研究现状述评 　　　039

第3章　理论分析框架与模型构建 　　　041

3.1　理论框架与作用机制 　　　041

3.2　一个简单的两区域模型 　　　045

3.3　拓展的两区域模型 　　　053

3.4　本章主要结论 　　　068

第4章　中国区域经济与交通运输的时空演化及现状分析 　　　070

4.1　新兴大国的主要经济特征 　　　070

4.2　中国区域经济的时空演进分析　　　　　　　　　　075

4.3　中国区域经济的发展现状　　　　　　　　　　　080

4.4　中国交通基础设施的时空演化　　　　　　　　　084

4.5　中国交通运输发展现状分析　　　　　　　　　　089

4.6　本章主要结论　　　　　　　　　　　　　　　　113

第 5 章　**交通运输与经济增长的动态关系研究**　　　　115

5.1　本章引言　　　　　　　　　　　　　　　　　　115

5.2　全国层面时间序列数据的实证——基于 VECM　　118

5.3　省级层面面板数据的实证——基于 PVAR　　　　130

5.4　本章主要结论　　　　　　　　　　　　　　　　147

第 6 章　**交通基础设施对本地经济增长的影响实证——基于合成控制法**　150

6.1　本章引言　　　　　　　　　　　　　　　　　　150

6.2　背景分析　　　　　　　　　　　　　　　　　　156

6.3　研究设计　　　　　　　　　　　　　　　　　　162

6.4　实证分析与检验　　　　　　　　　　　　　　　168

6.5　恩施市为何能受益于宜万铁路　　　　　　　　　179

6.6　本章主要结论　　　　　　　　　　　　　　　　183

第 7 章　**中国区域经济的空间自相关性检验与分析**　　185

7.1　本章引言　　　　　　　　　　　　　　　　　　185

7.2　探索性空间数据分析（ESDA）的理论基础　　　187

7.3　中国区域经济增长的全局空间自相关检验　　　　197

7.4　中国区域经济增长的局部空间自相关检验　　　　205

7.5　本章主要结论　　　　　　　　　　　　　　　　209

第 8 章　**中国交通运输对区域经济增长的溢出效应实证研究**　211

8.1　本章引言　　　　　　　　　　　　　　　　　　211

8.2 变量与数据来源 215

8.3 空间效应检验与模型设定 218

8.4 以实物基础设施为解释变量的实证 222

8.5 以交通运输变量为解释变量的实证 240

8.6 本章主要结论 252

第9章 结论与政策建议 256

9.1 主要结论 256

9.2 政策建议 266

9.3 研究的不足与展望 270

参考文献 272

CONTENTS

Chapter 1 Introduction   *001*

1.1 The Background and Significance of Research   *001*

1.2 Framework and Contents of Research   *006*

1.3 Research Methods   *010*

1.4 Novelty of Research   *011*

Chapter 2 The Theoretical Basis and Literature Review on Empirical Research

    013

2.1 The Theoretical Basis of Economic Growth   *013*

2.2 The Theory of Regional Economic Development   *015*

2.3 The Theoretical Basis of Spillover Effect of Transport

Infrastructure   *018*

2.4 Review on Empirical Research about Transportation and

Economic Growth   *022*

2.5 Commentary of Research   *039*

Chapter 3 The Framework of Theoretical Analysis and Model Construction   *041*

3.1 Theoretical Framework and Mechanism   *041*

3.2 The Simple Model of Two Regions   *045*

3.3 The extended model of Two Regions   *053*

3.4 Conclusions   *068*

Chapter 4 Analysis on the Space-time Evolution and Present Situation of

Regional Economy and Transportation in China   *070*

4.1   The Main Economic Characteristics of Large Developing

Countries   *070*

4.2   The Space-time Evolution of Regional Economy in China   *075*

4.3   The current situation of China's regional economy   *080*

4.4   The Time and Space Evolution of China's Transportation

Infrastructure   *084*

4.5   Analysis on the Current Situation of China's Transportation

Development   *089*

4.6   Conclusions   *113*

Chapter 5 Research on the Dynamic Relationship between Transportation

and Economic Growth   *115*

5.1   Introduction   *115*

5.2   Empirical Analysis of Time Series Data at National Level:

Based on VECM   *118*

5.3   An Empirical Study of Panel Data at Provincial Level:

Based on PVAR   *130*

5.4   Conclusions   *147*

Chapter 6 Empirical Research on Transportation Infrastructure Promoting

Local Economic Growth: Based on the Synthetic Control Method   *150*

6.1   Introduction   *150*

6.2   Background Analysis   *156*

6.3   Research Design   *162*

6.4   Empirical Analysis and Test   *168*

6.5   Why Enshi can Benefit from Yiwan Railway   *179*

    6.6   Conclusions   *183*

Chapter 7 **Spatial Autocorrelation Test and Analysis of Regional Economy**

            in China   *185*

    7.1   Introduction   *185*

    7.2   The Theoretical Basis of Exploratory Spatial Data Analysis   *187*

    7.3   Global Spatial Autocorrelation Test of Regional Economic

          Growth in China   *197*

    7.4   Local Spatial Autocorrelation Test of Regional Economic

          Growth in China   *205*

    7.5   Conclusions   *209*

Chapter 8 **Empirical Study on the Spillover Effect of China's Transportation**

            on Regional Economic Growth   *211*

    8.1   Introduction   *211*

    8.2   Variables and Data   *215*

    8.3   Spatial Effect Test and Model Setting   *218*

    8.4   An empirical Study of Physical Infrastructure Variables

          as Independent Variables   *222*

    8.5   An Empirical Study of Transportation Variables as

          Independent Variables   *240*

    8.6   Conclusions   *252*

Chapter 9 **Conclusions and Recommendations**   *256*

    9.1   Main Conclusions   *256*

    9.2   Recommendations   *266*

    9.3   The Shortage of the Paper and the Future Outlook   *270*

References   *272*

第 1 章

导论

1.1 研究背景与研究意义

1.1.1 研究背景

亚当·斯密较早关注到交通运输和经济增长之间的关系,他在《国富论》中强调"经济的发展在于分工,分工在于市场的大小,市场的大小跟交通运输的条件有关",指出了交通运输发展对国民财富增加的作用。交通运输条件的改善不仅可以减少运输成本,更主要的是能够开拓更大的市场,促进社会分工,提高劳动生产率,进而增加国民财富。20 世纪 40 年代,发展经济学异军突起,保罗·罗森斯坦·罗丹(Paul Rosenstein-Rodan)、罗根纳·纳克斯(Ragnar Nurkse)、沃尔特·罗斯托(Walt Rostow)和赫希曼(Albert Hirschman)等发展经济学家对基础设施与经济增长的关系都提出了许多有见地的思想。罗森斯坦·罗丹所提出的大推进理论,将基础设施视为社会先行资本,必须优先发展。沃尔特·罗斯托也将基础设施视为社会先行资本,认为基础设施发展是实现经济起飞的一个重要前提条件。纳克斯认为:"基础设施投资是政府的责任,私人企业是不可能有动力对具有初始投资不可分和强外部性特征的基础设施进行投资的。"

在这种思想的指导下,世界各国及世界银行都非常强调交通基础设施的作用。世界银行 20％的贷款被分配到交通基础设施项目上,比教育、卫生和社会服务加总的份额还大,这些项目旨在减少交易成本(Donaldson,2018)。新兴大国的经济处于由落后阶段向先进阶段的过渡时期,开始进入起飞阶段,由于具备了一定的产业基础,特别是劳动密集型产业具有比较优势,所以积累了一定的资金,为发展交通运输提供了可能;新兴大国经济发展需要解决区域分割和市场分割的状况,形成庞大的市场规模拉动经济增长,因此交通运输条件亟待改善,以促进经济快速发展。但新兴大国的交通运输发展对本国的区域经济增长的影响到底如何,是否具有溢出效应,需要进一步从理论和实证上进行探讨。为此,本书以新兴大国的典型代表中国为例,系统研究交通运输的溢出效应,实证检验其影响经济增长的积极作用。

改革开放后,特别是 20 世纪 90 年代以后实施财政分权政策和积极的财政政策,我国中央政府及地方政府对交通基础设施进行了大量的投资。2003 年,铁道部提出"推动中国铁路跨越式发展",开启了中国铁路发展的新时代。在 2008 年应对金融危机而推出的 4 万亿经济刺激计划中,将近一半经费投向了铁路、公路等交通基础设施,因此,中国的交通运输业得到了高速发展。铁路营业里程从 1980 年的 5.33 万公里增加到 2016 年的 12.4 万公里,公路里程从 1980 年的 88.83 万公里增加到 469.63 万公里。同时,旅客周转量从 1980 年的 2 281.3 亿人公里增长到 2016 年的 31 258.46 亿人公里,货物周转量从 1980 年的 11 629 亿吨公里增长到 2016 年的 186 629.48 亿吨公里。

从总体来看,当前我国交通运输供需紧张状况基本得到缓解,运输瓶颈制约基本消除,基本上能为经济社会发展需要提供基础保障。虽然大部分研究肯定了交通基础设施建设对我国经济增长的重要性,但随着我国交通基础设施的建设规模的扩大,部分研究认为,地方政府存在过度投资、重复建设、资源浪费等问题,为了"要想富、先修路"和政绩竞争,我国交通基础设施投资建设出现了不协调趋势(万丽娟和刘媛,2014)。近期,国内学者胡鞍钢和刘生龙(2009)、刘勇(2010)、张学良(2012)、Yu 等(2013)等实证检验了我国交通基础设施的溢出效应,就结论而言,大部分研究认为我国交通基础设施的溢出效应显著为正,但也有研究指出溢出效益显著为负或者不存在溢出效应。

现有的研究围绕交通基础设施对经济增长的影响展开了大量的讨论,得出许多有益的结论,但在以下方面仍需进一步回答:(1)交通运输对区域经济的影响机理是怎样的? 现有的研究较少从空间的视角来展开,需要从新的理论框架、新的视角进行系统研究,特别是从理论上阐述交通运输溢出效应的存在。(2)我国交通运输对区域经济增长是否具有空间溢出效应,溢出效应是正向的还是负向的,其作用有多大? (3)改革开放以来,我国的区域经济经历了不同的阶段,交通基础设施投资在区域上也存在倾斜,那么我国交通基础设施的溢出效应是否随着时间的推移发生变化,是否在不同的经济板块具有不同的表现?

在此背景下,基于新的理论与方法,对新兴大国的交通运输与经济增长间的关系进行研究,回答上述问题是非常必要和有意义的。

1.1.2　研究意义

本书采用理论分析与实证研究相结合的方法,研究我国交通运输与区域经济增长间的关系。在理论分析方面,构建了 2 个理论模型分析交通基础设施对经济增长的影响。在实证研究方面,采用了向量误差修正模型和面板向量自回归模型对我国交通运输和经济增长间的动态关系展开研究;采用合成控制法和双重差分法评估宜万铁路对恩施市经济增长的影响,实现了因果推断;利用探索性空间数据分析方法对我国经济增长的空间格局进行描述性统计,验证区域经济增长的空间相关性;利用面板空间计量一般模型实证研究了我国交通基础设施及交通运输的溢出效应,及其对区域经济增长的作用。这些研究具有一定的理论意义和实践价值。

1. 理论意义

本研究构建了理论模型,并把一些实证研究方法引入交通基础设施领域。本研究的理论意义主要有：

（1）构建了交通运输的空间溢出效应模型，从理论推导出交通基础设施对区域经济增长存在直接效应和溢出效应。本书首先构建一个包含 2 个地区和 2 个部门的两区域模型，采用柯布—道格拉斯生产函数分析了区域间交通基础设施的改善对两个区域经济增长的影响，并分析了其对区域间实现专业分工和产业结构变迁的影响机理。并用新经济地理学理论来拓展了简单的两区域模型，在标准自由资本模型下构建了一个包含 2 个地区、3 个部门和 3 种要素的经济系统，将空间相关性纳入交通运输与经济增长的分析框架，分析区域内和区域间的交通基础设施对区域间产业空间布局的影响，及其对区域经济增长的促进作用，并从中推导出交通基础设施存在的直接效应和溢出效应。

（2）采用合成控制法（SCM）来研究交通基础设施对区域经济增长的影响，为评估交通基础设施的处理效应提供了新的思路。基于某种特定的设计来规避内生性，然后采用某种识别策略来推断交通基础设施的经济增长效应，正成为新的趋势。正如 Angrist 等（2017）指出，现今的经验研究趋向于针对具体的问题寻找答案，而非为诸如 GDP 增长提供一般性的解释。就交通基础设施而言，研究的目标就是要弄清楚交通基础设施项目对某类增长目标的因果效应，为了实现因果效应的推断则需要更加可信的策略。本书把 SCM 引入了基础设施领域，评估了宜万铁路对恩施市人均 GDP 增长的处理效应，并通过稳健检验对 SCM 的结论进行了检验，这为评估交通基础设施的经济增长效应提供了新的尝试。

（3）通过面板空间计量模型对交通运输的溢出效应进行了全面的分析。本书研究通过相关检验后，基于随机效应的一般空间面板计量模型，分别采用公路里程和铁路里程作为解释变量构建了模型一，及采用旅客周转量和货物周转量作为解释变量构建了模型二，分别检验了交通运输的溢出效应，并进一步分阶段、分区域和分阶段分区域进行了模型的估计和测算溢出效应，从而发现我国交通基础设施空间溢出效应具有时空异质性，这相比现有的研究更加全面，所得的结论更可靠。

2. 实践价值

根据主要研究结论,同时结合我国交通基础设施与区域经济发展现状,本研究提出了具有针对性的政策建议,具有一定的实践价值。这主要体现在以下几个方面:

(1) 研究指出我国未来的交通基础设施投资应以完善综合交通运输体系,而非传统的促进经济增长为目标。鉴于东部省份的交通网络密度已达到较高水平,并且实证表明东部地区交通基础设施的经济增长效应已不显著,增加交通基础设施的投资对经济增长的拉动作用较小。但我国交通基础设施仍存在着结构性矛盾和空间分布不均衡的问题,因此,交通基础设施投资应从传统的促进经济增长为目标转向以完善现代化综合交通运输体系为目标。

(2) 研究建议提高交通基础设施建设决策的科学性。实证研究表明,我国交通基础设施建设具有强外生性,没有受到人均 GDP 增长率和自身增长率的显著影响,并非是由经济发展水平和基础设施存量来推动的,而是主要由中央的建设规划和地方政府的"晋升锦标赛"来推动。但这样有可能会导致重复建设,无法实现资源的有效配置,因此,研究建议更从经济和效益的视角出发来安排好投资决策,并且,在制定交通基础设施建设规划时,把交通基础设施是否产生显著空间溢出效应作为一个重要的考量因素。

(3) 研究指出未来应优先与重点建设中西部地区交通基础设施。我国东部地区的交通基础设施已能满足交通运输需求,但中西部地区的交通网络密度较低,实证研究表明,提高其交通网络密度可促进周转量的增加,说明中西部交通运输规模落后于交通运输需求,进而制约着西部地区的经济发展;并且中西部地区公路和铁路基础的直接效应均为正,但东部地区的直接效应为负,因此,我国未来交通基础设施建设的重点应转向中西部地区。

上述建议均基于实证结果和我国交通基础设施发展现状而提出,可为政府部门制定交通基础设施发展规划,明确投资力度与方向等决策时提供参考。

1.2 研究思路及研究内容

1.2.1 研究思路

本书主要围绕我国交通运输的经济增长效应展开研究,遵循"理论分析—实证研究—政策建议"的研究思路。本书首先对交通运输溢出效应的理论基础及相关研究进行回顾,为本书展开理论分析和实证研究奠定了基础;并围绕交通运输与经济增长的实证文献进行了系统综述,从中挖掘尚存的问题以及实证策略。接着构建了理论模型,将空间相关性纳入交通运输与经济增长的分析框架,分析区域内和区域间的交通基础设施对产业空间布局的影响,及其对区域经济增长的作用,并从中推导出交通基础设施存在的直接效应和溢出效应。然后分析我国区域经济与交通运输的时空演化和发展现状,从中发现两者是否存在关联性。接着采用 VECM 和 PVAR 来对我国交通运输与经济增长的动态关系进行研究,寻求交通运输与经济增长间长期与短期的关系。之后采用合成控制法,以宜万铁路途经恩施市为研究对象,评估了交通基础设施的本地经济增长效应。利用探索性空间数据分析相关理论与方法,对我国 30 个省市 1978—2016 年间的实际人均 GDP 进行空间统计分析,对我国区域经济增长的空间集聚性和空间相关性进行验证,在此基础上,采用面板空间计量模型分阶段、分区域和分阶段分区域来检验我国交通运输的溢出效应。最后,凝练出主要研究结论,并提出针对性强的相关政策建议。

本研究的技术路线图如图 1.1 所示。

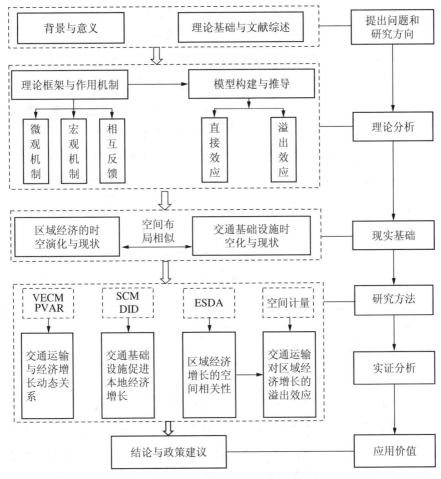

图 1.1　本研究的技术路线图

1.2.2　研究内容

本书从理论与实证两个方面来研究我国交通运输对区域经济增长的直接作用和空间溢出效应。本书的主要研究内容按章节具体可以分为以下 8 个部分：

第 2 章阐述了本书分析交通运输与区域经济增长所采用的理论，主要包括新古典经济增长理论、内生经济增长理论和新兴古典经济增长理论等经济增长理论,均衡发展理论和非均衡增长理论等区域经济发展理论,以及交通运输溢出效应的理论。并对有关交通运输与经济增长的实证文献进行综述,从早期的社会节余法到现今流行的基于因果推断的实证研究文献,按照由远及近、采用研究方法的逻辑顺序进行全面而系统的文献综述,并着重综述了交通运输溢出效应的实证研究,进而全面把握了国内外研究现状,发现问题以及优化空间。

第 3 章中,首先确定了理论研究框架及交通运输促进经济增长的主要路径和机制。在此基础上,首先构建一个包含 2 个地区和 2 个部门的两区域模型来进行理论分析,采用柯布—道格拉斯生产函数分析了区域间交通基础设施改善对两个区域经济增长的影响,并分析了交通运输发展对区域间实现专业分工和产业结构变迁的影响机理。并采用新经济地理学理论来拓展了简单的两区域模型,在标准自由资本模型下构建了一个包含 2 个地区、3 个部门和 3 种要素的经济系统,将空间相关性纳入交通运输与经济增长的分析框架,分析区域内和区域间的交通基础设施对产业空间布局的影响,及其对区域经济增长的作用,并从中推导出交通基础设施存在的直接效应和溢出效应。

第 4 章主要对我国 1978—2016 年的区域经济和交通运输的时空演化和发展现状进行分析。首先,把改革开放后我国区域经济发展划分为三个阶段,利用 Stata 15.2 软件得到区域经济时空演化图,分析每一阶段我国区域经济空间格局的变迁,并从经济总量、经济增长率等方面对我国区域经济的空间格局现状进行了分析。同时从铁路密度和公路密度来考察 1978—2016 年间我国基础设施的空间分布与变迁情况,以及对铁路、公路、水路和航空四种交通运输的相关指标进行分析,并在区域层面和国际层面进行了比较分析。

第 5 章首先在索洛模型的基础上,纳入了交通基础设施和交通运输需求,基于平衡增长路径从理论上分析了经济增长率、客货周转量增长率与交通运输基础设施增长率之间的关系。在理论分析的基础上,采用了 2 套数据和 2 种不同的实证方法进行了实证研究。首先在全国层面上,采用基于 VAR 的 Johansen 协整检验方法对我国 1980—2016 年的实际人均 GDP、交通网络里程与换算周转量的长期与短期关系进行了实证检验。然后在省级层面上,采用我国 1980—2016 年省级数据构建了面板 VAR 模型,分析了交通网络密度增长率、换算周转量增长率与实际人均 GDP 增长率之间的动态关系。

第 6 章主要针对交通基础设施的本地经济增长效应展开实证研究。为了避免传统实证方法的缺陷,即无法获得令人满意的交通基础设施促进经济增长的处理效应,本研究将 SCM 引入交通基础设施领域进行实证。本研究选取了宜万铁路途经恩施市作为研究对象,分析了宜万铁路路线选择和立项背景,认为宜万铁路途经恩施市可视为外生冲击事件。因此,基于 SCM,以反事实分析的方式评估了宜万铁路的开通对恩施市人均 GDP 增长的处理效应,得到了交通基础设施促进本地经济增长的证据。并采用包含双重差分法(DID)在内的三个稳健性检验排除了偶然性和其他干扰,证实了 SCM 结果的稳健性,并探索性地研究了恩施市受益于宜万铁路的主要条件。

第 7 章是我国区域经济增长的空间自相关性分析。空间自相关性是采用空间计量模型的前提,利用探索性空间数据分析方法对我国 30 个省市 1978—2016 年间的实际人均 GDP 进行空间统计分析,对我国区域经济增长的空间集聚性和空间相关性进行验证,以期真实地反映我国区域经济差异的空间特点,并分析我国区域经济在省级层面是否存在显著差异。首先,阐述了探索性空间数据分析相关理论与方法,在此基础上,选取各省级行政区域 1978—2016 年实际人均 GDP 的自然对数作为分析指标,利用 Arcgis 和 Geoda 软件计算出的 Moran's I 指数值并进行检验,并根据全局 Moran's I 指数变化趋势把中国区域经济间的空间自相关关系分为三个阶段;然后根据 Moran 散点图分析了我国区域经济空间集聚的时空演化情况;并以 LISA 聚类地图和显著性地图进一步检验空间分布格局及其显著性。

第 8 章是全书的重点,主要是我国交通运输对区域经济增长的溢出效应实证研究,采用 1978—2016 年的省级面板数据基于面板空间计量模型来验证我国交通运输与区域经济增长的关系,基于地理距离空间权重矩阵,利用 Stata 15.2 软件进行了模型的估计、检验和计算溢出效应。首先,对纳入了交通运输变量的空间面板计量模型进行了相关的检验,显示具有随机效应的空间面板计量一般模型是最优的模型,表明我国区域经济增长之间存在三种效应:内生性交互效应、外生性交互效应和误差项之间的交互效应。采用公路里程和铁路里程作为解释变量来估计交通基础设施的溢出效应,并分阶段、分区域和分阶段分区域进行了模型的估计和测算溢出效应。同时,进一步采用旅客周转量和货物周转量作为解释变量来估计运输的溢出效应,并分阶段、分区域和分阶段分区域进行了模型的估计和测算溢出效应。

第9章是结论与政策建议。即对本书的结论进行了凝练,提出对策建议。凝练出的重要结论主要有:区域间和区域内的交通基础设施改善所导致的产出变化存在差异、我国区域经济与交通基础设施具有相似的时空演进和空间布局、我国交通基础设施建设具有强外生性、交通基础设施产生直接效应需具备一定的条件、我国区域经济增长存在较强的空间自相关性、我国交通运输的空间溢出效应具有时空异质性等。根据主要研究结论,同时结合我国交通基础设施与区域经济发展现状,从交通基础设施投资以完善综合交通运输体系为目标、交通基础设施供给的结构化改革、优先与重点发展中西部地区交通基础设施建设、提高交通基础设施建设决策的科学性等方面提出政策建议。

1.3 研究方法

本书旨在将空间溢出效应纳入交通运输对区域经济增长效应的实证计量,以期对交通运输的经济增长效应进行更系统的研究。本书的研究以区域经济地理学、区域经济学、新经济地理学、计量经济学等学科的相关理论为基础。本书所采用的主要研究方法有如下几个。

1. 理论分析与实证研究相结合的研究方法

理论分析与实证研究相结合的研究方法是本书所采用的最主要研究方法。本书构建了一个简单的两区域模型,采用柯布—道格拉斯生产函数分析了区域间交通基础设施的改善对要素流动、产品流动、专业分工和产业结构变迁的影响机理,及其最终对区域经济增长的效果。并在新经济地理学理论的基础上拓展了简单的两区域模型,在标准自由资本模型下拓展了两区域模型,将空间相关性纳入交通运输与经济增长的分析框架,分析区域内和区域间的交通基础设施对区域间产业空间布局的影响及对经济增长的作用,并从中推导出交通基础设施存在直接效应和溢出效应。在此基础上采用相关的实证研究方法进行检验。同时,采用合成控制法和双重差分法来评估铁路项目对区域经济增长的直接影响;采用1978—2016年的省级面板数据,并基于面板空间计量模型来验证我国交通运输与区域经济增长的关系,基于地理距离空间权重矩阵,利用Stata 15.2软件进行了模型的估计、检验及计算直接效应和溢出效应。

2. 采用了系统分析和比较分析相结合的方法

在我国交通运输发展现状的分析中,系统分析国家层面的整体的交通运输发展情况,然后在省级层面和国际层面进行对比分析,以期发现我国交通运输的区域差异以及有待提升之处。在交通基础设施溢出效应的实证检验中,首先估计了全样本的模型,从整体上获得了我国交通基础设施溢出效应的均值,然后分阶段、分区域和分阶段分区域对交通基础设施的溢出效应进行了比较分析,从而凝练出相关结论。

3. 探索性空间数据分析方法

本书利用探索性空间数据分析方法对我国30个省市1978—2016年间的实际人均GDP进行了空间统计分析,对我国区域经济增长的空间集聚性和空间相关性进行验证。具体而言,研究利用Arcgis和Geoda软件计算出的Moran's I指数值进行了检验,根据Moran散点图分析了我国区域经济空间集聚的时空演化情况;并以LISA聚类地图和显著性地图进一步检验空间分布格局及其显著性。

1.4　本研究的创新点

本研究的主要创新之处有以下几点:

(1)本研究把现今较流行的因果基于设计的因果推断方法引入交通基础设施领域估计了宜万铁路的经济增长效应。本研究采用了两种因果推断的实证法——合成控制法和双重差分法,以反事实分析的方式评估了宜万铁路的开通对恩施市人均 GDP 增长的效应。特别是把合成控制法用于评估交通基础设施对区域经济增长的作用,得到了较好的处理效应,并通过了相关检验。这为评估交通基础设施的经济增长效应提供了新的尝试。

(2)通过面板空间计量模型对交通运输的溢出效应进行了全面的分析。本研究通过相关检验后,基于随机效应的空间面板计量一般模型,分别采用公路里程和铁路里程作为解释变量的模型一,并采用旅客周转量和货物周转量作为解释变量的模型二,来检验了交通运输的溢出效应,分阶段、分区域和分阶段分区域进行了模型的估计和测算溢出效应,从而发现我国交通基础设施空间溢出效应在时间和空间上具有异质性,这相比现有的研究更加全面,所得的结论更可靠。

(3)本研究在理论分析和实证研究的基础上,凝练出几个新颖且具有价值的重要结论:区域间和区域内的交通基础设施改善所导致的产出变化存在差异,我国区域经济与交通基础设施具有相似的时空演进和空间布局,我国交通基础设施建设具有强外生性,交通基础设施产生直接效应需具备一定的条件,我国区域经济增长存在较强的空间自相关性,我国交通运输的空间溢出效应在时间和空间上具有异质性等。

第 2 章

理论基础与实证研究现状

本章概述了研究交通运输促进区域经济增长所涉及的主要理论,为后续对交通基础设施空间溢出效应的深入研究奠定基础。并且,在本章中综述了相关的实证文献,侧重于交通运输的溢出效应方面。

2.1 经济增长的理论基础

围绕哪些因素在经济增长中发挥主要作用,形成了不同的经济增长理论。其中主要有新古典增长理论、内生经济增长理论和新兴古典增长理论。

2.1.1 新古典增长理论

一般认为,亚当·斯密是古典增长理论的创立者,他在 1776 年出版的《国富论》中提出的分工促进经济增长,被认为是经济增长理论的雏形。新古典增长理论(neoclassical growth theory)持人均实际 GDP 的增长是由于技术变革引起人均资本增加的储蓄和投资水平的观点;如果技术进步停止,增长就结束。

新古典经济增长理论的发展历程可分为两个阶段。第一个阶段以哈罗德(Harrod,1938)和多玛(Domar,1946)建立哈罗德—多玛增长模型为主要标志。该模型强调经济增长中资本积累是最重要的要素,因此,促进经济增长的主要路径是提高储蓄率,这为研究长期经济增长的决定因素和增长机制提供了发展方向。第二个阶段以由索洛(Solow)和斯旺(Swan)建立的索洛—斯旺增长模型为标志。索洛—斯旺模型认为由于规模报酬递减,长期资本投入对经济增长的作用会下降,而技术进步是实现经济长期增长的最主要因素。

但新古典经济增长理论认为储蓄率是外生的,资本、劳动和知识之外的其他要素对经济增长的作用不重要,忽视了土地和其他自然资源在经济增长中的作用;并且认为资本积累无法解释人均产量的增长,也无法解释人均产量在空间上的差异,经济增长的最重要的驱动力是技术进步和导致人均产量空间差异的来源劳动的有效性。不过,该模型又将技术进步视为外生的,这意味着索洛—斯旺模型是通过假定增长来解释增长的。

新古典经济学中关于交通运输与经济增长的研究聚焦于运输与分工、市场和产业布局之间的关系,建立了简单的交通运输与经济增长的理论分析框架,对两者的相互因果关系进行了初步探讨。由此,许多学者基于该理论的生产函数纳入交通运输,实证检验了交通运输等基础设施对经济增长的作用。但新古典增长理论对两者的相互关系缺乏深入研究。

2.1.2　内生经济增长理论

内生经济增长理论(the theory of endogenous growth)是古典增长理论的继承者,兴起于 20 世纪 80 年代。其核心思想是技术进步是内生的,且是经济实现长期增长的决定因素,强调不完全竞争和收益递增。

按照时间发展顺序和对外部性认识的不同,这一理论的发展历程可以分成两个阶段:第一阶段是以罗默(Romer)和卢卡斯(Lucas)为代表、强调外部性的 AK 模型。该模型强调用收益递增、技术外部性解释经济增长,认为技术存在正外部性。第二阶段以阿格赫思(Aghion)和豪威特(Howitt)强调"创造性破坏"(creative destruction)的熊彼特模型为主要标准,该模型强调了经济增长过程中创造性破坏的作用,认为新知识对旧知识具有负外部性。

在解释经济增长率的差异上,内生经济增长理论认为最根本的原因在于各国实现技术进步能力等存在差异,因此,技术进步能力较差的国家在实现各经济收敛上是缓慢的。该理论还强调创新是经济系统的内生产物。因此,该理论的研究者更倾向于从微观视角来阐述技术能力和生产能力的差异,采用微观数据来实证研究非完全竞争的产业组织形态,用企业的技术能力来解释生产率的变化,以 $R\&D$ 来解释产出增长的内生性。

后期的内生经济增长理论关注技术的扩散对经济增长的作用,技术扩散促进了落后区域的技术能在短时期内实现技术进步,从而促进经济增长。技术扩散受到多种因素的影响,而交通基础设施的完善对技术扩散存在一定的影响,因而可以通过间接作用将交通运输纳入内生经济增长理论的分析框架。

2.1.3　新兴古典经济增长理论

以杨小凯为代表的新兴古典贸易理论对分工进行了超边际分析。新兴古典经济学的理论认为各种经济现象、经济活动,如贸易都源于劳动分工的内生演进,因此该理论从分工演化出发,分工影响到了贸易,从而影响到了市场容量。但分工受限于市场容量,市场容量反过来又影响到分工,从而形成了内生的反馈机制。分工具有自发演进的特点,因此,经济可以自我实现增长。

新兴古典经济增长理论最为鲜明的观点即促进经济增长的主要动力是分工的网络效应。而交通运输的发展促进了劳动分工,提高了交易效率,从而促进了经济增长。随着交通基础设施的完善,交通运输成本将下降,推动了要素内分工,将会提高要素的边际产出。

2.2　区域经济发展理论

2.2.1　均衡发展理论

均衡发展理论按照某种适宜的比例对经济系统中各个部门同时进行全面的

投资,部门间相互作用和相互促进,从而推动经济增长。均衡发展理论主要包括大推进理论(the theory of the big-push)、贫困恶性循环理论、最小努力命题理论等。

大推进理论由罗森斯坦·罗丹于1943年提出。该理论认为由于外部经济效应的存在,同时对各个部门进行投资,相互为对方创造出市场需求,进而扩大了产出,产生规模经济,利润得以提升,进一步促进投资,实现良性循环。它强调"投资、需求和储蓄密不可分性",认为在投资上必须突破最小规模,在需求方面要保证满足各部门产品实现同时出清,在产品的供给和需求上实现均衡,在储蓄供给方面,由于落后地区资本缺乏且收入较低,因此,就算是最小的投资规模也难以满足。这需要在增加投资时,保证边际储蓄率高于平均储蓄率。

贫困恶性循环理论由纳克斯(Nurkse)于1935年提出。该理论认为,由于欠发达国家的人均收入水平低导致储蓄不足,资本形成不足导致劳动生产率低下,低生产率又导致产出低下,收入水平无法提高,从而形成了"低收入—低储蓄能力—低资本形成—低生产率—低产出—低收入"的恶性循环。在资本需求上,由于收入低导致购买力不足,投资诱导不足,资本形成不足,劳动生产率低,又导致收入无法提高,形成了一个"低收入—低购买力—低投资引诱—低资本形成—低生产率—低产出—低收入"的恶性循环。这两种恶性循环不断循环交缠,使欠发达地区无法脱离贫困陷阱。因此,该理论认为只有进行大规模的投资,才可能打破这种贫困恶性循环。

均衡增长理论均强调通过大规模的全面投资,如基础设施投资,主张在各区域之间进行均衡的生产力布局和均衡投资,以促进各区域均衡发展。这为一些国家或地区大规模进行基础设施投资提供了理论基础。

2.2.2 非均衡发展理论

现实中,均衡发展理论无法实现。因此,部分学者认为落后地区在投资上应有所侧重。区域经济非均衡发展理论主要有增长极理论、不平衡增长理论、循环累积因果理论、中心—外围理论、梯度转移理论等。

增长极理论由法国经济学家佩鲁（F.Perroux）在 1950 年提出，认为经济增长通常是某个增长中心逐渐向其他部门或地区传导，因此应选择特定的部门或区位作为增长极，通过增长极的辐射作用带动经济实现整体发展。该理论认为，区域经济的增长过程中总存在一个核心，这个核心富有活力，其增长速度高于该区域中的其他经济部门，形成具有推动效应的极化中心，逐渐推动整个区域经济实现多维发展。佩鲁把这个核心称为推进型单元。推进型单元产出的增加，能带动相关单元的发展，这种带动作用表现为支配效应、乘数效应等。

不平衡增长理论是赫希曼（Hirschman）于 1958 年提出的，认为经济增长不可能在所有地区同时实现，某些因素的存在导致经济增长首先在某个地方出现，并因其吸引力带来资源集聚，从而实现更快的经济增长，因此区域非均衡发展存在必然性。该理论非常强调产业间的"关联效应"，主张集中资源发展产业关联度较强的产业，此种产业的发展可促进其他产业部门的发展。同时，认为发达地区对落后地区具有极化效应和溢出效应，极化效应由于集聚了周边落后地区的资源，导致落后地区空心化，从而扩大了地区间的差距；而溢出效应则促进落后地区的经济增长，缩小贫富差距。

循环累积因果理论由缪尔达尔（Myrdal）于 1957 年提出，认为社会经济各因素之间存在着循环累积的因果关系，提出了"地理上的二元经济"结构理论，认为发达地区对落后地区的影响存在回流效应和扩散效应。回流效应，即劳动力、资本等生产要素受收益差异的影响，由落后地区向发达地区流动，将导致地区间发展差距的扩大。当发达地区发展到一定程度后，由于人口稠密、交通拥挤、资本过剩等原因，将产生扩散效应，资本、劳动力等生产要素向落后地区扩散；同时，发达地区经济增长的减速会使社会增加对落后地区产品的需求，从而刺激落后地区的经济增长，进而缩小两者间的差距。循环累积因果理论强调要促进区域经济的协调发展，政府必须进行有效干预，为欠发达国家解决区域经济发展不平衡问题提供了理论基础。

中心—外围理论把文化、政治过程与经济发展综合起来作为整体的社会系统进行研究。弗里德曼（Friedman）指出，资源、市场、技术等在区域间的空间分布上存在非均质，根据资源的集聚程度把区域系统分成中心和外围两个子空间。中心区相比外围区的发展条件更优越，资本收益更高，收入水平更好，技术水平和人力资本质量更高，因此，在区域经济发展中处于支配地位，而外围区则处于被支配地位。中心区具有较强的向心力，吸引了外围区的生产要素流出到中心区，导致两者的人均收入差距将趋于扩大。要缩小两者间的差距，落后地区需要改善本地区的交通基础设施，降低本地区的交易成本，创造良好的投资环境。

2.3　交通基础设施溢出效应的理论基础

交通基础设施是社会经济发展的支持系统，具有基础性、服务性、网络性等自然属性，还具有准公共物品、外部性等经济属性。交通基础设施所具备的网络性和外部性特征是其产生空间溢出效应的理论基础，这两个特性导致了交通基础设施对区域经济增长的空间溢出效应。

2.3.1　交通基础设施的空间网络性

张学良（2009）指出，"交通基础设施属于一种典型的网络型基础设施，构成了节点与节点、节点与域面、域面与域面之间功能联系的重要通道，改善了生产要素的空间转移以及商品的区域流动，因而交通基础设施形成的网络型系统是区域经济发展的空间'脉络'"。交通基础设施的这种空间网络特性，把不同的区域经济联结在一起，所以一个地区交通基础设施的发展往往能够降低与周围区域之间的运输成本和交易费用，对于周边地区经济发展产生正的空间溢出效应。

程必定（1989）认为，交通基础设施的网络性特征具有三层含义："第一，交通基础设施网络型系统为各种生产要素的空间转移和自由流动提供物质基础。各种生产要素的空间聚集与扩散都需要通过这一空间经济联系的'通道'来实现。第二,交通基础设施网络性特征表现为一种空间经济联系的有机系统。节点与节点之间、节点与域面之间、域面与域面之间各种有序的物质与非物质形式的交流关系构成了该网络系统的基础。第三,空间经济联系的组织是交通基础设施网络性特征的表现结果,主要包括了反映多形式、多层次的空间经济网络联系的管理与运作机构,以及为完善空间经济网络联系所形成的产业运销与生产要素流动的市场机制。"

　　由此可见,由于交通基础设施具有显著网络性特性,是区域内部和区域之间经济活动发生关联的重要纽带和要素流动、产品流动的"通道",通过改善和优化区内和区际的交通基础设施,提高区域之间的可达性和连通水平,降低区域间的交通运输成本,增强区域内部和区域之间的经济联系,促进生产要素和产品的自由流动,增强区域一体化的程度,从而对区域间的经济增长产生影响,导致空间溢出效应的产生。

2.3.2　交通基础设施的外部性

　　交通基础设施具有溢出效应的另一个原因是交通基础设施具有公共产品的属性,从而产生了外部性。外部性导致本地区的交通基础设施的完善可能对相邻地区产生正向或负向的影响。

　　因此,交通运输对区域经济增长的外部性表现为一种空间溢出效应。张学良(2012)指出:"交通基础设施除了具有一般基础设施作为社会公共产品都具有的外部性之外,还存在着区域外部性,其空间溢出效应的作用机制具体如下。一方面,交通基础设施具有网络属性,它们将各个区域的经济活动连成一个整体,降低了企业与居民的运输成本,通过扩散效应,使一个区域的发展带动相邻区域发展,这是一种正溢出效应。另一方面,交通基础设施会改变所在地区的可达性和吸引力,提升该区域的区位优势,加快生产要素的流动,特别是对于经济发达地区,由于其长期积累的先发优势,包括强大的科技力量、良好的制度环境、雄厚的资本力量与广阔的消费市场等,交通基础设施发展会进一步提升该地区的竞争优势,并可能造成其他区域经济的衰退,对其他区域特别是落后地区的经济增长会产生负溢出效应。"胡鞍钢和刘生龙(2009)将交通运输的外部收益总结为如下几个方面:出口市场的开放、劳动力的空间流动、贫富差距的缩小、规模经济的实现。

交通基础设施产生空间溢出效应的直接原因是生产要素在空间上发生聚集和扩散。但要素的空间聚集与扩散建立在交通基础设施具有空间网络特性与外部性的基础上。如果本区域交通基础设施的改善,促进要素在空间上聚集在本区域,那么本区域的经济活动会更加活跃,经济快速发展,但相邻区域的经济利益却可能受损,因此,本区域交通基础设施对相邻地区的溢出效应表现为负向。但如果本区域交通基础设施的完善促进了要素和经济活动在空间上发生扩散,那么相邻区域的经济增长可能得益于本区域的要素扩散,因此,本区域的交通基础设施对相邻区域的溢出效应表现为正向。所以本区域的交通基础设施的改善不仅对本地区的经济起到直接促进作用,还对相邻区域的经济增长产生了影响。

或者说,一个地区的经济发展不仅会受到本地区的交通基础设施的影响,也会受到相邻地区的交通基础的影响。因此,在评估交通基础设施对本地区的经济增长的总效应时,既要评估本地区的交通基础设施对本地区经济增长的直接作用,也要考虑相邻区域的交通基础对本地区经济增长的间接影响,即溢出效应。因此,交通基础设施对本地区经济增长的总效应分为两部分:直接效应和间接效应。同时,在分析一个交通基础设施对区域经济增长的总效应时,既要考虑其直接效应,也需要考虑其溢出效应。

2.3.3　新经济地理学理论

新古典增长理论和内生经济增长理论忽视了空间因素对现实经济活动的作用。因而它难以解释地区之间收入差距不断扩大的原因,也无法解释现实经济活动中存在的大量经济空间集聚现象。

克鲁格曼(Krugman)于 1991 年构建了"核心—边缘模型"(core-periphery

model)来解释经济空间集聚现象,这一模型被视为新经济地理学的基础核心模型和开山之作。克鲁格曼以 D-S 模型为基础,利用萨缪尔森(Samuelson,1952)的冰山运输成本,把空间性引入一般均衡分析的框架中。该模型指出运输成本与规模经济之间的相互关系是导致空间集聚的主要因素,运输成本较高和微弱的规模经济效应较小等因素将促使产业在区域间均匀分布,当运输成本降低到一定的程度后,产业将集聚在某一个地区。

在"核心—边缘模型"的基础上,后续诸多学者为处理不同的问题分别从要素流动、资本创造、中间品关联等视角拓展了核心—边缘模型。这些模型构建在 D-S 模型和规模报酬递增的基础上,通过在一般均衡框架内嵌入运输成本把"空间"因素带入主流经济学的分析框架中。空间经济学模型根据效用函数和运输成本形式可分为非线性模型和线性模型两大类。非线性模型沿用克鲁格曼核心—边缘模型的效用函数假设,假设农产品的偏好由柯布—道格拉斯效用函数来表示,而制造品组合的偏好则用不变替代弹性(CES)效用函数来表示,以及假设运输成本冰山化。而线性模型则放弃了这些假设,采用准线性二次效用函数及线性运输成本的假设。

宋德勇和胡宝珠(2005)认为新经济地理学的基本观点可概括为"经济活动在空间上将处于聚集状态还是分散状态,主要看促使产业地理集中的向心力和削减产业地理集中的离心力两者中谁占据主导地位"。新经济地理学认为产业集聚的向心力主要有市场规模效应的大小、劳动力的禀赋程度和纯外部经济性;而促使产业分散化的离心力主要有要素的不可流动和纯外部非经济性等。

涉及交通运输与经济集聚内在机制的理论分析主要包括:Martin 和 Rogers (1995)将基础设施分为区域间与区域内基础设施,分析了区域内和区域间的交通基础设施在不同的条件下对产业布局和经济增长的影响。Lanaspa 和 Sanz(2001)把基础设施视为内生,把可变运输成本引入核心外围模型中,解释大、小集聚区伴生现象。Corey Lang(2010)则引入异质性交通成本,分析了不同属性交通成本对经济集聚力和分散力产生的影响。部分理论分析还把政策资源和运输成本同时纳入模型,分析两者的相互关系,及它们对空间集聚的影响,如 Fujita(2005)分析了交通运输成本对公共政策取向的影响，Fenge(2009)分析了在不同运输成本下政府投入对空间集聚的影响。还有一些理论分析探讨了运输成本对城市空间结构、中心地体系、贸易方式等的影响，如 Peter Allen(2011)、Fujita 和 Mori(1997)、Venables(1996)等。Sax 等(1998)建立了以运输成本为空间变量的区域经济增长模型，认为运输成本和全要素生产率、储蓄率、政府的经济政策是引起经济增长差异的四个主要变量，采用运输成本来解释经济增长率与区域因素之间的关系。

2.4 交通运输与经济增长的实证研究

2.4.1 基于社会节余法的研究

关于交通运输对经济增长贡献的定量化研究最早由 1993 年诺贝尔经济学奖得主之一的福格尔(Fogel，1964)和 Fishlow(1965)所开创。福格尔(1964)采用社会节余法(social saving)来关注反事实：如果没有铁路，通过河流和运河在大多数常见路线上来运输货物会昂贵些，虽然运费率的微小差异导致一些地区相对于其他地区更繁荣，但铁路对总体经济的影响很小，1890 年美国铁路带来的社会节余占国民生产总值的 2.7%。Fishlow(1965)用铁路与内战前的次佳选择运输方法作比较，估算出美国铁路在 1859 年带来的社会节余约为 GNP 的 4%，并据此外推到 1890 年，估算出美国铁路带来的社会节余至少有 15%。Fogel 和 Fishlow 的研究否定了罗斯托(Rostow)的"火车头"起飞论，甚至否定了整整一代的经济史学家(如熊彼特等)的信念——铁路是美国经济增长的动力。

此后，社会节余法成为了评估基础设施贡献的经典尺度(Bogart，et al.，2015)，被广泛用来度量交通基础设施特别是铁路的经济贡献。Coatsworth(1979)采用社会节余法评估了 19 世纪墨西哥铁路的影响，认为货运节余和间接效益大到可以解释 1910 年前墨西哥生产率增长的一半以上，但铁路节余主要刺激出口部门,导致后向关联产业发展缓慢,外汇成本高,并且其对土地使用权、社会结构制度的影响是负面的,故 Coatswerth 认为铁路促进了增长和不发达(underdeveloped)。Summerhill(2005)认为 19 世纪到 20 世纪初巴西的铁路产生了深远影响,虽然乘客获得的直接利益较小,但货运服务获得了较大的利益,并且铁路对巴西从经济停滞到增长起到了巨大的作用。Leunig(2006)评估了 1843—1912 年英国威尔士列车速度的社会节余,显示该地区 1912 年的社会节余占国民收入的 14%,消费者节余占 6%,并且铁路对整个经济生产率增长的贡献份额为 1/6。Herranz-Loncán(2006)采用社会节余法评估了 1850—1913 年西班牙铁路的经济影响,结果表明,铁路对西班牙经济增长的直接贡献低于铁路对英国经济的直接贡献,这主要是由于在 1913 年之前,铁路运输占西班牙国内生产总值的比重较低。Herranz-Loncán(2011)评估了乌拉圭铁路的经济贡献,认为其社会剩余相比于墨西哥、巴西、阿根廷等拉美国家要小,这是由于铁路产出占 GDP 的份额很小。Herranz-Loncán(2014)测算了 1914 年前,四个拉美国家(阿根廷、巴西、墨西哥和乌拉圭)的铁路对经济增长的直接贡献,结果表明:乌拉圭铁路的增长贡献率很低,但阿根廷和墨西哥的铁路对人均收入增长的贡献达到了 20%—25%,巴西由于经济停滞导致铁路的增长贡献更高。Bogart 等(2015)基于社会节余法估计印度铁路对经济增长的影响,发现铁路对印度人均收入增长的贡献较小,这主要与印度经济中铁路货运收入的规模较小、货运服务需求弹性较高、工资较低和票价较高四个因素相关。Okoye 等(2016)采用尼日利亚殖民时期的铁路来证实福格尔的假设,如果现有的交通技术是可行的或可改进的,那么新的运输技术则是可有可无的,并指出殖民时期修建的铁路对北部的个人和地区发展具有巨大且持久的影响,但无论是短期还是长期来看,铁路对南部几乎没有影响,且这种异质性影响可由铁路开通前的港口水平来解释。

　　许多学者都指出了该方法在实际和理论中的局限性,出发视角包括事实、计算方法、理论基础、模型设置等,如忽视了铁路与经济增长间复杂的影响关系等,铁路与经济增长关系的模型无法反映铁路对经济增长产生的作用;忽视了铁路对于扩大市场规模的影响,没有从规模经济的角度来论证铁路对经济增长的作用。

福格尔(1979)也承认,社会节余法无法反映铁路对经济增长产生的复杂影响。福格尔的理论的根本缺陷之处就是他忽略了经济学极为重要的内容,即产业间分工与市场规模的关系,忽视了报酬递增和经济进步之间的关系,也忽视了交通运输特别是铁路对促进产业间分工和扩大市场规模的重要作用。他没有认识到现代经济的进步主要是由规模经济带来的。正如 Holmes 和 Schmitz(2001)指出的,交通运输与经济体系中其他部门的联系十分密切,运输的发展至少促进了分工和专业化,从而促进经济增长,仅由运输成本降低带来资源节约的好处无法发反映其对经济增长的贡献。

基于此,Donaldson 和 Hornbeck(2013)借鉴了新古典贸易理论、县级数据和空间计算工具的最新进展,重新评估了铁路对美国经济的历史影响。他采用县的"市场准入"(market access)来衡量铁路网络扩张对县域经济的总影响,测算如果在 1890 年时移除所有的铁路,市场准入的下降将导致农地价值下降 64%,这种下降导致的年均经济损失相当于美国国民生产总值的 3.2%,比福格尔(1964)估算的社会节余稍大。

2.4.2 传统计量模型下的实证研究

由于社会节余法的模型无法反应出铁路对经济增长的复杂影响,无法很好地度量出铁路的贡献,因此,需要另外一种基于传统的计量方法与模型的经验研究。在典型的实证分析框架下采用诸多解释变量的帮助下,寻求交通基础设施对经济增长的解释。

1. 基于 VAR 或 VECM 模型的实证

早期文献主要采用基于时间序列的向量自回归模型检验交通基础设施与经济增长之间的动态关系。Flores de Frutos 等(1998)利用 VAR 发现基础设施对西班牙的产出、就业、私人和公共资本的冲击是永久性的。郭庆旺和贾俊雪(2006)基于全国年度时间序列数据,运用 VAR 方法研究发现基础设施对总产出增长具有较强、持续较长的正影响且时滞相对较短。王任飞和王进杰(2007)采用 VAR

检验中国铁路通车里程与经济增长间的关系,结果显示铁路通车里程每增加 1%,总产出增加 4.70%,并指出铁路通车里程与经济增长间存在短期的双向格兰杰(Granger)因果关系。采用 VAR 进行研究时,一般而言强调时间序列的平稳性,虽然 Sims 等(1990)的研究指出,即使变量是非平稳的,但却可能是协整的,采用 OLS 估计 VAR 的系数是一致的。大部分的研究中,产出对铁路基础设施冲击的长期响应是正向的,但 Kamps(2005)指出,很多研究并没有提供任何围绕脉冲响应估计值的置信区间,使得无法判断其统计意义。同时,很多研究也表明存在反向格兰杰因果关系。Mohmand 等(2016)分析了巴基斯坦的交通基础设施与经济增长间的关系,指出基础设施本身投资不足是导致巴基斯坦欠发达地区的经济活动不活跃的主要因素。

基于面板数据的向量自回归法(PVAR)的研究有以下这些。Canning 和 Pedroni(2004)较早利用跨国面板数据对基础设施与经济增长之间的动态关系展开研究。Dash(2012)采用面板协整技术对 1980—2005 年间四个南亚国家基础设施的产出弹性进行了研究,研究发现,产出和基础设施之间存在长期均衡关系,基础设施建设对南亚产出增长的贡献很大;且面板因果分析表明,总产出与基础设施发展之间存在相互反馈。Pradhan 等(2013)利用面板 VAR 检验了 34 个国家 1964—2012 年的交通运输基础设施与经济增长之间的因果关系,表明两者存在协整关系且具有双向格兰杰因果关系。李煜伟和倪鹏飞(2013)使用 1990—2008 年中国部分城市数据和 PVAR 模型进行实证研究发现,交通运输网络的改善加速了要素集聚。

另外,针对非平稳时间序列采用了向量误差修正模型(VECM)来分析铁路(铁路基础设施)与经济增长的长期均衡关系的研究如下。Khadaroo 和 Seetanah(2008)采用向量误差修正模型研究了 1950—2000 年毛里求斯交通资本与经济增长之间的关联性,证明交通基础设施对毛里求斯小岛屿国家的经济表现有重大贡献。Pradhan 和 Bagchi(2013)利用向量误差修正模型考察了铁路基础设施对印度在 1970—2010 年间经济增长的影响,发现铁路基础设施对经济增长存在单向因果关系,铁路基础设施的扩张将促使印度经济大幅增长。Cheteni(2013)采用向量误差修正模型考察了 1975—2011 年交通基础设施对南非经济增长的影响,向量误差修正模型揭示了经济增长受通货膨胀、国内固定交通投资和实际汇率的影响。Deng 等(2014)利用 1987—2010 年中国省级面板数据进行实证研究结果表明,交通基础设施存量与长期增长率之间存在非单调的关系,交通运输规模的经济增长效应显著地取决于现有运输网络的水平。

此种方法较好地处理了反向因果关系,这是估计交通基础设施对经济增长影响的主要问题之一。然而,这些模型大多因短时序列问题,往往很快就耗尽自由度,而识别冲击所需的假设往往不令人信服(Égert, et al., 2009)。

2. 基于生产函数(增长模型)的实证研究

大量论文采用不同的生产函数,并估计出包含生产和投资函数的联立方程模型,或基于最常用的柯布—道格拉斯或超越对数生产函数的增长模型来获得封闭形式解(closed-form solution)。其中,一种标准的方法如 Aschauer(1989)的研究,将基础设施作为劳动和资本外的一个投入纳入生产函数,从而估计出铁路基础设施的产出弹性,计算出的基础设施产出弹性为 0.39;继其之后,又有许多学者使用时间序列数据进行了研究,大多的研究表明交通基础设施对经济增长的弹性在 0.27—0.58 之间(Hulten & Schwab, 1991)。随后,部分学者使用省(州)级面板数据进行分析,使用面板数据估计的基础设施产出弹性比 Aschauer(1989)等人使用时间序列数据所估计的要小,但研究结果仍然支持交通对经济增长具有促进作用的结论。如 Maudos 等(1996)基于增长模型方法运用西班牙各区域的数据发现公共资本对人均收入的增长具有显著的正向影响。Holtz-Eakin(1998)将基础设施投资从总资本中分离出来,估计得到基础设施资本对经济增长具有正向影响的结论。Demetriades 和 Mamuneas(2000)对 12 个 OECD 国家的研究发现,公共设施对总产出具有正向影响,但不同的时点和个体具有异质性。Rietveld 和 Nijkamp(2000)分别从当地、区域和国家三个层次分析基础设施投资对经济的影响。王会宗(2011)运用全国及三大区域 1995—2006 年的相关混合数据对预先设定的计量模型进行回归,研究发现铁路建设在短期和长期都会对全国的经济增长起到促进作用,但其长期的促进作用更加明显一些;铁路建设在短期内就能促进东部地区的经济增长,但其对中、西部地区经济增长的促进作用只能在较长时期内才能体现出来;各区域铁路路网建设的差异是东、中、西部地区经济增长差距不断拉大的重要原因。叶昌友和王遐见(2013)检验了我国交通业发展与区域经济增长的关系,指出中国铁路建设和公路建设对经济增长的带动作用较为明显;铁路运输业与公路运输业相比对经济增长的作用更加明显;高速公路的密度弹性是 0.034%,铁路密度的弹性是 0.002%。大部分研究采用柯布生产函数,一些研究采用更为灵活的超越对数生产函数来研究基础设施与经济增长之间的关系(Wylie, 1996; Stephan, 2001; Kemmerling & Stephan, 2002)。

　　基于增长模型方法(growth model approach)研究基础设施与经济增长之间的关系,实质上是将经济增长自身纳入经济增长的诸多影响因素中,其目的在于研究基础设施对不同国家或地区经济增长差别的影响并作出相关解释。Easterly 和 Rebelo(1993)首次基于增长模型方法研究了基础设施对地区人均 GDP 的影响。Maudos 等(1996)运用西班牙各区域的数据,基于增长模型方法发现公共资本对人均收入的增长具有显著的正向影响。Demurger(2001)使用工具变量方法来克服增长模型中存在的内生性问题,用两阶段最小二乘法验证了包括交通基础设施对经济增长的影响,其结果表明基础设施对经济增长有着显著的促进作用。其中,Boarnet(1998)利用 1968—1988 年美国加州县级面板数据进行实证研究,发现基础设施对于经济的影响主要在分配上而非产出上。Nazemzadeh(2017)研究了交通基础设施对比利时经济活动的影响,指出高速公路的长度、铁路网络以及港口基础设施对比利时的 GDP 起到正向影响。刘生龙和胡鞍钢(2011)基于一个巴罗类型的增长模型,利用 1987—2007 年中国 28 个省份的面板数据来验证交通基础设施对中国经济增长的影响。刘秉镰等(2010)运用空间面板计量方法研究了中国的交通基础设施与全要素生产率增长之间的关系,结果表明交通基础设施对中国的全要素生产率有着显著的正向影响,经模型测算,2001—2007 年铁路和公路基础设施存量的增加共带动中国全要素生产率增长了 11.075%。周平和刘清香(2012)从交通基础设施对区域经济作用机制的视角,阐述和论证了京沪高铁对沿线地区特别是山东区域经济发展的作用。

　　据 Stéphane(2011)的统计,在宏观层面,有关交通资本(transport capital)产出

弹性的研究中,75%的结论是具有显著的正向作用。另外,有关交通基础设施产出弹性的研究中,60%的研究的实证结论是具有显著的正向作用。

在实证中忽视经济增长滞后项的内生性和交通运输变量的内生性,会导致参数估计值有偏。因此,关于交通改善是否会带来经济发展或只是经济发展的结果,人们一直争论不休(Atack, et al., 2016),Riccardo 等(2015)指出交通基础设施投资建设与经济绩效之间的关系仍不明确。在经验研究中,学界经常采用多种方法来解决内生性问题。一是采用工具变量(instrumental variables, IV),如 Aschauer(1989)、Demurger(2001)、Berger 和 Enflo(2014)、Yamasaki(2017)等采用了工具变量法。但是,严格的工具变量难以寻找,或是存在弱工具变量问题。二是联立方程模型,这需要反过来假定产出通过某些途径影响交通基础设施的投资(如 Esfahani 和 Ramírez, 2003),特别是影响公共基础设施投资的政治决策过程(如 Cadot 等 1999;2006)。三是采用存量而非流量数据来减少逆向因果关系(Arnold, et al., 2007),这一点被认为基于这样一个事实,即从产出到存量的反馈,包含多年积累的投资,其内生性将小于使用投资流量的情况。这只会减少内生性问题,并不能令人信服地消除它。但这些方法都不能令人信服地建立交通基础设施与经济增长间的因果关系,从而估计出交通基础设施的经济增长效应。

3. 基于成本函数法的铁路基础设施增长效应

成本函数法把交通基础设施视为企业的一种投入,根据企业利润最大化的原则,以成本函数来检验基础设施改善会为企业或区域节约多少成本。

Moreno 等(2003)发现 20 世纪 80 年代西班牙不同地区和产业在基础设施资本存量的成本弹性上具有较大的异质性。Cohen 和 Morrison(2004)利用最大似然法来估计美国企业成本函数,发现交通基础设施通过溢出效应来降低制造成本,考虑关于交通基础设施溢出效应时的弹性为−0.23,高于不考虑的情形−0.15,并且溢出效应具有随时间推移而演进的趋势。Ezcurra 等(2005)基于成本函数采用西班牙的面板数据进行了实证研究,发现基础设施有效地降低了企业的运作成本并提高了企业的生产率;特别是对工业企业的成本降低效应最为显著。此外,Cohen 和 Morrison(2004)区分了美国州际和州内公共基础设施对企业的成本节约效应,且认为由公共设施所产生的成本节约效应诱导了投资并促进就业,从而对经济增长起到作用。张光南、李小瑛和陈广汉(2010)基于 1998—2006 年工业企业数据库并采用跨期利润函数,实证分析发现基础设施确实显著降低了制造业企业的生产平均成本。

总体上,基于成本函数方法的实证研究大多表明交通基础设施降低成本是显著的,意味着交通基础设施的经济增长效应为正。

4. 横截面数据增长回归法

横截面数据增长回归法借助横截面数据建立交通基础设施与经济增长的关系。最初的研究主要是通过跨国别回归来衡量基础设施对经济增长的影响,一般采用人均 GDP 实际作为因变量,解释变量包括基础设施、人力资本和人口因素等。Ford 和 Poret(1991)估计了 OECD 国家的基础设施对经济增长的影响,指出存在正向影响;Easterly 和 Rebelo(1993)发现交通基础设施在公共投资中的份额与经济增长相关。Sanchez-Robles(1998)采用 76 个国家为样本对基础设施与经济增长之间的关系进行了实证研究,表明基础设施支出占 GDP 的比例与经济增长呈正相关。Calderon 和 Severn(2002)估计了 100 个国家不同类型的基础设施对经济增长和不平等的影响,Esfahani 和 Ramírez(2003)发展了一个基础设施与经济增长的模型,并采用 75 个国家的数据进行了估计。但 Égert 等(2009)采用基于平均截面的贝叶斯模型进行实证研究,指出基础设施对经济增长没有长期效应。

但横截面增长回归中存在一个重要的普遍问题,即模型不确定性(Temple,2000;Sturm & Haan,2005)。经济理论有时无法确定出适宜的计量模型,因此往往需要建立一个包含许多变量的模型,再进行检验。如 Sala-i-Martin(1997)确定了大约 60 个与经济增长相关的变量。因此,不得不采用 Leamer(1983)、Levine 和 Renelt(1992)的极限边界分析法(extreme bound analysis, EBA)来检验某一变量的经济增长效应的"稳健"程度。[①]并且,不同模型采用相同的数据、相关的参数可能存在显著差异,这使作者通过优选模型来传达误导性的结果(Temple,2000)。

---

① EBA 的核心思想是对每一个潜在解释变量与不同的信息集(其他所有可能变量的排列组合)进行回归,以此来确定是否为有效变量的一种分析方法。

2.4.3　基于新经济地理学的实证研究

随着新经济地理学的发展,越来越多的学者对交通基础设施经济分布效应展开了实证研究。

对交通基础设施促进了经济集聚的实证研究如下。Sands(1993)研究发现拥有新干线服务的地区比没有新干线服务的地区实现了更高的人口和就业增长率,促进了要素集聚。Spiekermann 和 Wegener(1994)发现高铁网络沿途停靠的地方可能产生积极的空间和社会经济影响,但对高铁网络不设站点的城镇通常会产生负面影响,因为高铁基础设施只连接重要的城市而不是它们之间的空间。但对于经济条件不利的地区和城市而言,通过高速铁路与较发达地区或城市进行连接可能导致经济活动的流失和总体负面影响(Van den Berg & Pol, 1997;Thompson, 1995)。Sasaki 等(1997)评估了日本新干线网络对经济活动和人口空间扩散的影响,发现新干线网络的扩张加强了经济集聚程度,指出密集的新干线网络并不有助于区域分散。Chandra 和 Thompson(2000)采用美国县域面板数据进行了实证研究,表明县接入州际高速公路有利于县域经济的增长,并对没接入高速公路相邻县的经济集聚有负面影响。Graham 等(2003)研究了铁路基础设施的分布密度与经济集聚之间的关系,认为交通基础设施对于地区经济集聚具有显著影响。Hall(2009)的实证指出高速铁路提高了大城市的经济集聚力,但中小城市可能产生"隧道效应"(tunnel effect)。Faber(2014)研究了中国高速公路网络对区域经济的影响,发现高速公路增强了区域中心城市的经济集聚效应,但抑制了边缘县的经济增长。Qin(2017)研究了中国铁路在 2004 年和 2007 年的两次提速升级的公布效应,认为铁路升级增强了铁路节点城市对中小县城的经济集聚。张克中和陶东杰(2016)的实证研究也表明高铁的开通显著降低了沿途非中心城市的经济增长率,距离区域中心城市越近的地级市受到高铁开通的负面影响越大。

关于交通基础设施促进经济扩散的实证研究如下。Kilkenny(1968)强调,当运输成本下降时,运输成本相对较高的企业可能会选择集中,而运输成本相对较低的企业可能会向外围地区扩散,以便利用外围地区劳动力成本较低的优势。因此,交通基础设施的网络属性推动了区域经济一体化进程,强化了区域中心城市向周边城市的经济扩散效应,促进了周边城市的经济增长(Baum Snow, et al.,2007;2010;2012;Xu & Nakajima,2015)。Brandt 等(2012)研究了 1990 年以来中国的城市铁路与公路配置如何影响城市的经济形态,结果发现每一条径向公路将 4% 的中心城市人口转移到周边地区,每一条环线道路将 20% 的中心城市人口转移到周边地区,在较富裕的沿海和中部地区则具有更强的影响;每一条径向铁路使中心城市的工业 GDP 减少约 20%,每一条环线道路将导致工业 GDP 减少50%。Xu 和 Nakajima(2015)研究发现,接入高速公路的县市可获正向溢出效应,工业部门 GDP 得到较高增长。因此,Ampe(1995)强调小城镇必须有一个开发策略来利用由于交通改善所带来的机会。

部分学者认为交通基础设施对经济分布效应具有区域异质性(Ahlfeldt & Feddersen,2015)。Kilkenny(1998)指出,交通基础设施的改善是否导致集聚,与企业运输成本的性质相关,运输成本大的企业则倾向于集聚。Banister 和 Berechman(2000)进一步指出是否会产生正向影响取决于其他主要的条件,比如是否存在某种充满活力的因素,才可以利用高速铁路可达性提供的新机会。Holl(2004)利用微观层面的数据和地理信息系统(GIS)技术,分析了道路基础设施对西班牙新城市制造业位置的影响,结果表明,新的高速公路影响企业在市级水平的空间分布,并且对不同行业和空间(space)的影响强度不同。Moshe(2006)总结出,高铁增强了核心城市的经济集聚,但抑制了边缘城市的经济增长,因此高铁除了作为运输方式的直接影响之外,学界对高铁网络基础设施在何种程度上导致更广泛的社会经济影响还没有达成一致。Cheng 等(2015)指出高铁在经济发展和一体化过程中的作用仍然是一个有争议的领域,实证结果表明,在经济发展的不同阶段,其影响的差异很大,趋同和分化的过程是不同的。Chen 和 Silva(2013)指出,现有的研究主要集中于对某些特定利益的一般定性洞察和限制性定量分析中,很少有研究全面分析高速铁路与区域发展的关系。

2.4.4　基于因果推断的实证研究

基础设施往往与经济发展水平具有因果互向关系,从而产生内生的问题,导致结果有偏。Donaldson(2018)指出,我们缺乏一个严格的实证来理解交通基础设施项目在多大程度上影响福利水平。随着基于设计的因果推断方法的流行,近年来,越来越多的研究倾向于采用基于因果推断的识别策略来评估交通基础设施的影响,特别是利用县市级数据和电子化铁路地图来比较开通铁路与不开通铁路的城镇,推断铁路对某些特定区域的经济影响。

Haines 和 Margo(2006)采用 DID 方法估计了美国 19 世纪 50 年代开通铁路的县(county)与那些早期开通铁路及内战前尚未开通铁路的县的产出变化,结果显示铁路的开通对经济增长的影响很小。Atack 等(2010)采用 DID 研究了 1850—1860 年美国铁路对经济发展的影响,认为开通铁路对美国中西部的人口密度几乎没有什么影响,但却是导致中西部城镇化的主要原因。Tang(2014)利用地市级面板数据,在铁路开通存在时空差异的背景下,采用 DID 方法研究了日本 19 世纪晚期铁路对企业活动的影响,结果显示开通铁路导致了当地企业资本化程度更高,集聚更多的人口,并且日本铁路通过市场的扩大和经济的集聚,促进了资本投资和更有效的资源配置。高爽(2016)利用清末民初河南铁路建设外生性较强的背景,采用县级面板数据,通过 DID 模型检验铁路的影响,研究发现:1910 年前后通车、主要连接中心城市的铁路促进了沿线地区的人口增长,但并未改进其与省内市场的整合;20 世纪 30 年代通车、主要连接腹地的铁路在改进区域市场整合的同时,也对提高人们的生活水平有一定的作用。随后,Berger 和 Enflo(2017)采用 DID 和工具变量法估计表明,连接铁路的城镇经历了相对的人口增长,即使在 20 世纪铁路网络几乎连接了所有城镇,也没有证据表明城镇人口趋同。Kim 等(2017)采用美国县级面板数据,利用 DID 方法估计了 19 世纪美国铁路对当地农业和制造业结构的影响,结果显示,铁路有助于农村地区市场化农业的增长,以及提升制造业的生产率。Atack 等(2016)采用 DID 方法证实了 19 世纪 50 年代美国铁路的开通对人口密度的影响不大或没有影响,但对中西部地区的城镇化具有较大的影响。Donaldson 和 Hornbeck(2015)考察了铁路对美国经济的历史影响,采用该县的"市场准入"来衡量铁路网络扩张对县的总影响,并估计出市场准入变化以 1.1 的弹性资本化为农地价值,也估计出如果 1890 年时移除所有的铁路,县级水平的市场准入的下降将导致农地总价值下降 64%。周浩和郑筱婷(2012)选取京广线和京沪线作为铁路提速代表,构建了 1994—2006 年提速铁路线沿途站点和其他未提速站点相对应的城市的一级面板数据,利用 DID 系统考察了其对经济增长的影响。通过研究发现,铁路提速促进了沿途站点的经济增长。在整个铁路提速期间,相对于未提速站点,铁路提速将提速站点的人均 GDP 增长率提高了约 3.7%;同时,在铁路提速后期,其对经济增长的促进作用更为明显。

另外,部分研究采用其他因果推断的实证策略。董艳梅和朱英明(2016)构建了高铁建设对经济增长的空间影响的理论模型,并运用 PSM-DID 方法进行了实证检验,结果显示:在全国层面看,高铁建设通过就业对经济增长产生的间接负效应均小于直接正效应,因此对经济增长的总效应显著为正,并且不同区域的溢出效应的方向和大小存在差异。Ahlfeldt 和 Feddersen(2015)采用合成控制法研究了德国连接科隆和法兰克福的高速铁路对中间三个停靠站的经济影响,估计结果显示,高铁对 GDP 增长的平均影响约为 8.5%。

部分研究采用了基于设计来消除内生性。Andrabi 等(2010)测量了铁路对小麦市场整合的贡献,通过绝对价格差异对所有拥有铁路的地区进行回归,在控制了时间固定效应和个体固定效应的前提下,铁路的贡献是显著的,但是较小的,绝对差价平均下降了 35 个百分点,但铁路只能解释其中的 3.5 个百分点。Banerjee 等(2012)估计了中国高速增长的 20 年间接入交通网络对区域经济产出的影响,利用这些网络倾向连接的历史城市的事实,解决了网络布局的内生性问题,结果表明接入交通网络对区域的人均 GDP 产生正向影响,但对人均 GDP 增长没有影响。Jedwab 和 Moradi(2015)利用非洲殖民地时期的铁路建设和最终消亡来研究交通基础设施对贫穷国家的影响,结果显示:在殖民地时期,铁路作为交通革命,对经济活动的空间分布和总体水平有很大的影响,并且在铁路消亡后这些影响一直持续至今。Fourie 等(2015)研究了铁路如何改变了南非开普殖民地的经济,指出在 1873—1905 年间,殖民地劳动生产率增长的 46%到 51%直接来自铁路,或者源于铁路网络的投资,又或源于运输成本的降低,并且铁路造就了南非的二元经济与种族分化。颜色和徐萌(2015)利用 1881—1911 年府间价格差对铁路的连接情况进行回归,发现在 1911 年直接被铁路连接的府中,铁路使得价格差降低了 3.8%,这解释了 30 年间全部价格差下降的 40%,并指出铁路不光促进了其直接连接府间市场整合程度的提高,同时也促进了本身不被铁路连接但邻近铁路的府间的市场整合程度的提高。Donaldson(2018)在 EK 模型的基础上嵌入贸易成本,构建了一般均衡贸易模型,并利用印度殖民时期的档案资料来研究印度庞大的铁路网络的影响,发现区域铁路的开通可证实 4 个命题:(1)降低了印度的贸易成本和区域间的价格差距,以盐的价格差表示贸易成本,当两地有铁路连接时,双边贸易成本会下降 11.2%。(2)增加了区域间和国际贸易,铁路的进入显著增加了本地区的出口贸易。当铁路进入后,由降雨带来的供给冲击对本地价格几乎没有负效应,说明铁路促成了沿线区域市场近乎完全的一体化。(3)铁路网络的到来使印度各地平均的实际农业收入增加了 18.2%,同时极大地降低了实际农业收入对降雨冲击的反应,在农业实际收入稳定上发挥了重要作用,即实现了更高的实际收入水平和更低的实际收入波动性。(4)在一般均衡贸易模型下证明了市场开放变量是铁路所带来福利收益的一个充分统计量,当一个地区连接到铁路网络时,它的实际收入就会增加。对这种评价的关键是在城市及其周边地区的交通网络分配中使用伪随机变化,因此,在实证中需要精妙的设置。

当今的经验研究则尝试针对具体的问题寻找答案,而非为诸如 GDP 增长这类现象提供一般性的理解(Angrist, et al., 2017)。就交通基础设施而言,这种基于设计的研究的目标,是搞清楚某一个因素的因果效应,比如开通铁路对要素集聚或者交易成本的影响,关注的往往是开通铁路的就业影响,或者货币政策的效果这样的政策问题。今天的应用研究人员为回答诸如此类的问题而不断寻找各种可信的策略。

2.4.5　交通运输溢出效应的实证研究

鉴于交通基础设施的网络性,以及考虑到空间的异质性和相关性,学者又引入空间因素研究其空间溢出效应。测算交通基础设施对临近地区经济增长的溢出效应,这对实证研究是一个经济计量挑战。但随着空间计量经济学的发展,考虑空间溢出效应的基础设施增长效应测算成为可能。近年来,国内外已有部分文献开始关注基础设施的空间溢出效应。在估计交通基础设施的溢出效应时,国内外诸多文献一般采用空间计量经济学。空间计量经济学就是用计量技术处理空间里经济单元的交互性(interaction),空间因素已经成为自然或者经济研究的一个性质(Lee & Yu,2010)。

1. 国外的相关研究

国外的学者较早对交通基础设施的空间溢出效应展开了研究。Munnell(1992)指出,由于交通设施能导致生产力的外溢,从而产生正向溢出效应,后续的一些研究支持了这一观点。Hulten 和 Schwab(1995)分析发现美国的交通基础设施对于其经济增长存在显著的溢出效应。Hulten 等(2004)构建了一个交通基础设施空间溢出效应的理论模型,并基于该模型分别采用美国、印度和西班牙的面板数据进行了检验。Pedro Cantos 等(2005)分析了交通基础设施对西班牙区域和部门经济增长的影响,区分了运输方式来验证运输基础设施相关的溢出效应或网络效应,结果表明基础设施对私营部门具有网络效应,但对生产部门的分散化结果并非是决定性的。Cohen(2010)采用 1996 年美国 48 个州的制造业截面数据进行了空间计量实证,发现交通基础设施对生产率增长存在溢出效应。Chiara 和 Massimo(2012)在空间框架下考察了欧盟区域基础设施对经济增长的影响,采用空间杜宾模型来估计空间溢出效应,结果证实了公路和铁路存在溢出效应。大部分研究指出某一地区基础设施的改善对相邻地区的增长存在正向溢出效应,主要是因为其可降低区域间的贸易成本(Cohen,2004),但基础设施网络的正向溢出效应受到所处发展阶段决定的外部性的影响(Bronzini & Piselli,2009)。

另一方面,部分研究认为外地交通设施会使本地的经济活动发生转移,从而产生负向溢出效应。Boarnet(1998)利用 1968—1988 年美国加州县级面板数据,采用不同的空间权重矩阵进行实证研究,认为基础设施对经济的影响在于分配而非产出。Ozhay 等(2007)、Sloboda 和 Yao(2008)、Gómez-Antonio 和 Fingleton(2012)等的研究也均发现存在负向空间溢出效应。

部分研究则认为交通运输的溢出效应并不显著或者具有区域异质性。如Holtz-Eakin 和 Schwartz(1995)通过建立空间权重矩阵,在传统生产函数中引入了邻近区域的基础设施变量,实证结果显示邻近区域基础设施没有显著的溢出效应。Douglas 和 Schwartz(1995)运用美国州级面板数据对交通基础设施的外溢效应进行了实证,但并没有发现交通基础设施对生产效率的显著的溢出效应。Holtz-Eakin 和 Lovely(1996)的研究指出几乎找不到任何公共基础设施所谓溢出效应的证据。Cohen(2004)的研究也表明美国州级高等速公路对州制造业成本没有显著的空间溢出效应。Joseph 和 Ozbay(2006)采用空间经济计量方法对美国州际、县域和行政市一级的交通运输的溢出效应进行了检验,发现溢出效应是否存在与地理尺度相关,地理尺度越小,溢出效应越显著。María 等(2007)实证分析高速公路对西班牙 1970—1998 年间经济活动的影响,结果表明,地理相邻省份之间的高速公路溢出效应的表现与社会人口特征和政府规模相关联。

2. 国内的相关研究

胡鞍钢和刘生龙(2009)、刘勇(2010)、张学良(2012)、Yu 等(2013)等均实证检验了我国交通基础设施的经济增长效应。大部分研究发现交通基础设施确实存在空间溢出效应。

Long(2003;2010)认为中国存在"内核地区对外围地区"的空间溢出效应,并运用空间滞后模型考察了 1978—1998 年劳动力、资本、FDI 等因素对中国地区经济增长的作用,指出中国经济增长在区域间存在较强的相互影响。张学良和孙海鸣(2008)指出中国的交通基础设施与经济增长表现出很强的空间聚集特征,经济增长与交通运输主要集中在东部沿海发达地区,并形成了由东往西逐步递减的梯度。胡鞍钢和刘生龙(2009)基于中国 1985—2006 年 28 个省份的数据估计出交通运输的空间溢出效应,结果表明交通运输的确存在正外部性。但该文虽然采集的是中国省际面板数据,但实际利用的却是空间横截面模型,因而在控制不可观测经济变量以及模型估计的精度和有效性方面存在较大不足。刘秉镰等(2010)采用空间面板计量模型研究了交通基础设施的空间溢出效应。刘生龙和郑世林(2013)利用中国 1990—2010 年的省级面板数据进行实证研究,结果表明:相邻省份的交通基础设施改善对本地的经济增长产生显著的正向影响;交通基础设施的直接效应远大于跨区域的溢出效应。王刚(2013)利用 1997—2011 年的中国省级面板数据,实证研究了交通基础设施的空间溢出效应对区域经济增长的作用,指出我国交通基础设施的空间溢出效应对经济增长的作用不容忽视,其产出弹性为0.13,而中、东、西部地区的弹性逐步增长。刘荷和王健(2014)利用我国 2000—2012 年的省级面板数据,分地区和行业层面实证分析了交通基础设施对制造业产业集聚的溢出效应,结果表明:交通基础设施能够对我国制造业产业集聚产生外溢作用,铁路对制造业产业集聚的正向外溢作用明显大于公路;且交通基础设施对制造业集聚的外溢作用存在地区差异和行业差异。邓丹萱(2014)通过空间计量模型,研究交通基础设施的溢出效应,结果发现其对我国经济增长有正的溢出效应。霍旭领和敬莉(2014)运用一阶广义矩阵估计法(GMM)进行了实证研究,研究结果表明交通基础设施对全要素生产率增长具有溢出效应。

上述相关文献虽然都考虑了基础设施的空间溢出效应,但采用了普通面板数据估算基础设施的产出弹性,并没有考虑到区域数据之间存在的空间相关性,这势必导致估计结果存在一定的偏误。因此,部分文献引入权重矩阵结合空间计量模型来估算我国交通运输的溢出效应对经济增长的影响。张学良(2012)构建了交通基础设施对区域经济增长的空间溢出模型,并利用 1993—2009 年的中国省级面板数据进行实证分析,研究表明:中国交通基础设施对区域经济增长的空间溢出效应非常显著,若不考虑空间溢出效应,会高估交通基础设施对区域经济增长的作用;外地交通基础设施对本地经济增长的影响表现为以正的空间溢出效应为主,但是也有空间负溢出的证据。Yu N.等(2013)应用空间杜宾模型估计1978—2009 年我国交通基础设施存量的区域溢出效应,结果表明,国家层面的交通基础设施在各时段均存在正溢出效应,在区域层面上,中国四个宏观区域的交通基础设施的溢出效应随着时间的推移变化很大:东部地区一直享有正溢出效应;东北地区在 1978—1990 年间没有显著的溢出效应,1991—2000 年为负溢出效应,2001—2009 为正溢出效应;中部地区在三个时期具有负溢出效应;西部地区在 20 世纪 90 年代后出现了负溢出效应。童光荣和李先玲(2014)基于中国 1980—2011 年的省级面板数据,分别采用邻接空间权重矩阵和经济地理空间权重矩阵,利用面板空间杜宾模型估计了公路和铁路里程数的增加对城乡收入差距的直接效应和空间溢出效应,研究结果表明公路和铁路里程数的增加对城乡收入差距的空间溢出效应高度显著。王晓东等(2014)利用我国 1990—2010 年的省级面板数据通过 Feder 模型研究交通基础设施对经济增长的影响,结果表明交通基础设施从总体上对经济增长产生正向溢出效应,但各地强弱不一。胡艳和朱文霞(2015)利用我国 2001—2012 年的省级面板数据,采用不同的空间权重矩阵,考察了我国交通基础设施的这种空间溢出效应,研究发现,交通基础设施对于区域经济发展具有明显的空间溢出效应,且通过经济联系发生的空间溢出效应大于简单相邻关系产生的空间溢出效应。邵燕斐和王小斌(2015)使用 1995—2012 年中国省域面板数据,采用空间权重矩阵和地理距离空间权重矩阵,测算了交通基础设施对城乡收入差距影响的空间溢出效应。胡煜和李红昌(2015)基于 2003—2013 年中国城市面板数据,采用空间杜宾模型估计交通枢纽城市对当地经济的影响及其空间溢出效应,结果表明通枢纽对本地区及周围区域的经济产出有显著的正向作用,作用大小按照全国性枢纽、区域性枢纽、地区性枢纽排序。董亚宁(2016)利用我国 2003—2012 年省级面板数据和空间杜宾模型,发现不同类型的交通基础设施对经济增长的影响不同,区内交通基础设施的改善有利于本地区经济增长,同时具有很强的空间正溢出效应;区际交通基础设施的改善有利于本地区经济增长,但溢出效应不明显。边啸(2016)运用空间面板模型,分析了交通基础设施对全要素生产率(TFP)增长的影响,研究表明我国铁路基础设施和公路基础设施均对区域全要素增长有促进作用。李祯琪等(2016)采用 1998—2013 年中国省级面板数据进行实证,结果发现我区域经济发展存在较强的空间溢出效应。郭晓黎和李红昌(2017)实证检验交通基础设施对区域经济增长的空间溢出效应,指出交通基础设施对区域经济增长的直接效应在总效应中仍占绝对优势,而传统研究未考虑空间溢出效应则会高估交通基础设施对经济增长的直接效应。

大部分研究均表明我国交通基础设施存在溢出效应,但也有部分研究指出我国交通基础设施的溢出效应并不显著。如赵雪阳(2016)选用面板空间杜宾模型,研究发现交通基础设施对浙江省 TFP 的提升起到负向作用,但阻碍作用并不大,电信基础设施对浙江省 TFP 具有正向的总效应;李一花等(2018)选用我国 1996—2015 年的省级动态面板数据,运用系统 GMM 方法和一阶差分 GMM 方法,实证研究了交通基础设施对经济增长的溢出效应,认为交通基础设施对经济增长并没有产生正向影响,这可能与交通基础设施的过度饱和有关。

2.5　研究现状述评

综观国内外已有文献不难发现,本地区的交通基础设施可以直接促进地区经济增长,但其他地区的交通基础设施也可对本地区经济增长产生溢出效益,间接地促进本地区经济的增长。因此,在研究交通基础设施与区域经济增长之间关系问题时,将这种空间溢出效应引入理论和实证分析框架之中是非常重要和必要的。

传统基于时间序列、截面或面板数据的计量方法一直忽视了空间单元上的某种经济现象或某一属性特征值与邻近空间单元上的同一现象或属性特征值之间的相关性或依赖性,因而容易导致传统计量经济学模型参数估计产生偏误,甚至得出与实际情况不符的结论,由此受到了怀疑。但近年来空间统计学、空间计量经济学的发展和成熟为解决上述问题提供了一套比较完善的研究方法与手段,特别是空间面板数据模型在继承和拓展传统面板数据模型的基础上,将空间相关性纳入其中,并且许多计量软件开发出了空间面板计量模型的估计程序,如 Stata 软件,这为展开实证研究提供了有力的保证。

　　国内现有的研究围绕交通基础设施对经济增长的影响展开了大量讨论,得出许多有益的结论,但在以下方面仍需进一步回答:交通运输对区域经济的影响机理是如何的? 现有的研究较少从空间的视角来展开,所以需要从新的理论框架、新的视角进行系统研究。特别是,交通基础设施对经济增长的空间溢出效应的微观理论基础,以及在不同的经济发展阶段其影响程度和特征的研究,尚不充分。另外,我国交通基础设施对区域经济增长是否具有空间溢出效应,空间溢出效应是正向的还是负向的,其作用有多大等问题也需进一步讨论。改革开放以来,中国的区域经济经历了不同的阶段,交通基础投资也存在一定的倾向性,那么,我国交通基础设施的溢出效应是否随着时间的推移发生变化,是否在不同的经济板块具有不同的表现呢? 这些问题均有待进一步探讨。

第 3 章

理论分析框架与模型构建

3.1 理论框架与作用机制

3.1.1 理论框架

新兴大国交通运输的发展对经济增长的影响主要分为短期与长期两个作用阶段。其对区域经济增长的作用机制如图 3.1 所示。

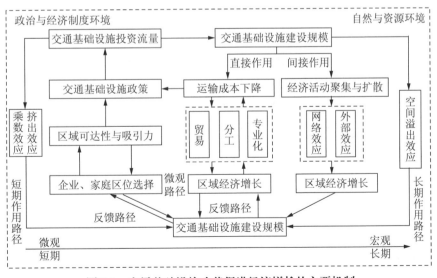

图 3.1 交通基础设施改善促进经济增长的主要机制

短期内,交通基础设施投资流量的增加,将直接为建筑业等相关产业的发展创造机遇,具体而言,在交通基础设施投资建设过程中,创造了大量的就业机会,并直接促进相关产业的发展,从而促进居民收入的增长。同时,交通基础设施建设项目由于投资规模大、建设周期长、交通基础设施投资流的增加,会对该地区其他相关产业产生乘数效应,使总产出扩大,进而促进经济增长。

长期而言,交通基础设施投资力度的增加,扩大了现有区域交通基础设施的存量规模,改善了本地的交通运输条件。由于其所具备的空间网络性与外部性属性特征,本区域以及区域之间的连通性和可达性得以提升,降低了企业与居民的运输与出行成本,贸易成本也得到了降低,促进了各种生产要素和各类产品在区域之间的空间转移和自由流动,区域之间的贸易流得到了扩大。同时,交通运输成本的降低,区域所提供的公共服务的差异,影响了企业与家庭的区位选择,因此,企业和家庭可能会从交通运输劣势的区域迁出,迁入交通运输具有优势的区域,进而促进了劳动分工,而劳动分工则促进专业化,提高了劳动生产效率,扩大了收入差距,进一步引致了要素的流动,并最终导致区域间的产业结构发生变迁,形成了产业集聚的空间布局,甚至形成了极化效应,区域间的差距进一步扩大。但是,如果区域间的交通基础设施改善,而发达地区产生了拥挤效应,那么生产要素将可能从发达地区转移到落后地区,特别是对运输成本不敏感的产业和规模效应小的产业将从发达地区迁出,迁入落后地区,从而导致产业扩散的空间格局,促进了落后地区的经济增长。

生产要素和产品的空间转移和流动需求,以及居民和企业的交通运输需求,随着区域经济的增长而不断增加,如果现有的交通基础设施存量无法满足交通运输需求,反过来又会进一步促进基础设施投资。这一系列过程实际上反映了交通基础设施发展与经济增长间的反馈路径。

3.1.2　作用机制

1. 直接作用

基于交通基础设施所具备的网络性与外部性属性特征,交通基础设施对经济增长的微观作用路径实则为产生空间溢出效应的基础,具体表现如图 3.1 所示。交通基础设施建设规模的扩大,降低了居民出行成本与企业运输成本,提高了区域的可达性与吸引力,生产要素将产生集聚,从而影响企业与家庭区位选择决策。与此同时,由于区域内部以及区域之间的贸易、分工和专业化的产生受到降低的运输成本以及丰富的生产要素空间转移和自由流动的影响,从而进一步形成聚集经济与经济中心,最终影响到区域经济的增长。

交通基础设施建设扩大了存量规模,或者提高了交通运输质量,导致运输效率得以大大提高,交通运输速度的提高或区域间交通路线的缩短,压缩了区域间的时空距离,节约了交通运输耗费的时间。同时,运输企业的成本得到了降低,居民的交通费用得以降低,节约了时间和成本,提高了劳动者的生产效率,促进了经济增长和成本节约。

此外,交通基础设施的改善,带来运输成本的下降,扩大了市场容量,提高了区域间的连通性,将对区域间的贸易、分工、专业化产生影响。交通运输成本的降低,意味着市场规模得到扩大,所以,本地区的产品可以销售更多,促进了本地区的投资,因此,本地区的经济得以增长。区域间的贸易活动日趋频繁,经济联系日益紧密,将导致技术扩散和知识溢出,使得本地区可能利用到其他地区的知识溢出,从而推动本地区的经济增长。由于贸易主要是基于比较优势来开展的,因此,本地区在贸易中倾向于生产具有比较优势的产品,从而促进了区域间在要素内和产品内的分工,分工将使得区域间均可生产本地区最有效率的产品,在分工中实现了专业化生产,提高了区域间的劳动生产效率,从而促进了经济增长。专业化的结果可能是两个区域的产业均得到调整,促进了产业集聚的空间格局。产业集聚格局中,有利于利用规模经济,强化企业间的信息交流和合作,有效地降低生产成本,并推动了创新活动,促进技术进步,因此,可以持续地促进区域经济的长期增长。

2. 间接作用

交通基础设施促进经济增长的宏观机制主要源于经济活动与产业的聚集和扩散所导致的网络效应和外部效应,最终影响所有区域的经济增长表现。具体如

图 3.1 中所示。

经济活动的集聚和扩散过程中交通基础设施的网络效应和扩散效应。经济活动的集聚有可能使得某个地区获得了先发优势,形成了中心区域,并且通过"积累因果循环过程"来实现极化,在发展过程中不断地集聚与自我强化,形成了回流效应,通过网络效应吸引周边落后外围区域的生产要素不断涌入,进一步集聚,导致外围区域的空心化,导致区域间的经济差距进一步扩大。但这种极化作用到了一定的程度后,中心区的经济发展到了一定水平,由于大量资源和企业的集聚,导致了拥挤效应,提高了企业的生产成本和居民的生活成本,但在外围区域的交通基础条件得以改善的情况下,扩散效应开始产生,中心区域的企业和生产要素将转移到外围区域,中心区域的技术和知识也得以扩散,因此,推动了外围区域的投资、创新和经济增长,其增长速度和资本收益甚至高于中心区,因此,生产要素和企业进一步扩散,在不断循环的过程中,区域间的差距将得以缩小,直至实现区域均衡和一体化。经济活动和产业空间集聚与扩散的过程中,均强调了交通基础设施的作用,中心区域之所以能实现集聚的一个条件是运输成本较低,而外围区域之所以能吸引中心区域的产业扩散,区域内和区域间交通基础设施的改善是一个重要的影响因素。

经济活动的集聚和扩散下交通基础设施的外部效应可以分为不同的情况来讨论。在集聚的过程中,当中心区域的交通基础设施得到改善时,区域的运输成本比邻近的外围区更有优势,因此,中心区域的交通基础设施对外围区域产生了负外部效应;但在扩散的过程中,本地区交通基础设施的改善则有利于扩散产生,因此,对外围区域的经济增长表现为正外部效应,并且交通基础设施越发达,运输成本越低,扩散动力就越强烈,因此,溢出效应就越强烈。与之相反,在集聚的过程中,如果外围区域交通基础和区际间交通基础得到改善,就越利于本地区的要素流出,有利于中心区域的集聚,因此,外围区域的交通基础设施的改善对中心区域的经济增长起到正向外部效应;在扩散的过程中,外围区域交通基础的改善和区际间的交通基础的改善,有利于中心区的扩散,因此,外围区域交通基础设施的改善对中心区产生了负外部效应。

3. 反馈机制

随着区域经济增长,交通运输需求不断提高,当交通运输需求大于交通运输供给时,将导致交通拥挤和成本上升,也将促进交通基础设施投资,因此,交通运输和经济增长间存在一种相互反馈、相互促进的机制。具体表现如图 3.1 所示。

区域经济增长导致了企业和家庭的运输需求不断上升,贸易活动的频繁也对交通运输的效率提出了更高的要求,实现分工和专业化分工之后,区域间的经济联系更加频繁,因此也对现有的交通基础设施有更高的要求。鉴于此,区域将加大地区的交通基础设施建设,从而形成良性反馈,交通基础设施建设和区域经济增长相互促进。

3.2　一个简单的两区域模型

在上述理论框架和作用机制的基础上,研究首先构建了一个简单的两区域模型来说明交通运输的发展如何促进新兴大国区域间的要素流动和产品流动,并分析了要素和产品的流动对区域的经济增长、专业化分工和产业结构的影响,以及专业化分工和产业结构变迁对两区域经济增长的影响。

3.2.1　基本假设

交通运输的发展降低了大国区域间生产要素的流通成本或提高流通速度,加快了知识和技术的传播、劳动力的流动、资本的流动等,使生产要素在一个更大的市场范围内依据市场规则合理配置,并在交流过程中获得技术进步。当与生产有关的要素能在不同区域间以很小的成本自由流通后(在这里主要考虑交通的成本),相比原来的市场,这无疑是一个更广、更复杂的市场。为了描述交通运输的发展对一个大国区域经济增长的作用,本研究构建一个两区域模型来进行说明。

在这个模型里面,新兴大国存在区域 A 和区域 B,并假设如下情况:

(1) A 区域是经济发达地区,表现在技术先进、资本剩余,但劳力不足、劳动力成本高;A 区域的这种情况,需要寻求一个新的市场进行投资,释放剩余的资本,同时希望能吸进劳动力,弥补劳动力不足。B 区域是经济落后地区,表现在技术落后、资本不足,但劳动力剩余、工资低。在这种情况下,B 区域希望能引进外部资本,补充资本投入的不足,而 B 区域希望能释放多余的劳动力,以便减轻就业压力。

(2) 最初,两个区域间由于交通运输的落后,经济间没有交流或交流很少,因此生产要素的流通很少。

(3) 假设某时点交通运输得到了发展,那么不存在进入壁垒的情况下,两个区域间生产要素的流通成本降低,要素市场迅速互补。

3.2.2 交通运输促进两区域经济增长

本研究使用柯布—道格拉斯生产函数 $Y = AK^\alpha L^{1-\alpha}$ 来说明要素流动是如何促进两个区域的经济增长,其中:Y 为系统产出量(总产值或净产值);K 为资本投入量;L 为劳动力投入量;α 为资本产出弹性系数;$1-\alpha$ 为劳动力产出弹性系数。

对该公式进行微分,得到:

$$\frac{\Delta Y}{Y} = \alpha \frac{\Delta K}{K} + (1-\alpha) \frac{\Delta L}{L} + \frac{\Delta A}{A} \tag{3.1}$$

从式(3.1)可以看出,经济增长率跟资本投入增长率、劳动力投入增长率及技术进步相关。如果没有交通发展,两个区域在各自封闭的区域内自然发展,那么增长率分别是:

$$\frac{\Delta Y_1}{Y_1} = \alpha_1 \frac{\Delta K_1}{K_1} + (1-\alpha_1) \frac{\Delta L_1}{L_1} + \frac{\Delta A_1}{A_1} \tag{3.2}$$

$$\frac{\Delta Y_2}{Y_2} = \alpha_2 \frac{\Delta K_2}{K_2} + (1-\alpha_2) \frac{\Delta L_2}{L_2} + \frac{\Delta A_2}{A_2} \tag{3.3}$$

假设交通发展后,两个区域间的生产要素得到了流通。一般来说,会出现以下情况:

(1) A 区域的某些先进技术会传播到 B 区域,为 B 区域所接受,提高了 B 区域的技术进步率,但 A 区域不能从 B 区域吸收到相对先进的技术,因此其技术进步率与 B 区域相比没有显著提高。

(2) B 区域会有资金转移到 B 区域,增加了 B 区域的资本投入量。

(3) A 区域的劳动力成本高于 B 区域,会吸引 B 区域的一部分劳动力进入 A 区域,增加了 B 区域劳动力的投入量。

(4) 在 A 区域,低工资劳动力进入,但由于资本存在剩余的情况,增加了劳动力的同时会增加资本投入,劳动力代替资本率没有变化,即 α_1 不变。在 B 区域,A 区域的剩余资本会进入其中,进行投资,但 A 区域存在剩余劳动力,新投入的资本没有代替劳动力,那么 α_2 没有变化。

那么交通发展后,两个区域的增长率如下所示:

$$\frac{\Delta Y_1'}{Y_1} = \alpha_1 \frac{\Delta K_1'}{K_1} + (1-\alpha_1) \frac{\Delta L_1'}{L_1} + \frac{\Delta A_1}{A_1} \tag{3.4}$$

$$\frac{\Delta Y_2'}{Y_2} = \alpha_2 \frac{\Delta K_2'}{K_2} + (1-\alpha_2) \frac{\Delta L_2'}{L_2} + \frac{\Delta A_2'}{A_2} \tag{3.5}$$

式(3.4)—式(3.2)得:

$$\frac{\Delta Y_1' - \Delta Y_1}{Y_1} = \alpha_1 \frac{\Delta K_1' - \Delta K_1}{K_1} + (1-\alpha_1) \frac{\Delta L_1' - \Delta L_1}{L_1} \tag{3.6}$$

式(3.5)—式(3.3)得出:

$$\frac{\Delta Y_2' - \Delta Y_2}{Y_2} = \alpha_2 \frac{\Delta K_2' - \Delta K_2}{K_2} + (1-\alpha_2) \frac{\Delta L_2' - \Delta L_2}{L_2} + \frac{\Delta A_2' - \Delta A_2}{A_2} \tag{3.7}$$

由上面的假设和分析可以推出:$\Delta K_1' > \Delta K_1$,$\Delta L_1' > \Delta L_1$;$\Delta K_2' > \Delta K_2$,$\Delta L_2' > \Delta L_2$,$\Delta A_2' > \Delta A_2$。

从式(3.6)可以推出 $\frac{\Delta Y_1' - \Delta Y_1}{Y_1} > 0$,即表示交通发展后 A 区域的经济增长率

会比没有交通发展区域的增长率大,这就证明了交通发展对 A 区域经济增长有促进作用。这是因为:由于交通发展后,B 区域劳动力的进入,增加了劳动力的投入,劳动力的投入伴随剩余资本的投入,提高了 A 区域的经济增长率。并表现出报酬递增的现象,经济在该时期会持续增长。

从式(3.7)可以推出 $\dfrac{\Delta Y_2' - \Delta Y_2}{Y_2} > 0$,即表示交通发展后,B 区域的经济增长率比没有交通发展区域的增长率大,证明了交通发展对 B 区域经济增长是有促进作用的。这是因为:由于交通发展后,A 区域的资本进入,一方面增加了资本的投入率,另一方面利用了剩余劳动力,同时采用某些先进的技术,技术的进步率增大,促进了 B 区域经济增长率的提高。并表现出报酬递增的现象,经济在该时期会持续增长。

两个区域比没有发展交通前多出的增长率,就是交通运输发展带来的间接效益的体现。当两个区域的生产要素不断流通直至在生产要素市场上实现均衡,在此过程中,由于落后地区具有后发优势,其增长率可能比发达地区增长率高,呈现出追赶的趋势,缩小区域间的经济差距。从上面的模型可以看出交通运输的发展促进了大国区域的经济增长,从而促进了经济总量的增长。

3.2.3　交通运输深化大国区域内分工

贸易本身是经济系统的一个内在需求,但是贸易的发展受到了很多因素的影响,其中交通运输的成本是一个主要的影响因素。当一个市场到了饱和的时候,为了扩大利润和降低成本,经济系统自然有向外开展的内在动力,在别的市场销售产品和获取更便宜的物质资源。在市场间相隔很远的情况下,交通的成本是巨大的。如果两个区域间的贸易成本过高的话,将会没有贸易的发生或是很少。英国经济学家拉特纳(D.Lardner)总结了这种情况,提出了运输和贸易的平方定律,即如果生产者能将运费减少一半,那么供货距离就可增大一倍,而市场范围就扩大到四倍。只要在运价与货价的比价基本合理的情况下,商品就可以被运到任何地方进行销售。因此,交通运输改变了商品流通的速度和运输的成本。当贸易的成本降低,所需要的成本低于贸易所带来的利润时,贸易将会发生,直到两者相等,贸易量才会停止增长。而贸易在不同的区域间发生将深化各区域的分工。

这里,仍使用一个两区域模型来分析市场范围的扩大是如何深化区域内分工,从而促进大国经济增长的。在这个模型里面,发展中大国存在区域 A 和区域 B,并有如下假设:

(1) A 区域是经济发达地区,B 区域是经济落后地区。它们都使用两种要素,即资本和劳动力;都生产两种产品,即制造产品和农产品。制造产品是相对资本密集型的产业,农产品是相对劳动密集型的产业。

(2) 在开始的时候,两个区域间由于交通运输的落后,没有经济交流或很少有交流,产品间的交易很少。

(3) 假设某时点交通运输得到了发展,同时不存在贸易壁垒,交易市场化和自由化,那么两个区域间的产品流通成本会降低,商品市场迅速发展。

(4) 为了便于分析,先假设生产要素没有在区域间流通,只有产品交易。

在没有交通运输之前,A 区域和 B 区域在本区域内各自生产制造品和农产品,其中 A 区域相对 B 区域而言,其制造品在价格上便宜,而农产品相对昂贵。其中,若把资本和劳动力分成两部分,一部分投入到生产制造品,另外的部分投入到生产农产品中,其投入到两种产品生产的要素符合边际生产力相等的原则。那么,制造品和农产品的产出可以用以下的函数来表示:

$$G_{11} = f(k_{11}, l_{11})$$
$$G_{12} = f(k_{12}, l_{12}) \tag{3.8}$$

G_{11} 表示 A 区域的制造品产出,G_{12} 表示 A 区域的农产品产出,其中,$k_{11} + k_{12} < k_1$,k_1 为 A 区域的资本存量;$l_{11} + l_{12} = l_1$,l_1 为 A 区域的劳动力。$G_{11} + G_{12}$ 即为 A 区域的总产出,生产出的产品仅在本区域内销售,但制造品生产能力存在过剩情况,投入劳动力可以生产更多制造品。两种产品在本区域内达到均衡。

同样,B 区域的生产函数如下所示:

$$G_{21} = f(k_{21}, l_{21})$$
$$G_{22} = f(k_{22}, l_{22}) \tag{3.9}$$

G_{21} 表示 B 区域的制造品产出，G_{22} 表示 B 区域的农产品产出，其中，$k_{21}+k_{22}=k_2$，k_2 为 B 区域的资本存量；$l_{21}+l_{22}<l_2$，l_2 为 B 区域的劳动力。$G_{21}+G_{22}$ 即为区域 B 的总产出，生产出的产品仅在本区域内销售，但农产品的产能过剩，投入更多的资本可以生产更多制造品。两种产品也达到均衡。

交通发展后，运输成本大幅降低，A 区域发觉出口制造品在 B 区域销售比在本区域销售更有利可图，只要生产成本与运输成本之和小于在 B 区域出售的价格；从 B 区域进口农产品的价格比在本区域生产的农产品价格还低。而 B 区域发现从 A 区域进口制造品比在本区域生产制造品的价格便宜，且质量更好，同时，向 A 区域出口农产品获得的利润更高。在这里假设产品的进入没有受到其他因素的影响。

这里，我们先分析 A 区域的反应。由于 A 区域从 B 区域进口了农产品代替了自身生产，而出口制造品到 B 区域是有利可图的，从而释放出了劳动力并利用多余的资本积累投入生产更多的制造品中。其生产函数变成下式：

$$G'_{11} = f'(k'_{11}, l'_{11})$$
$$G'_{12} = f'(k'_{12}, l'_{12}) \tag{3.10}$$

其中，$k'_{11}+k'_{12}\leqslant k_1$，但 $k'_{11}+k'_{12}>k_{11}+k_{12}$，$k'_{11}>k_{11}$，$k'_{12}<k_{12}$；$l'_{11}+l'_{12}=l_1$，$l'_{11}>l_{11}$，$l'_{12}<l_{12}$。$G'_{11}+G'_{12}$ 为新的总产出，但 $G'_{11}+G'_{12}>G_{11}+G_{12}$。这表明交通运输发展后，A 区域的总产出水平得到了提高。

B 区域从 A 区域进口制造品代替自身生产，而出口农产品到 A 区域则是有利的，所以把多余的劳动力投入农产品的生产中，并从制造业中转移一部分的资金。因而得到新的生产函数如下所示：

$$G'_{21} = f'(k'_{21}, l'_{21})$$
$$G'_{22} = f'(k'_{22}, l'_{22}) \tag{3.11}$$

其中，$k'_{21} + k'_{22} = k_2$，但 $k'_{21} \geqslant k_{21}$，$k'_{22} \leqslant k_{22}$；$l'_{21} + l'_{22} > l_2$，$l'_{21} \leqslant l_{21}$，$l'_{22} > l_{22}$。$G'_{21} + G'_{22}$ 为新的总产出，但 $G'_{21} + G'_{22} > G_{21} + G_{22}$。这表明交通运输发展后，B 区域的总产出水平得到了提高。

从上面的分析可知：(1)发展交通后，区域间发生了产品交易，由于产品上的差异及生产产品优势的不同，会造成区域内生产要素的重新配置及利用。(2)由于能把剩余的生产要素释放出来并投入到生产中，减少资源的闲置浪费，使有限的资源有可能得到充分利用，各个区域的产出比没有交通时更高，也证明了交通的发展对经济增长是有间接效益的。(3)在产品交易的过程中，两个区域都发现了自己的比较优势所在，同时，两种产品销售市场的扩大吸引了更多的投入。造成区域间更专注于一种产品的生产，A 区域投入更多的要素生产制造品，B 区域投入更多的要素生产农产品，产生规模经济及专业化利益，深化了区域内的分工。

在没有要素流通的情况下，区域 A 和区域 B 通过改变投入不同生产部门的生产要素来扩大自己的比较优势，从而导致区域分工的出现，A 区域生产更多的制造品，B 区域生产更多的农产品。这种区域间的社会分工是基于比较优势及价格差异所形成的。但它存在以下条件的限制：(1)技术不变决定了生产函数不变，那么企业只能通过增加要素投入来提高产量。(2)增加某一生产要素的投入受到专用资产之间转换限制的约束。(3)生产产量的扩大受到投入要素供给刚性的限制，随着企业生产规模的扩大，投入的要素成本变得越来越昂贵。因此，当在本区域生产产品的成本加上交易成本大于在另外区域出售的价格时，就不能继续增加要素投入来扩大生产了，也就是说，企业的生产规模受到了限制，并不能充分发挥出其比较优势。那么区域间分工仍受到一定限制，每个区域并没有完全只生产一种产品，而是同时生产制造品和农产品。这是一种低级形式的分工状态。

3.2.4　交通运输促进了大国区域产业结构变迁

市场规模范围的扩大，能够容纳更多厂商，且各个厂商能以更大规模生产，以更低的价格进行销售，那么销售的产品数量无疑比在单个市场内销售的产品更多。为了实现规模经济，各厂商必须集中生产，要么在本区域内，要么在区域外。但厂商必须在各个区域中同时销售产品。最终产品均在一个区域生产并出口到另一区域。这说明了市场规模的扩大，厂商要以更大的规模生产，必须集中生产地，又强化了包括范围经济和外部经济在内的以规模经济为主导的区域分工。在生产要素的流动下，将会导致集聚和扩散，产生规模经济，而规模经济进一步促进了区域分工，最终导致区域间的产业结构变迁。

这里依旧使用两区域模型来说明，存在产品交易（自由贸易）和要素流动（自由流通）的情况下，区域间将会如何分工呢？

A 区域有剩余资本流入 B 区域，而 B 区域有剩余劳动力流向 A 区域。我们先分析 B 区域的剩余劳动力进入 A 区域对 A 区域所产生的影响。上面提到过 A 区域扩大生产的制造品受到了要素供给的刚性和要素成本昂贵的限制，而这时劳动力的投入，使得 A 区域的限制条件得到放松。要素成本的降低使得生产制造品的成本降低，A 区域将扩大制造品的生产并大量出口到 B 区域。生产规模的扩大充分利用了 A 区域的生产能力，降低了产品的单位成本，就可能导致规模报酬递增。而规模经济会导致 A 区域继续增加制造品生产要素的投入。因为 A 区域生产制造比 B 区域生产制造的成本低，而且质量高，B 区域的消费者倾向于购买。B 区域的制造品没有竞争优势，如果两种制造品间的成本差异大于交通运输的交易成本，就很可能造成 A 区域的制造品完全取代 B 区域制造品的情况。当然，我们在这里没有考虑地方保护主义的因素及其他的进入壁垒。

下面我们来分析 A 区域资本进入 B 区域后对 B 区域的影响。但这种情况比较复杂，因为进入的资本可以投入到生产制造品，也可以投入到生产农产品。当 A 区域的工资与 B 区域的工资额小于两区域间的运输费用时，那么在 B 区域进行制造品生产是有利的。但相对来说，刚开始的时候，投入到农产品中对投资更具有吸引力。因为 B 区域具有生产农产品的优势，有比生产制造品更高的收益率。对于 B 区域来说，以前生产农产品的模式是劳动力密集型，而资金投入量很少，采用的农业工具设备也很落后，但投入的资金将改善农业的生产条件，使得单位产量更高，人均产出更高。由于 B 区域的劳动力成本比 A 区域的劳动力成本低，生产出的农产品在 A 区域里具有市场优势。那么 B 区域的农产品将占据 A 区域的农产品市场。大规模种植及引进农业设备使得 B 区域的农产品生产具有规模经济特点。而规模经济进一步促进了 B 区域增加生产要素到农产品生产中来。

由上面的分析可知,由于交通运输的发展,使得市场范围扩大,生产要素流通和产品贸易发展,基于比较优势及规模经济,最终带来了区域间的分工和专业化,区域间的分工造成区域产业结构的变化,并使两个区域一体化。当区域之间的生产要素趋于一致,生产要素的边际产出趋于一致。发展到了一定程度,将会产生生产要素特别是劳动力不足时,或者存在产能过剩的情况下,这个一体化后的区域将寻找新的市场,以满足其要素需求及产品的销售。正如杨格理论的实质:市场规模扩大导致分工的深化,分工深化又进一步引致市场规模的扩大,这实际上是一个市场演进的过程。

综上,经济发展和交通运输的发展之间存在着正相关的关系,交通运输的发展改变大国区域间的资源配置,要素得以充分利用,产品市场得以扩大,促进区域分工,产生规模经济,导致区域间的产业结构变迁,从而加速了经济的发展。大国经济的增长离不开交通运输的发展,没有交通运输就没有大国经济增长,运输成本是经济增长中的一个重要变量,交通运输的发展可以扩大市场规模和提高分工水平,交通运输促进经济增长的机制也充分体现了新兴大国的落后地区如何成功向发达地区过渡的内在机理。

3.3　拓展的两区域模型

上述简单的两区域模型仅是分析了区域间的交通基础设施改善对两个区域经济增长的影响,而忽视了区域内部交通基础设施改善对相邻区域经济增长的影响,也即交通运输的溢出效应。因此,本研究在新经济地理学理论的基础上来拓展了简单的两区域模型,在标准自由资本模型下分析不同类型的交通基础设施对区域经济增长的影响,推导出交通基础设施的溢出效应。新经济地理学理论开创性地将空间因素引入经济系统,并且建立在规模经济、报酬递增和不完全竞争的假设上,这比新古典经济学更接近于现实。新经济地理学将空间因素和厂商的规模报酬递增纳入一般均衡的框架,成功将 D-S 模型与冰山运输成本相结合,解决了长期以来经济学中厂商的报酬递增与竞争性一般均衡不兼容的问题。在上述简单两区域模型的基础上,本研究参考 Krugman(1992)、Martin 和 Rogers(1995)、Gonzalez-Val、Lanaspa 和 Puey(2009)、郑广建(2014)等相关文献,构建出一个具有差异化运输成本的 2×3×3 的经济系统来分析交通基础设施改善对区域产出的影响,从而分析交通基础设施的溢出效应。

3.3.1 基本假设

假设 1 个经济系统包含 2 个地区、3 个生产部门以及 3 种生产要素。其中一个地区为发达地区,另一个地区为落后地区(用 * 来标记)。三个生产部门中,包括生产同质性农产品的传统部门(A)、生产差异化制造品的工业部门(M)和提供公共服务的政府部门(G)。两个生产性部门采用三种生产要素资本 K、劳动 L 和公共服务资源 Z 来进行生产和交换,其中资本可以在地区间自由无成本流动,但劳动生产要素在地区间不可自由流动,公共服务不可流动。

在上述经济体中,传统农业部门只投入一种生产要素劳动力 L 来生产同质性农产品,不失一般性,假定其生产活动遵循瓦尔拉斯均衡。农产品市场为完全竞争市场,产品在两个区域间以零成本自由流动。工业部门投入两种生产要素劳动力 L 和资本 K 来生产差异化制造品,该市场为具有规模报酬递增的 D-S 垄断竞争市场。

假设每个消费者具有 1 单位劳动力并平均占有本地初始资本,且两个区域的初始劳均资本相等,即 $\dfrac{K}{L} = \dfrac{K^*}{L^*}$,因此两个地区之间不存在赫克歇尔—俄林意义上的要素禀赋比较优势。假设一个地区内的初始劳动力占经济系统总劳动力的比例和资本占经济系统总资本的比例相同。令全社会劳动力总量和资本总量分

别为 L^w 和 K^w 且保持不变。劳动力在部门间可以自由流动但不能跨地区流动，资本可以跨空间自由流动但资本所有者不能自由流动，以保证资本收益在资本所有者所在地区内。假设欠发达地区的劳动力数量为 L^*，发达地区的劳动力数量为 L，则有：$L^W = L^* + L$。为便于计算，对 L^w 进行标准化处理，命 $L^w = 1$，因此，发达地区的劳动力占比为 $S_L = \dfrac{L}{L^W} = L$，则欠发达地区的劳动力占比为 $S_L^* = L^*$，另外，假设欠发达地区和发达地区参与农业部门的劳动力数量分别为 ι 和 ι^*。假设发达地区拥有的资本为 K^*，欠发达地区拥有的资本为 K，则有 $K^W = K^* + K$，假定发达地区拥有的资本大于欠发达地区拥有的资本，即 $K > K^*$，并且 $K = LK^W$，$K^* = L^* K^W = (1-L)K^W$。假设一个企业采用 1 单位资本来生产某一种制造品，则有企业总数量 $n^w = K^W$，设欠发达地区和发达地区的企业数量分别为 n 和 n^*，则有 $n^w = n^* + n$，欠发达地区和发达地区的资本使用份额分别为 $S_n^* = \dfrac{n^*}{n^W}$ 和 $S_n = \dfrac{n}{n^W}$。公共服务在发达地区和落后地区分别为 Z 和 Z^*，且 $Z^W = Z + Z^*$，同时假定发达地区的比例为 ε，则 $Z = \varepsilon Z^W$，$Z^* = (1-\varepsilon)Z^W$，且 $Z > Z^*$，显然，公共服务在地区间不可流动，且公共服务可以降低企业的生产成本，且降低程度与公共服务的数量成正比。

假定两区域的交通基础设施对企业生产函数没有影响，但影响工业产品的运输成本。交通基础设施的数量和质量的改善可以降低运输成本。工业品的运输成本采用萨缪尔森的"冰山运输成本"理论，即 1 单位工业品从企业运输到消费者市场时，只有 $\dfrac{1}{\tau}$ 单位的工业品能够到达（$\tau > 1$）。假设 τ、τ_D、τ_D^* 分别代表地区间、发达地区内部、落后地区内部的运输成本。

3.3.2　短期均衡分析

1. 消费者均衡

短期内，资本份额 S_n 和 S_n^* 的空间分布保持不变，在收入约束下，消费者追求效用最大化,由此可以得到消费者均衡。

所有的消费者对于这两类产品都具有相同的偏好,总效用函数是柯布—道格拉斯函数形式:

$$U = GC_M^{\mu}C_A^{1-\mu}$$

预算约束为: $\quad\quad P_G G + P_A C_A + P_M C_M = Y$

其中,G 表示公共服务消费量,C_A 为农产品数量,C_M 代表制造品消费量的综合指数,μ 是常数,且 $0<\mu<1$,表示制造品在支出中所占份额,则 $(1-\mu)$ 为农产品在支出中所占份额。P_A 为农产品价格,令 $P_A=1$,P_M 为工业品价格指数,P_G 为公共服务价格,Y 为消费者收入。C_M 是分布在连续区间上的各类制造品的子效用函数,c_i 表示每种可获得的制造品的消费量,n 是制造品的种类范围。假定 C_M 为不变替代弹性(CES)函数:

$$C_M = \left[\int_0^n c_i^{\frac{(\sigma-1)}{\sigma}} di\right]^{\frac{\sigma}{(\sigma-1)}}, \sigma > 1$$

其中,σ 表示任意两种工业品的替代弹性。当 σ 趋向于无穷大时,差异化产品几乎是完全替代的;σ 趋近于 0 时,消费者倾向于消费更多种类差异化产品。由此可得:

$$\begin{aligned} \max \quad & U = GC_M^{\mu}C_A^{1-\mu} \\ \text{s.t.} \quad & P_G G + P_A C_A + P_M C_M = Y \end{aligned} \quad\quad (3.12)$$

那么,消费者的问题就是在上面的预算约束条件下使其效用最大化。由消费者效用最大化和预算约束求得代表性消费者对制造品、农产品和公共服务的支出分别为:

$$C_M P_M = \frac{\mu}{2}Y$$

$$C_A P_A = \frac{(1-\mu)}{2}Y \quad\quad (3.13)$$

$$C_G P_G = \frac{1}{2}Y$$

对消费者而言，选定每一类制造品的消费量 c_i，使获得制造品组合 C_M 的成本最低，消费者对某一类制造品的消费量由式(3.14)决定：

$$
\begin{aligned}
&\min \qquad \int_0^n P_i C_i di \\
&\text{s.t.} \quad \left[\int_0^n c_i^{\frac{(1-\sigma)}{\sigma}} di\right]^{\frac{(1-\sigma)}{\sigma}} = C_M
\end{aligned}
\tag{3.14}
$$

解决这个支出最小化问题的一阶条件是边际替代率等于价格比率，由式(3.14)，可求出消费者对每一种制造品的需求函数为：

$$
c_j = p_j^{-\sigma} \frac{C_M}{p_M^{-\sigma}} = \mu \frac{Y}{2} P_M^{\sigma-1} p_j^{-\sigma}
\tag{3.15}
$$

其中，$P_M = \left[\int_0^n p_i^{(1-\sigma)} d_i\right]^{\frac{(1-\sigma)}{\sigma}}$ 为制造品价格指数。

2. 农业厂商均衡

由于假定农产品市场为完全竞争市场，并且采用规模报酬不变的技术进行生产，令 1 单位劳动生产 1 单位农产品，则农产品的生产函数为 $Y_A = \iota$。劳动力在部门间可以自由流动，为完全竞争市场，用 w_L^*、w_L 分别表示落后地区和发达地区的劳动力的工资水平，则 $w_L = w_L^* = P_A = P_A^* = 1$。

3. 工业厂商均衡

假设两区域的工业部门采用相同的规模报酬递增的生产函数，厂商的固定成本均为 1 单位资本，每单位产出需要投入 α_M 单位劳动力，由此得到厂商 j 的总成本函数为：$TC = \alpha_M w_L x_j + \pi$，$x_j$ 为厂商 j 生产的制造品数量，π 为资本报酬。每个厂商均为垄断厂商，生产的产品为差异化产品，采用边际成本定价法来实现利润最大化，因此，发达地区产品的出厂价格为 $p = \alpha_M \dfrac{\sigma}{(\sigma-1)}$，不失一般性，令 $\alpha_M = \dfrac{\sigma}{(\sigma-1)}$，则 $p = 1$。

由于存在冰山运输成本，因此发达地区 1 单位产品在本地区的销售价格为

τ_D，发达地区 1 单位产品在落后地区的销售价格为 τ；同理，落后地区的单位产品出厂价格为：$p^* = 1$，在本地的单位产品销售价格为 τ_D^*，在发达地区的单位产品销售价格为 τ。

根据制造品价格指数 $P_M = \left[\int_0^n p_i^{(1-\sigma)} di \right]^{\frac{1}{(1-\sigma)}}$，分别得到两个地区的制造品价格指数为：

$$
\begin{aligned}
(P_M)^{1-\sigma} &= n^w (s_n \varphi_D + s_n^* \varphi) = n^w \Delta \\
(P_M^*)^{1-\sigma} &= n^w (s_n \varphi + s_n^* \varphi_D^*) = n^w \Delta^*
\end{aligned}
\tag{3.16}
$$

其中 $\Delta = s_n \varphi_D + s_n^* \varphi$，$\Delta^* = s_n \varphi + s_n^C \varphi_D^C$，$\varphi_D = (\tau_D)^{(1-\sigma)}$，$\varphi_D^* = (\tau_D^*)^{(1-\sigma)}$，$\varphi = (\tau)^{(1-\sigma)}$。

总支出为资本报酬和劳动报酬之和，因此，发达地区和落后地区的总支出分别为 $E = \pi K + w_L L$ 和 $E^* = \pi^* K^* + w_L^* L^*$。

由公式 $c_j = \mu \dfrac{y}{2} P_M^{\sigma-1} p_j^{-\sigma}$ 可得：

（1）发达地区对本地区生产的某类制造品的需求量为：$c_1 = \mu \dfrac{E}{2} (p_M)^{\sigma-1} (\tau_D)^{-\sigma}$，对落后地区某类制造品的需求量为：$c_2 = \mu \dfrac{E}{2} P_M^{\sigma-1} (\tau)^{-\sigma}$。

（2）落后地区对本地区某类制造品的需求量为：$c_1^* = \mu \dfrac{E^*}{2} (P_M^*)^{\sigma-1} (\tau)^{-\sigma}$，对发达地区某类制造品的需求量为：$c_2^* = \mu \dfrac{E^*}{2} (P_M^*)^{\sigma-1} (\tau_D^*)^{-\sigma}$。

因此，发达地区和落后地区的典型企业的销售量 x 和 x^* 分别为：

$$
\begin{aligned}
x &= \tau_D c_1 + \tau c_1^* \\
x^* &= \tau_D^* c_2^* + \tau c_2
\end{aligned}
\tag{3.17}
$$

即：

$$x = \frac{\mu E^w}{2n^w} \left[\frac{\varphi_D s_E}{s_n \varphi_D + (1 - s_n)\varphi} + \frac{\varphi s_E^*}{s_n \varphi + (1 - s_n)\varphi_D^*} \right]$$

$$x^* = \frac{\mu E^w}{2n^w} \left[\frac{\varphi_D^* s_E^*}{s_n \varphi + (1 - s_n)\varphi_D^*} + \frac{\varphi s_E}{s_n \varphi_D + (1 - s_n)\varphi_D^*} \right] \tag{3.18}$$

由式(3.18)可知,某类制造品的销售量取决于两个地区的收入、运输成本价格指数以及出厂价格。在垄断竞争的迪克西特—斯蒂格利茨(Dixit-Stiglitz)框架下,工业企业的经济利润为 0,即 $TR - TC = 0$, $\pi = px - \alpha_M x = \dfrac{x}{\sigma}$,从而两地区企业资本报酬为:

$$\pi = \frac{bE^w}{2n^w} \left[\frac{\varphi_D s_E}{\Delta} + \frac{\varphi s_E^*}{\Delta^*} \right] = \frac{bE^w}{n^w} B$$

$$\pi^* = \frac{bE^w}{2n^w} \left[\frac{\varphi s_E}{\Delta} + \frac{\varphi_D^* s_E^*}{\Delta^*} \right] = \frac{bE^w}{n^w} B^* \tag{3.19}$$

其中 $b = \dfrac{\mu}{\sigma}$, $B = \dfrac{\varphi_D s_E}{\Delta} + \dfrac{\varphi s_E^*}{\Delta^*}$, $B^* = \dfrac{\varphi s_E}{\Delta} + \dfrac{\varphi_D^* s_E^*}{\Delta^*}$,发达地区和落后地区的支出份额分别为: $S_E = \dfrac{E}{E^w}$ 和 $S_E^* = \dfrac{E^*}{E^w}$。

总支出是所有的资本报酬和劳动报酬之和,因此:

$$E^w = w_L L^w + (s_n K^w \pi + s_n^* K^w \pi^*) = w_L L^w + \left(s_n K^w b \frac{E^w}{K^w} B + s_n^* K^w b \frac{E^w}{K^w} B^* \right)$$

$$= w_L L^w + bE^w (s_n B + (1 - s_n) B^*) = w_L L^w + bE^w \tag{3.20}$$

由于:

$$s_n B + (1 - s_n) B^* = s_n \left(\frac{\varphi_D s_E}{\Delta} + \frac{\varphi s_E^*}{\Delta^*} \right) + (1 - s_n) \left(\frac{\varphi s_E}{\Delta} + \frac{\varphi_D^* s_E^*}{\Delta^*} \right)$$

$$= s_E \frac{\varphi_D s_n + \varphi(1 - s_n)}{s_n \varphi_D + s_n^* \varphi} + s_E^* \frac{\varphi s_n + \varphi_D^*(1 - s_n)}{s_n \varphi_D + s_n^* \varphi_D^*} s_n = 1 \tag{3.21}$$

因此,$E^w = w_L \dfrac{L^w}{(1 - b)} = \dfrac{1}{(1 - b)}$,意味着全社会总支出水平为常数。

假定劳动者拥有同等的资本份额,因此,资本报酬也同样在劳动者之间平均分配。那么发达地区占用资本禀赋的比例为 s_n,落后地区为 $1-s_n$。由于单位资本的平均收益为 $\dfrac{bE^W}{K^W}$,那么发达地区和落后地区的资本总报酬分别为:$\dfrac{KbE^W}{K^W}$ 和 $\dfrac{K^* bE^W}{K^W}$,则两地区的名义支出为:

$$E = s_L + bE^W s_K = \frac{s_K}{(1-b)}$$
$$E^* = s_L^* + bE^W s_K^* = \frac{(1-s_K)}{(1-b)}$$

(3.22)

由此可见,两个地区的名义支出(即名义产出)是不变的,因为要素禀赋不变,资本收益可以回归资本所有者所在的区域,但这并不能证明资本使用的空间分布对经济增长没有影响。该模型不存在需求关联的循环因果关系和成本关联的循环因果关系,但市场规模的差异会产生局部市场效应,从而吸引更多企业聚集。本地市场规模大,可承担较高的运输成本,而生产集聚区生活成本的降低会带来价格指数效应,从而改变区域的实际产出。从而,两地区的支出份额为:

$$s_E = \frac{E}{E^W} = s_L(1-b) + bs_K = s_K$$
$$s_E^* = \frac{E}{E^W} = s_L^*(1-b) + bs_K^* = 1-s_K$$

(3.23)

这是新经济地理学中标准自由资本模型(Footloose Capital Model,FC;Martin & Rogers,1995)中的 EE 曲线,即在一个经济系统中,如果区域的资源禀赋既定,支出(收入)的空间分布或市场份额就被确定了,市场份额为一常数,等于发达地区劳动力和资本的禀赋份额的加权平均,而与资本具体使用或分布无关。

3.3.3　长期均衡下交通运输与地区间产出差距

在长期,资本可以流动,除了所有短期均衡条件外,长期均衡需要资本停止流

动。资本停止流动存在三种情形：两个区域资本收益相等；发达地区收益较高，已
吸引了所有资本；落后地区资本收益较高，已聚集了所有资本。后两种情形是极
端情形，本书只分析第一种情形，即两个地区资本收益相等的情形。因此，长期均
衡条件为：

$$
\begin{cases}
\pi = \pi^* & 0 < s_n < 1 \\
\pi > \pi^* & s_n = 1 \\
\pi < \pi^* & s_n = 0
\end{cases}
\tag{3.24}
$$

实现长期均衡时，$\pi = \pi^*$，因此有 $b\dfrac{E^W}{n^W}B = b\dfrac{E^W}{n^W}B^*$，所以 $B = B^*$，即 $\dfrac{\varphi_D s_E}{\Delta}$

$+ \dfrac{\varphi s_E^*}{\Delta^*} = \dfrac{\varphi s_E}{\Delta} + \dfrac{\varphi_D^* s_E^*}{\Delta^*}$。

整理后可得：

$$
s_n = \frac{\varphi_D^*}{\varphi_D^* - \varphi} s_E - \frac{\varphi}{\varphi_D - \varphi}(1 - s_E)
\tag{3.25}
$$

式(3.25)为标准自由资本模型中的 NN 曲线，反映了支出的空间分布（或相对市场
规模）s_E 如何决定企业空间分布（或资本使用份额）s_n。

$$
s_E = \frac{E}{E^W} = s_L(1-b) + bs_K = s_K
$$

$$
s_n = \frac{\varphi_D^*}{\varphi_D^* - \varphi} s_E - \frac{\varphi}{\varphi_D - \varphi}(1 - s_E)
\tag{3.26}
$$

由式(3.26)可求得长期均衡时，发达地区的企业份额为：

$$
s_n = \frac{\varphi_D^*}{\varphi_D^* - \varphi}\big[s_L(1-b) + bs_K\big] - \frac{\varphi}{\varphi_D - \varphi}\big[1 - s_L(1-b) - bs_K\big] \quad (3.27)
$$

因此，如果资本和劳动份额既定，那么两个区域的支出份额及名义 GDP 均为常
数，但实际 GDP 会受到企业空间分布的影响。企业空间布局通过地区价格指数
来影响实际 GDP：s_n 越大，意味着发达地区生产差异化制造品越多，其价格指数也

越低,实际 GDP 就越高。因此,s_n 越大,两个地区的实际 GDP 的差距就越大, s_n 越小,差距就越小。

由式(3.27)来分析交通运输改善对区域间产业空间布局的影响。首先假设落后地区交通基础设施得到改善,发达地区的交通基础设施不变,因此,由式(3.27)对 φ_D^* 进行求导,则有:

$$\frac{\partial s_n}{\partial \varphi_D^*} = \frac{-\varphi}{(\varphi_D^* - \varphi)^2}\left[s_L(1-b) + bs_K\right] < 0 \qquad (3.28)$$

由此可知:落后地区的交通基础设施得到改善,在其他条件不变的情况下,该地区由于交易成本降低,促进了产业向落后地区转移,缩小了地区间产业差距,导致两个地区实际 GDP 的差距得到缩小。

接着假定发达地区的交通运输条件得到改善,而落后地区的交通运输条件不变,分析其对区域间产业空间布局的影响。同样由式(3.27)对 φ_D 进行求导,则有:

$$\frac{\partial s_n}{\partial \varphi_D} = \frac{\varphi}{(\varphi_D - \varphi)^2}\left[s_L(1-b) + bs_K\right] > 0 \qquad (3.29)$$

由此可知:发达地区的交通运输条件得到改善,在其他条件不变的情况下,本地区交易成本的降低,促进了落后地区的产业(企业)转移到本地区,进一步扩大区域间的产业差距,导致两个地区实际 GDP 的差距进一步扩大。

接着假设地区间的交通基础设施得到改善,但其他条件不变,分析其对两个区域间的产业空间布局的影响。同样由式(3.27)对 φ 求导,则有:

$$\frac{\partial s_n}{\partial \varphi} = \frac{\varphi_D^*}{(\varphi_D^* - \varphi)^2}\left[s_L(1-b) + bs_K\right] - \frac{\varphi_D}{(\varphi_D - \varphi)^2}\left[1 - s_L(1-b) - bs_K\right]$$

$$(3.30)$$

由于 $S_L = S_K$,则有:

$$\frac{\partial s_n}{\partial \varphi} = \frac{\varphi_D^*}{(\varphi_D^* - \varphi)^2}s_K - \frac{\varphi_D}{(\varphi_D - \varphi)^2}(1 - s_K) \qquad (3.31)$$

由式(3.31)可知，$\dfrac{\partial s_n}{\partial \varphi}$ 的符号取决于 τ_D 和 τ_D^*，S_K 和 S_K^* 之间的大小关系。因此可分为多种情形来讨论。

第一种不失一般性的情形，发达地区的运输成本低于落后地区，资本份额大于落后地区的基本份额，即 $\tau_D < \tau_D^*$，$S_K > S_K^*$，则有：

$$\frac{\partial s_n}{\partial \varphi} = \frac{\varphi_D^*}{(\varphi_D^* - \varphi)^2} s_K - \frac{\varphi_D}{(\varphi_D - \varphi)^2}(1 - s_K) > 0 \qquad (3.32)$$

$\dfrac{\partial s_n}{\partial \varphi} > 0$ 意味着落后地区的产业将向发达地区转移，两地区的实际产出差距得到缩小。

如果 $\tau_D > \tau_D^*$，$S_K < S_K^*$，则有：$\dfrac{\partial s_n}{\partial \varphi} < 0$。这意味着发达地区的产业将向落后地区转移，两地区的实际产出得到缩小。

如果 $\tau_D > \tau_D^*$，$S_K > S_K^*$ 或者 $\tau_D < \tau_D^*$，$S_K > S_K^*$，则 $\dfrac{\partial s_n}{\partial \varphi}$ 的符号均存在为正或负，或为零的三种可能性，即区域间的产业转移方向存在不确定性。

由此可得：如果改进地区间的交通运输条件，在其他条件不变的情况下，降低了两区域的运输成本。如果发达地区在资本份额和交通基础设施上都具有初始相对优势，那么产业从落后地区向发达地区转移，导致地区间产业差距扩大，地区间的实际 GDP 差距也扩大。如果落后地区在初始的资本份额和交通基础设施上都具有优势，则产业从发达地区转移到落后地区，导致地区间的产业差距缩小，地区间的实际 GDP 差距得到缩小。但如果任何一个地区不同时具有资本和交通基础设施的优势，那么产业转移方向存在不确定性。

3.3.4　长期均衡下交通运输与地区产出

3.3.3 节分析了交通基础设施改善对两个地区实际产出差距的影响。但交通基础设施的改善导致两地区的实际产出差距扩大，并不意味着某个地区的实际产出就降低了,有可能只是导致两个地区经济增长速度的差距扩大了。因此,需要分析本地区和地区间交通基础设施的改善对两个地区的实际产出的影响。为了便于计算,令政府公共服务为常数1,这不会影响分析交通运输条件改善对地区产出的影响的结果。

我们首先分析落后地区的交通运输条件改善对本地区的产出的影响。落后地区总产出可由间接效用函数来表示:

$$W_D^* = \frac{E_D^*}{G_D^*} = \frac{E_D^*}{(n^w)^{\frac{\mu}{1-\sigma}} \left[\varphi\eta + \varphi_D^*(1-\eta) \right]^{\frac{\mu}{1-\sigma}}} \qquad (3.33)$$

由于 $E_D^* = \dfrac{\sigma(1-L)}{\sigma-\mu}$,$\eta = \dfrac{L\varphi_D^*}{\varphi_D^* - \varphi} - \dfrac{(1-L)\varphi}{\varphi_D - \varphi} \in [0,1]$,由式(3.33)对 φ_D^* 进行求导,得:

$$\frac{\partial W_D^*}{\partial \varphi_D^*} = \frac{(1-L)\mu\sigma(K^w)^{\frac{\mu}{\sigma-1}}}{(\sigma-\mu)(\sigma-1)} \left[\frac{(1-L)(\varphi_D\varphi_D^* - \varphi^2)}{(\varphi_D - \varphi)} \right]^{\frac{\mu}{\sigma-1}-1} \left[(1-\eta) + (\varphi-\varphi_D^*)\frac{\partial \eta}{\partial \varphi_D^*} \right] > 0$$

$$(3.34)$$

$\dfrac{\partial W_D^*}{\partial \varphi_D^*} > 0$ 意味着落后地区交通基础设施的改善提高了本地区的产出,其产出的提高主要取决于 $\left[(1-\eta) + (\varphi-\varphi_D^*)\dfrac{\partial \eta}{\partial \varphi_D^*} \right]$,其中 $(1-\eta)$ 项表示在产业(企业)空间布局不变的情况下,落后地区交通基础设施的改善在有效降低其内部的交易成本之后获得的"直接产出",即交通基础设施的直接效应。第二项 $(\varphi-\varphi_D^*)\dfrac{\partial \eta}{\partial \varphi_D^*}$ 则意味着落后地区交通基础设施的改善。本地区交易成本的降低,吸引了发达地区的企业进入,致使产业再分布,使落后地区的经济得到增长,并获得"间接产出",也意味着发达地区由于产业转移,经济增长受到抑制,因此发达地区由于交通运输改善而产出降低,意味着交通基础设施存在间接效应,也即空间溢出效应。

进一步可得 $\dfrac{\partial(1-\eta)}{\partial \varphi_D^*} = \dfrac{L\varphi}{(\varphi_D^* - \varphi)^2} > 0$,$\dfrac{\partial}{\partial \varphi_D^*}\left[(\varphi-\varphi_D^*)\dfrac{\partial \eta}{\partial \varphi_D^*} \right] < 0$,意味着

落后地区交通基础设施水平改善所导致的直接产出和间接产出的大小,取决于初始的交通基础设施水平,交通基础设施水平越低,直接产出越小,而产业转移引致的间接产出则较大。同时,当落后地区的交通基础设施得到完善后,随着其水平的提高,其直接产出将增大,但间接产出将会降低,当其交通基础设施 $\varphi_D^* > \varphi_D^{**}$ $\equiv \dfrac{(L\varphi + \varphi - 2L\varphi_D)}{(1-L)\varphi}$ 时,直接产出将大于间接产出。

由此可得:落后地区的交通运输条件得到改善,其地区总产出得到提高。总产出包含直接产出和间接产出,前者的边际收益随着交通基础设施的改善而提高,后者的边际收益则随着交通基础设施的改善而降低。在保持其他条件不变的情况下,当其交通基础设施水平为 $\varphi_D^* < \varphi_D^{**}$ 时,其交通基础设施水平的改善导致的直接产出小于间接产出,当 $\varphi_D^* > \varphi_D^{**}$ 时,则反之。

我们接着分析落后地区交通基础设施改善对发达地区实际产出的影响。同样,我们采用间接效用函数来表示发达地区的总产出,即:

$$W_D^* = \frac{E_D}{G_D} = \frac{E_D}{(n^w)^{\frac{\mu}{1-\sigma}}\left[\varphi\eta + \varphi(1-\eta)\right]^{\frac{\mu}{1-\sigma}}} \tag{3.35}$$

由于 $E_D = \dfrac{\sigma L}{\sigma - \mu}$,由式(3.35)对 φ_D^* 进行求导,得:

$$\frac{\partial W_D}{\partial \varphi_D^*} = \frac{L\mu\sigma(K^w)^{\frac{\mu}{\sigma-1}}}{(\sigma-\mu)(\sigma-1)}\left[\frac{L(\varphi_D\varphi_D^* - \varphi^2)}{\varphi_D^* - \varphi}\right]^{\frac{\mu}{\sigma-1}-1}(\varphi_D - \varphi)\frac{\partial\eta}{\partial\varphi_D^*} < 0 \tag{3.36}$$

由此可知:当落后地区的交通基础设施得到改善时,如果保持其他条件不变,将降低发达地区的产出水平。这意味着落后地区的交通基础设施对发达地区存在负向溢出效应。

进一步分析落后地区交通基础设施的改善对整个经济系统总产出的影响。整个经济系统的总产出为落后地区和发达地区的产出之处,因此仍由间接效用函数来表示,即 $W = W_D^* + W_D = \dfrac{E_D^*}{G_D^*} + \dfrac{E_D}{G_D}$,由此可得:

$$W = \frac{E_D^*}{(n^w)^{\frac{\mu}{1-\sigma}}\left[\varphi\eta + \varphi_D^*(1-\eta)\right]^{\frac{\mu}{1-\sigma}}} + \frac{E_D}{(n^w)^{\frac{\mu}{1-\sigma}}\left[\varphi\eta + \varphi(1-\eta)\right]^{\frac{\mu}{1-\sigma}}} \quad (3.37)$$

由式(3.37)对 φ_D^* 进行求导得:

$$\frac{\partial W}{\partial \varphi_D^*} = \frac{\mu\sigma(K^w)^{\frac{\mu}{\sigma-1}}}{(\sigma-\mu)(\sigma-1)(\varphi_D\varphi_D^* - \varphi^2)^{1-\frac{\mu}{\sigma-1}}}\left[\frac{\varphi_D(1-L)^{1+\frac{\mu}{\sigma-1}}}{(\varphi_D-\varphi)^{\frac{\mu}{\sigma-1}}} - \frac{(\varphi_D-\varphi)\varphi L^{1+\frac{\mu}{\sigma-1}}}{(\varphi_D^*-\varphi)^{1+\frac{\mu}{\sigma-1}}}\right]$$

$$(3.38)$$

可知,$\dfrac{\partial W}{\partial \varphi_D^*}$ 的符号由中括号中的项的符号来决定,括号内的第一项

$\dfrac{\varphi_D(1-L)^{1+\frac{\mu}{\sigma-1}}}{(\varphi_D-\varphi)^{\frac{\mu}{\sigma-1}}} > 0$,而第二项 $\dfrac{(\varphi_D-\varphi)\varphi L^{1+\frac{\mu}{\sigma-1}}}{(\varphi_D^*-\varphi)^{1+\frac{\mu}{\sigma-1}}}$ 的符号受到 φ_D^*、φ_D、φ 和 L 的影

响。可以证明当且仅当 $\varphi_D^* > \varphi_D^{***} = \varphi + \dfrac{L}{1-L}\left(\dfrac{\varphi}{\varphi_D^*}\right)^{\frac{\sigma-1}{\sigma-1+\upsilon}}(\varphi_D^* - \varphi)$ 时,落后地区交

通基础设施的改善会增加整个经济系统总产出。

但当 $\varphi_D^* < \varphi_D^{***}$ 时,由 $\dfrac{\partial \varphi_D^{***}}{\partial \varphi} > 0$,$\dfrac{\partial \varphi_D^{***}}{\partial L} > 0$ 可知,如果发达地区的初始产出

规模较大和交通基础设施水平较高,那么落后地区交通基础设施的改善引致的本

地区增加的产出则小于导致发达地区产出的损失,从而会导致整个经济系统总产

出降低。并且发达地区的初始产出和交通基础设施水平越高,φ_D^{***} 就会越大。

由此可得:当 $\varphi_D^* > \varphi_D^{***}$ 时,保持其他条件不变,落后地区交通基础设施的改

善会增加整个经济系统总产出;当 $\varphi_D^* < \varphi_D^{***}$ 时,则会降低总产出。并且如果两区

域在初始产出规模和交通基础设施水平上差距较大,那么落后地区交通基础设施

水平的改善将导致整个经济系统产出提高所要求的阈值 φ_D^{***} 更大,因此,导致整

个经济系统产生效率损失的概率将会更高。

下面,我接着分析区域间交通基础设施水平的改善对两区域产出的影响。由

落后地区、发达地区和整个经济系统的间接效用函数分别对 φ 进行求导,则可得

区域间交通基础设施水平的改善对三者产出的影响,求导的结果分别由式

(3.39)、式(3.40)、式(3.41)所示：

$$\frac{\partial W_D^*}{\partial \varphi} = \frac{\mu\sigma(1-L)^{\frac{\mu}{\sigma-1}+1}(K^w)^{\frac{\mu}{\sigma-1}}(\varphi^2 - 2\varphi\varphi_D + \varphi_D\varphi_D^*)}{(\sigma-\mu)(\sigma-1)(\varphi_D\varphi_D^* - \varphi^2)^{1-\frac{\mu}{\sigma-1}}(\varphi_D - \varphi)^{1+\frac{\mu}{\sigma-1}}} < 0 \quad (3.39)$$

$$\frac{\partial W_D}{\partial \varphi} = \frac{\mu\sigma(K^w)^{\frac{\mu}{\sigma-1}}}{(\sigma-\mu)(\sigma-1)(\varphi_D\varphi_D^* - \varphi^2)^{1-\frac{\mu}{\sigma-1}}}\left[\frac{L^{\frac{\mu}{\sigma-1}}\left(\dfrac{L\varphi_D^*}{(\varphi_D^* - \varphi)^2} - \dfrac{(1-L)\varphi_D}{(\varphi_D - \varphi)^2}\right)}{(\varphi_D^* - \varphi)^{\frac{\mu}{\sigma-1}-1}} - \right.$$

$$\left. \frac{(1-L)^{\frac{\mu}{\sigma-1}+1}(\varphi^2 - 2\varphi\varphi_D + \varphi_D\varphi_D^*)}{(\varphi_D - \varphi)^{1+\frac{\mu}{\sigma-1}}}\right] > 0 \quad (3.40)$$

$$\frac{\partial W}{\partial \varphi} = \frac{\mu\sigma L^{\frac{\mu}{\sigma-1}}(K^w)^{\frac{\mu}{\sigma-1}}}{(\sigma-\mu)(\sigma-1)(\varphi_D\varphi_D^* - \varphi^2)^{1-\frac{\mu}{\sigma-1}}(\varphi_D^* - \varphi)^{\frac{\mu}{\sigma-1}-1}}\left(\frac{L\varphi_D^*}{(\varphi_D^* - \varphi)^2} - \frac{(1-L)\varphi_D}{(\varphi_D - \varphi)^2}\right) > 0$$

$$(3.41)$$

由式(3.39)至式(3.41)可知，保持其他条件不变，区域间交通基础设施的改善会使落后地区的总产出降低，但发达地区和整个经济系统的总产出水平将得到提高。

用 ω^* 和 ω 分别表示落后地区和发达地区的居民的福利，则有：

$$\omega^* = \frac{E_D^*}{(n^w)^{\frac{\mu}{1-\sigma}}\left[\varphi\eta + \varphi_D^*(1-\eta)\right]^{\frac{\mu}{1-\sigma}}} \quad (3.42)$$

$$\omega = \frac{E_D}{(n^w)^{\frac{\mu}{1-\sigma}}\left[\varphi\eta + \varphi(1-\eta)\right]^{\frac{\mu}{1-\sigma}}}$$

令 $\varepsilon_{\omega^*/\omega,\,\varphi} \equiv \dfrac{\partial\left(\dfrac{\omega^*}{\omega}\right)}{\partial\varphi}\dfrac{\varphi}{\dfrac{\omega^*}{\omega}}$，$\varepsilon_{\omega^*,\,\varphi} \equiv \dfrac{\partial\omega^*}{\partial\varphi}\dfrac{\varphi}{\omega^*}$，$\varepsilon_{\omega,\,\varphi} \equiv \dfrac{\partial\omega}{\partial\varphi}\dfrac{\varphi}{\omega}$，在一般情况下，有：

$$\varepsilon_{\omega^*/\omega,\,\varphi} = \varepsilon_{\omega^*,\,\varphi} - \varepsilon_{\omega,\,\varphi} = \frac{\mu\varphi(\varphi_D^* - \varphi_D)}{(\sigma-1)(\varphi_D^* - \varphi)(\varphi_D - \varphi)} > 0。$$

由此可知，区域间交通基础设施水平的改善使发达地区居民收入增长率高于落后地区，从而导致地区间的差距扩大。但如果落后地区内的运输成本低于发达地区的区内运输成本,并且发达地区的区内运输成本小于区域间运输成本,即 $0 < \varphi < \varphi_D^* < \varphi_D < 1$,那么区域间交通基础设施的改善会使地区间的差距得到缩小。

3.4 本章主要结论

为了描述交通运输的发展对一个大国区域经济增长的作用,本研究首先构建了一个简单的两区域模型来进行理论分析,其中包含 2 个地区和 2 个部门。分析了区域间交通基础设施的改善对两个区域经济增长的影响,在柯布—道格拉斯生产函数下展开研究,发现:由于交通运输的发展首先促进了生产要素流动,导致两个区域的经济增长率均得到了提高,并且由于区域间发生了产品交易,由于产品上的差异及生产产品优势的不同,会造成区域内生产要素的重新配置及利用。由于能够将剩余生产要素释放出来并投入生产,减少资源的闲置浪费,使有限的资源有可能得到充分利用,因此各个区域的产出状况比没有交通基础设施的情况更好,也证明了交通的发展对经济增长是有间接效应的;同时,在产品交易的过程中,两个区域都发现了自己的比较优势所在,两种产品销售市场的扩大吸引了更多的资本投入,导致发达地区投入更多的要素生产制造品,落后地区则投入更多的要素生产农产品,产生规模经济及专业化利益,深化了区域间和区域内的分工,区域间的分工导致区域产业结构的变化。

上述简单的两区域模型仅仅分析了区域间交通基础设施的改善对两个区域经济增长的影响,而忽视了区域内部交通基础设施改善对区域经济增长的影响。因此,本研究使用新经济地理学理论拓展了简单的两区域模型,在标准自由资本模型下构建了一个 $2 \times 3 \times 3$ 的经济系统来分析区域内和区域间的交通基础设施对区域经济增长的影响,分析交通基础设施的溢出效应。理论分析表明如下结论。

交通基础设施的改善会导致区域间的产出差距发生变化。落后地区的交通基础设施得到改善,在其他条件不变的情况下,缩小两个地区实际 GDP 的差距;而发达地区的交通运输条件得到改善,在其他条件不变的情况下,进一步扩大区域间的产业差距,导致两个地区实际 GDP 的差距进一步扩大;如果地区间的交通运输条件得到改善,在其他条件不变的情况下,降低了两区域的运输成本,如果发达地区在资本份额和交通基础设施上都具有初始相对优势,那么产业会从落后地区向发达地区转移,导致地区间产业差距扩大,地区间的实际 GDP 差距也扩大;如果落后地区在初始的资本份额和交通基础设施上都具有优势,则产业会从发达地区转移到落后地区,导致地区间的产业差距缩小,地区间的实际 GDP 差距也将缩小。

交通基础设施的改善会导致两个区域的产出发生变化。落后地区的交通运输条件得到改善,其地区总产出将得到提高,总产出包含直接产出和间接产出,落后地区获得的"间接产出"也意味着,发达地区由于产业转移,经济增长受到了抑制,因此发达地区由于交通运输改善而产出降低,意味着交通基础设施存在间接效应,也即存在空间溢出效应。在保持其他条件不变的情况下,区域间交通基础设施的改善将导致落后地区的总产出降低,但发达地区和整个经济系统的总产出水平将提高。如果发达地区相比落后地区在初始经济规模和运输成本上具有优势,那么改善区域间交通基础设施会导致地区差距扩大;但如果发达地区仅在初始规模上具有优势,而落后地区在交通成本上具有优势,区域间交通基础设施的改善则可缩小差距。

在标准自由资本模型下分析交通基础设施对区域经济增长的溢出效应,可以发现空间溢出效应主要以负向溢出效应为主。这主要是因为新经济地理学理论强调交通运输成本对现有企业(产业)空间布局(集聚和分散)的影响,因此,一个地区交通基础设施的改善,将导致本地区的运输成本降低,将主要产生集聚效应,从而对周围地区的经济产生负面影响。并且忽视了新企业的产生和结构的升级,也忽视了分工和产业结构变迁对两个区域的经济增长的影响。

第4章

中国区域经济与交通运输的时空演化及现状分析

4.1 新兴大国的主要经济特征

新兴大国也可称为新兴发展中大国,意味着发展中大国在国际竞争中已具备一定的优势。张培刚(1992)在《新发展经济学》中提出了改造和革新发展经济学的途径,强调要"注重对发展中大国的研究",并认为发展中大国是指人口众多、幅员广阔、资源丰富、历史悠久、人均收入水平低下的发展中国家。本章试图在欧阳峣等(2016)研究的基础上对"新兴发展中大国"的概念进行合理界定,根据其主要特征和评价指标遴选出当今世界的发展中大国。

4.1.1 新兴发展中大国:"发展"和"规模"双重涵义

新兴发展中大国既是"发展中国家",又是"大规模国家",因而应该拥有"发展"和"规模"双重涵义,且是两者的结合体。为此,需要分别对"发展中国家"和"大规模国家"进行界定,并在此基础上界定"新兴发展中大国"。

1. 发展中国家

"发展中国家"的概念经历了一个演变过程,即从"落后国家"到"欠发达国家"、再到"发展中国家"的过程。富国和穷国的分野在古代社会就已经存在,但是那时的世界各国都处于农业文明的社会形态。随着工业革命的爆发,西方国家开始步入现代经济增长阶段,工业文明取代了农业文明,这时的世界各国被划分为工业国和农业国,由于它们在劳动生产率和国民收入水平上存在很大的差异,所以前者被称为"发达国家"(developed countries),后者被称为"落后国家"(backward countries)。第二次世界大战以后,一批摆脱殖民统治而取得政治独立的新兴民族国家开始走上谋求发展的道路。考虑到这些国家虽然经济上落后,但是存在一种潜在和尚未开发的能力,所以改称为"欠发达国家"(less-developed countries)。20世纪 60 年代以后,世界上大多数民族独立国家的发展意识特别强烈,开始实施经济起飞和经济发展战略,通过实现工业化,追赶经济发达国家,并且展现了发展的希望和前景。因此,"考虑到持续变化的过程,区分为发达和发展中国家"(吉利斯,1998),20 世纪 60 年代末期,在联合国组织文件和发展文献中正式使用"发展中国家"(developing countries)的概念。同时,人们在国际关系中还使用两个相似的概念,即"第三世界国家"和"南方国家"。20 世纪 50 年代初,法国学者阿尔弗雷德·索维(Alfred Sauvy)提出了"三个世界"的概念。冷战时期,北大西洋组织成员国被称为"第一世界",华沙条约成员国被称为"第二世界",其他不结盟国家被称为"第三世界"(the third world)。20 世纪 70 年代末期,由于在地球南北之间把世界分成"穷国"和"富国",所以人们把工业发达国家称为"北方国家",而把发展中国家称为"南方国家"。然而,"第三世界"属于政治的概念,其中有的国家已经成为高收入国家;"南方国家"属于地理的概念,其中有的国家是富有的石油输出国,因此它们并不能准确地反映发展中国家的状况。所以,在经济学意义上使用"发展中国家"的概念,更加具有科学性和规范性。

关于发展中国家的涵义,美国哈佛大学编著的教科书写道:"一切传统社会都有着两个共同的特点:低人均收入,没有现代经济增长。除了这些简单的共同点之外,各国的历史过程存在着极大的差异性,很难将其一般化"(吉利斯,1998)。根据这种理解,以往国内的发展经济学教科书,有的将"发展中国家"定义为"发展中国家一般是指原先的殖民地、半殖民地和附属国,而现在取得政治独立的新兴民族独立国家"(陶文达,1992),有的认为"第三世界"是"发展中国家"的同义语(马春文,1999),确实有些不够科学和准确。刘树成主编的《现代经济学辞典》将

"发展中国家"定义为"对现阶段尚处于贫穷落后和不发达状态、力图加快经济发展的国家的总称"(刘树成,2005),显得更加科学和合理。

2. 大规模国家

所谓"大国"就是大规模的国家,根据设定标准的不同,可以形成"人口大国""经济大国""工业大国""农业大国"等一系列的大国概念。欧阳峣等(2016)指出:"我们研究的大国,应该是从总体上讲的大规模国家;它有两个初始条件,即人口规模和国土规模,由此出发可以推演出市场规模和经济规模。倘若没有设定这两个初始条件,我们所研究的对象就会变得不确定;有的国家会随着经济总量的扩大而变成大国,随经济总量的缩小又变成小国。"在经济学史上,对于国家规模和经济增长的研究始于 20 世纪 50 年代末期,1957 年国际经济学会在海牙召开以"国家规模的经济影响"为主题的学术会议,专门研究了国家规模以及大国和小国的优势,一些经济学家提出了大国具有稳定优势和创新优势的假设。后来,库兹涅茨和钱纳里对大国经济问题进行了较多的研究。他们主要以人口规模为标准界定大国,并随着时代的变化先后将超过 1 000 万人口、1 500 万人口、2 000 万人口和 5 000 万人口的国家列为大国。帕金斯和赛尔昆则以人口和幅员为标准界定大国,他们认为"一些结构上的差异归因于人口规模不同,同样或更可能是因为一个国家的地理面积不同。将人口和地理的影响相分离是特别困难的,因为这两个变量本身是相互关联的"。确实,幅员辽阔也是导致大国区域差异的重要原因。研究认为,可以在两个初始条件的基础上增加直接推演出来的市场规模特征,将大国定义为具有人口众多、幅员辽阔以及由此形成的巨大市场潜力的国家。如中国、印度、俄罗斯和巴西等国,目前的人口规模都超过 1.5 亿人,国土规模都超过 300 万平方公里,经济总量都超过 1.0 万亿美元,因而属于超大规模国家。

4.1.2 新兴发展中大国的"发展"特征和"规模"特征

从对"发展中国家"和"大规模国家"的理解,可以看到新兴发展中大国具有发展特征和规模特征。发展中大国的特征是发展中国家特征和大规模国家特征的叠加,我们应该在分析两种特征的基础上,将两者特征有机地结合起来,形成发展中国家和大规模国家的综合体,从而更好地表述新兴发展中大国的特征。

如果寻求发展中国家普遍性具有的共同点,可以概括为三个主要方面。第一,国民收入水平低。发展中国家最直接的表征就是国民收入水平低,以及相应的国民生活水平低。随着社会经济的进步,世界银行确定的具体标准是动态调整的。世界银行的数据按照人均 GNI 将各国分为低收入国家、中等收入国家和高收入国家,前两者属于发展中国家,后者属于发达国家。2001 年人均 GNI 低于 745 美元的国家为低收入国家,高于 745 美元但低于 2 975 美元的国家为中等收入国家;2008 年人均 GNI 低于 975 美元的国家为低收入国家,高于 975 美元但低于 11 906 美元的国家为中等收入国家;2013 年人均 GNI 低于 1 045 美元的国家为低收入国家,高于 1 045 美元但低于 12 746 美元的国家为中等收入国家。第二,劳动生产率低。较高的劳动生产率是现代经济增长的基本特征,劳动生产率的高低直接决定国民收入的高低,因此,由技术、管理和资本投入不足造成的人均 GDP,是衡量一个国家劳动生产率的重要指标,从 1992 年的数据看,属于发达国家的美国、德国、日本的人均 GDP 分别为 23 240 美元、23 030 美元、28 190 美元,属于发展中国家的墨西哥、印度尼西亚、印度的人均 GDP 分别为 3 470 美元、1 905 美元、310 美元,差距很明显。2012 年发展中国家的劳动力人均 GDP 在 1 870 美元—20 526 美元之间,而发达国家的劳动力人均 GDP 平均数为 56 710 美元,差距仍然悬殊。第三,经济二元结构。发展中国家处在从传统社会向现代社会过渡的阶段,工业化和城市化的任务没有完成,在这种转型的时期,形成了城乡二元结构以及相应的经济二元结构和技术二元结构,城市与乡村的人口分布和产业分布极不平衡,不同区域的经济技术水平相差很远,市场发育程度和基础设施建设也存在差异性。2004 年印度各地区人均 GDP 的差距在 5.6 倍左右;2005 年中国东部上海市与西部贵州省的劳动力人均 GDP 差距高达 11 倍;2015 年发布的《中国家庭发展报告》显示,收入最高的 20% 的家庭的收入,是收入最低的 20% 的家庭收入的 19 倍。随着发展中国家向发达国家的迈进,二元经济结构将向新的经济结构转换。

如果寻求大规模国家普遍性具有的共同点,也可以概括为三个主要方面。第一，庞大的人口规模。国家是由人类构成的集合体，人口数量是大国最基本的特征。张培刚在《新发展经济学》中谈到，1988 年总人口超过 1 亿人的 10 个国家中有 7 个发展中国家，即中国、印度、印度尼西亚、巴西、尼日利亚、孟加拉国、巴基斯坦。"庞大的人口基数再加上高速的人口增长率，这就使得发展中大国的特征更加明显"（张培刚，1992）。到 2013 年，上述国家的人口数量分别达到 13.57 亿、12.52 万、2.49 亿、2.0 亿、1.73 亿、1.56 亿、1.82 亿。人口数量的规模可以直接地决定人力资源的规模和市场的规模，对经济增长有着极为重要的影响。第二，庞大的国土规模。一般来说，土地面积庞大的国家，自然资源储量比较丰富；同时，国土规模还可以影响经济发展的空间布局和总体结构，导致自然资源的差异性和区域经济的差异性。世界上有一些国土面积很大的发展中国家，如中国、俄罗斯、巴西，也有一些国土面积很小的发展中国家，如斯威士兰、东帝汶、科索沃。这些大国和小国的土地面积差距为数百倍至上千倍，它们在自然资源的储量和种类以及区域差异等方面应该也会有惊人的不同；而且，这里还有人口与土地的比例问题，保持适宜的人口密集度也是促进经济增长的重要条件。第三，庞大的市场规模。从庞大的人口规模和国土规模，可以推演出庞大的市场规模，或者说是庞大的市场潜力。所谓市场规模，包括潜在的市场规模和现实的市场规模，如果一个国家拥有庞大的人口数量，遵循需求决定市场的规律，它应该有潜在的市场规模，如果这个国家人均国民生产总值较高，它就有了现实的市场规模；如果一个国家拥有庞大的国土面积，遵循斯密提出的"市场范围"假说，它也应该有潜在的市场规模；如果这个国家交通便利而形成统一的国内市场，它也就有了现实的市场规模。中国、巴西、印度等发展中大国，虽然人均国民生产总值没有达到发达国家水平，但由庞大的人口规模决定了它们拥有较大的市场规模。根据《国际统计年鉴》的数据，2005 年三国的住户最终消费分别为 8 905 亿美元、6 446 亿美元和 5 197 亿美元，居世界第 7 位、第 9 位和第 13 位。

以上是对发展中国家和大规模国家的基本特征的分析，新兴发展中大国蕴含着"发展"和"规模"的双重涵义，需要把两者的特征结合起来，才能对新兴发展中大国做出全面和准确的界定。佟家栋（2005）曾经对"发展中大国"的概念作出解释："通常是指那些国家具备形成工业化过程中所需要的市场规模,在一定程度上可以独立发展的发展中国家"。本研究认为,可以将"新兴发展中大国"定义为:人口数量、国土面积和市场潜力很大,劳动生产率和国民人均收入较低、二元经济结构明显,目前仍在追赶发达大国的国家(见表 4.1)。简而言之,就是拥有大国特征,但是经济发展水平较低,正在谋求发展和追赶发达国家的国家。

表 4.1　新兴发展中大国的主要特征

新兴发展中大国					
发展特征			规模特征		
人均国民收入低	劳动生产率低	二元经济结构	人口数量庞大	国土面积庞大	市场规模庞大
在努力追赶发达大国					

4.2　中国区域经济的时空演进分析

本研究主要关注 1978—2016 年间我国区域经济的时空变迁。田书华(2011)把我国区域经济发展分为"以经济效益为重心的发展阶段(1978—1991 年)、注重效率、兼顾公平的发展阶段(1992—1999 年)和区域经济协调发展阶段(2000 年至今)"三个阶段。本节分析区域经济的时空演化时按此划分来展开研究(见表 4.2)。

4.2.1　以经济效益为重心的发展阶段(1978—1991 年)

1978 年时,我国经济发展水平较高的地区主要是东北三省、京津冀地区和长三角地区。实际人均 GDP 高的省市主要有东部地区的黑龙江、辽宁、北京、天津、江苏、上海,以及西部地区的青海。对比东西部可以看出,东西部地区之间在实际人均 GDP 上并没有显著的分化,西部地区的青海、甘肃、宁夏、四川和西藏的人均

GDP均较高,这主要是受到改革开放以前我国主要实施区域经济均衡发展战略的影响。此时,我国区域经济的格局可分为沿海地区和内陆地区。

但改革开放后,我国优先发展地理区位较好、人力资源具有优势以及经济发展环境较好的沿海地区经济,通过建立经济特区和开发区率先实行对外开放,并在投资上给予政策的支持和税收优惠,引导资本流入东部地区,在吸引外资上也给予优惠措施。这极大地促进了东部沿海地带的贸易加工业、外商投资等发展,有效地促进了东部地区外向型经济的发展。随着集聚效应的产生,在东部地区逐渐形成了沿海开放地带和产业集群,并吸引了中西部地区的生产要素向东部地区转移。全国经济增长的重心产生了倾斜,从原先的均衡发展转向非均衡发展,最终导致我国区域经济格局发生变化。

从1988年我国各省的人均GDP分布来看,经过10年的经济改革开放,沿海的开放地区经济得到快速发展,经济发展水平较高的地方除了东北三省、京津冀地区和长三角地区外,广东省也得到了飞速发展,进入了实际人均GDP最高的第四分位,但中西部地区已经没有任何省份进入第四分位。这相比1978年已发生了显著的变化——东中西部经济出现了分化,这种变化直接促成了我国区域经济格局的重新划分,依据经济发展水平和地理区位,由原先分为沿海地区与内陆地区两大经济板块,演化成了"东部、中部、西部"三大经济板块,并成为我国改革开放以来最基本的区域经济空间格局。

表4.2　我国部分年份的区域经济演化表

1978年	第一分位 [173.5, 0 284.5]	第二分位 (284.5, 338.1]	第三分位 (338.1, 381.4]	第四分位 (381.4, 2 483.9]
省区直辖市	河南、安徽、福建、江西、湖南、广西、贵州、云南	内蒙古、新疆、陕西、山东、湖北、浙江、海南	吉林、河北、山西、甘肃、宁夏、四川、西藏、广东	黑龙江、辽宁、北京、天津、青海、江苏、上海
1988年	第一分位 [382.3, 622.1]	第二分位 (622.1, 751.2]	第三分位 (751.2, 987.1]	第四分位 (987.1, 4 801.1]
省区直辖市	河南、安徽、江西、湖南、贵州、广西、云南、西藏	河北、山西、陕西、甘肃、青海、福建、海南	黑龙江、吉林、内蒙古、宁夏、新疆、山东、湖北、四川	辽宁、北京、天津、江苏、上海、浙江、广东

续表

1993 年	第一分位 [514.4, 870.1]	第二分位 (870.1, 1 073.2]	第三分位 (1 073.2, 1 447.8]	第四分位 (1 447.8, 6 778.2]
省区 直辖市	河南、安徽、四川、西藏、云男、贵州、湖南、广西	内蒙古、甘肃、青海、陕西、山西、宁夏、江西	黑龙江、吉林、河北、山东、新疆、湖北、福建、海南	辽宁、北京、天津、江苏、浙江、上海、广东
1998 年	第一分位 [718.1, 1 343.6]	第二分位 (1 343.6, 1 708.6]	第三分位 (1 708.6, 2 468.9]	第四分位 (2 468.9, 11 502.3]
省区 直辖市	宁夏、青海、安徽、江西、湖南、贵州、广西、云南	新疆、甘肃、山西、陕西、河南、四川、西藏	黑龙江、吉林、内蒙古、河北、山东、湖北、福建、海南	辽宁、北京、天津、江苏、上海、浙江、广东
2003 年	第一分位 [1 046.2, 2 048.9]	第二分位 (2 048.9, 2 659.3]	第三分位 (2 659.3, 3 850.7]	第四分位 (3 850.7, 16 138.6]
省区 直辖市	宁夏、青海、安徽、江西、湖南、贵州、云南、广西	新疆、西藏、四川、甘肃、陕西、山西、河南	黑龙江、吉林、内蒙古、河北、山东、湖北、福建	辽宁、北京、天津、江苏、上海、浙江、广东
2008 年	第一分位 [1 994.3, 3 591.8]	第二分位 (3 591.8, 4 564.7]	第三分位 (4 564.7, 7 330.5]	第四分位 (7 330.5, 23 905.5]
省区 直辖市	新疆、青海、宁夏、江西、湖南、云南、贵州、广西	安徽、河南、山西、甘肃、四川、西藏	黑龙江、吉林、辽宁、内蒙古、河北、山东、湖北、福建、海南	辽宁、北京、天津、江苏、上海、浙江、广东
2013 年	第一分位 [3 781.9, 6 146.1]	第二分位 (6 146.1, 8 014.9]	第三分位 (8 014.9, 13 011.4]	第四分位 (13 011.4, 31 684.8]
省区 直辖市	新疆、青海、宁夏、云南、贵州、湖南、江西、广西	西藏、四川、甘肃、山西、河南、安徽、海南	黑龙江、吉林、河北、山东、陕西、湖北、福建、广东	内蒙古、辽宁、北京、天津、江苏、浙江、上海
2016 年	第一分位 [5 049.4, 7 769.8]	第二分位 (7 769.8, 10 084.6]	第三分位 (10 084.6, 15 162.6]	第四分位 (15 162.6, 38 662.7]
省区 直辖市	新疆、青海、宁夏、山西、贵州、湖南、云南、广西	西藏、四川、甘肃、江西、安徽、河南、海南	黑龙江、吉林、辽宁、湖北、山东、陕西、湖北、福建	内蒙古、北京、天津、江苏、上海、浙江、广东

注:(1)不含港澳台地区;(2)四川和重庆进行了合并。

资料来源:(1)基础数据来源于国家统计局,实际人均 GDP 由作者来计算。(2)STATA软件制作的 1978—2016 年实际人均 GDP 四分位图。

到 1993 年时,东中西部的经济格局基本已形成。人均 GDP 较高的省级行政区域基本已集中在东部地区的黑龙江、吉林、辽宁、山东、天津、北京、江苏、上海、浙江、福建和广东,而人均 GDP 较低的省级行政区域主要集中在中西部地区,如湖南、广西、云南、贵州、四川、甘肃等地。三大经济板块的划分,表面上是依据地理位置来划分,但更是依据经济技术发展水平来划分的,体现了我国区域经济发展水平的空间差异。

4.2.2 注重效率、兼顾公平的发展阶段(1992—1999 年)

1978 年后我国实施效率优先的非均衡发展战略。经过 10 多年的发展,我国的总体经济实力明显增强。虽然表面上所有区域都实现了经济增长,但在经济增长率和经济总量上仍存在显著的区域性差异,东中西部地区的差距日趋扩大,特别是西部地区的省份,如云南、贵州和四川等省份的人均 GDP 处于底部位置,且与东部发达地区的差异显著地扩大。因此,为了兼顾公平和保证社会稳定,1992 年后,我国开始实施“注重效率、兼顾公平”的发展战略,采用“地区倾斜与产业倾斜政策相结合”的方式,在进一步发挥沿海地区优势的同时,加大在中西部地区的投资,以期缩小区域间的差距。

到 1995 年时,中西部地区的投资增长率已高于东部地区,整体的经济效率也与东部相接近。“注重效率、兼顾公平”的区域发展战略使东部、中部、西部三大经济板块均获得了较高的经济增长率,但率先发展的东部地区因具有先发优势,成为了中国的经济中心区。在集聚效应和极化效应的作用下,优质的生产要素仍不断从中西部向东部地区转移,使得东部地区的经济增长率更高,收入水平不断提高,导致我国的区域经济日趋失衡。即使国家调整了区域经济发展策略,中西部地区的经济差距仍然没有得到缩小,相反更加扩大。统计显示,在“八五”期间,我国整体年均经济增长率为 12%,东部地区的年均增长率为 16%,中部地区的年均增长率为 13%,而西部地区的年均增长率则只有 10.4%,区域经济增长存在显著差异。并且东部地区是在较大的基数上来实现增长的,因此,总量上的差异更大。

到 1998 年时,东部地区 GDP 占全国 GDP 的比重从 1978 年的 52.42%提高到了 1998 年的 58.12%,中部地区的比重从 1978 年的 30.92%下降到 1998 年的 27.92%,西部地区的比重从 1978 年的 16.66%下降到 13.96%。

1998 年时,经济发展水平较高的地区依然主要为东部沿海地区,辽宁、北京、天津、江苏、上海、浙江和广东的实际人均 GDP 处于第四分位,经济发展水平较低的区域主要是中西部地区,如中部地区的安徽、江西、湖南、河南等省份的人均 GDP 处于第一分位,西部地区的云南、贵州、广西等省份处于第一分位。人均 GDP 之间的差距并没有缩小,反而扩大了。据统计显示,1998 年时,东部地区的人均名义 GDP 为 9 483 元,而西部地区的人均名义 GDP 仅为 4 052 元,东部地区是西部地区的 2.43 倍,而 1978 年的比值为 1.89。

4.2.3 区域经济协调发展阶段(2000 年至今)

2003 年时,实际人均 GDP 的空间分布与 1998 年相比几乎没有发生变化。人均 GDP 最高的省份依然是辽宁、北京、天津、江苏、上海、浙江和广东,最低的省份依然是中西部的湖南、云南、贵州、广西等省份。到 2016 年,相比 2003 年,一个显著的变化是内蒙古的人均 GDP 进入了第四分位,但东北地区的辽宁进入了第三分位,中部地区的安徽和江西省得到了较快发展,从第一分位进入了第二分位。

本阶段中,最为突出的是东北三省经济增长的显著变化,这导致中国的区域经济板块发生了明显的变化。原来的"三大经济板块"演变成了"四大经济板块",东部地区包括北京、天津、河北、上海、江苏、浙江、福建、山东、广东和海南。中部地区包括山西、安徽、江西、河南、湖北和湖南。西部地区包括四川、贵州、云南、西藏、陕西、甘肃、青海、宁夏和、新疆、内蒙古和广西。东北地区包括辽宁、吉林和黑龙江。

我国的区域经济从三大经济板块演化成四大经济板块,成为我国深化改革、促进区域经济协调发展所面临的空间格局。在"十一五"规划时我国制定了"推进西部大开发,振兴东北地区等老工业基地,促进中部地区崛起,鼓励东部地区率先发展"的区域发展总体战略,以期实现"四轮驱动"。

4.3 中国区域经济的发展现状

当前,我国的区域经济现状体现为东部地区总量较大,但中西部地区经济增长速率较高,而东北地区则处于停滞状态。

4.3.1 经济板块间的经济总量差异大

"十一五"以来,我国实施"推进西部大开发,振兴东北地区等老工业基地,促进中部地区崛起,鼓励东部地区率先发展"的区域发展总体战略,遏制了区域发展差距继续扩大的趋势,区域经济发展的均衡性、协调性得到显著增强。

表 4.3　2012—2016 年中国四大经济板块地区生产总值及其比重

单位:亿元,%

年份	全国 GDP	东　部		中　部		西　部		东　北	
		GDP 总和	份额	GDP 总和	份额	GDP 总和	份额	GDP 总和	份额
2012	576 551.84	295 892.04	51.32	116 277.75	20.17	113 904.80	19.76	50 477.25	8.76
2013	634 345.32	324 765.03	51.20	127 909.58	20.16	110 039.68	17.35	54 714.53	8.63
2014	684 349.42	350 100.88	51.16	138 679.65	20.26	138 099.79	20.18	57 469.10	8.40
2015	722 767.87	372 982.67	51.60	146 950.46	20.33	145 018.92	20.06	57 815.82	8.00
2016	780 069.97	410 186.44	52.58	160 645.57	20.59	156 828.17	20.10	52 409.79	6.72

注:(1)本表中的数据为名义 GDP;(2)全国 GDP 为各省份加总得到。
资料来源:国家统计局。

从 2012—2016 年的统计数据来看(见表 4.3),中部和西部地区生产总值占全国 GDP 的比重的下降趋势得到了遏制,并且逐年得到提高,而东部地区的比重则呈下降趋势,东北地区的比重处于下降趋势。东部地区生产总值占全国 GDP 的比重从 2003 年的 55.2％下降到 2012 年的 51.3％,减少了 3.9 个百分点,但 2012 年后保持较平稳状态;中部地区的比重从 2003 年 18.5％提高到了 2016 年的 20.2％,上升了 1.7 个百分点,处于上升趋势;西部地区的比重从 2003 年的 17.2％提高至 2016 年的 19.8％,提高了 2.6 个百分点,处于上升趋势;而东北地区的地区生产总值占全国 GDP 比重从 2003 年的 9.1％下降到 2012 年的 8.76％,再下降到 2016 年的 6.72％,下降趋势非常明显。

产生此种变化的原因除了国家区域发展战略的推动外,也与我国处于"外需驱动"向"内需驱动"的经济转型过程相关。但更重要的原因可能是东部地区开始从集聚效应转向扩散效应,东部地区的部分产业开始"腾笼换鸟",部分产业从东部地区转向中西部地区,致使中西部地区的经济增长较快,与东部地区的差距呈逐渐缩小的趋势。

4.3.2　省份间的实际人均 GDP 差距较大

如表 4.4 所示,从 2016 年来看,30 个省份人均 GDP 的期望值为 12 493.2 元,最高值为上海市,最低值为贵州省。人均实际 GDP 排名前 10 的省份均超过了 13 000 元人民币,但这 10 个省份中只有内蒙古是属于西部地区,其余的均属于东部地区。排名最后的 10 个省份的人均实际 GDP 均低于 8 500 元,主要是中部和西部地区的省份。省份之间的差异较大,最高的上海市的人均 GDP 是最低的贵州省的 7.7 倍。可见区域之间和省份之间的差异较大,而且呈现了明显的集聚状态,人均 GDP 高的省份集中在东部地区,人均 GDP 低的省份集中在西部地区。

表 4.4　中国各区域 2010—2016 年实际人均 GDP 情况

省　份	区域	2010 年	2011 年	2012 年	2013 年	2014 年	2015 年	2016 年	2016 年排名
上　海	东部	26 523.1	28 159.9	29 852.2	31 684.9	33 749.1	36 238.0	38 662.7	1
天　津	东部	18 699.3	20 866.5	22 771.3	24 590.9	26 247.6	28 133.2	30 397.6	2
江　苏	东部	14 335.3	15 851.8	17 406.5	19 031.9	20 633.1	22 341.2	24 015.4	3

续表

省 份	区域	2010 年	2011 年	2012 年	2013 年	2014 年	2015 年	2016 年	2016 年排名
北 京	东部	13 536.7	14 220.0	14 944.9	15 745.5	16 604.5	17 598.9	18 774.0	4
浙 江	东部	11 186.7	12 157.8	13 096.5	14 116.7	15 162.0	16 283.3	17 361.0	5
内蒙古	西部	9 743.1	11 091.5	12 327.3	13 393.7	14 398.1	15 469.5	16 524.3	6
广 东	东部	10 271.6	11 229.9	12 048.7	13 011.4	13 921.7	14 862.2	15 758.9	7
辽 宁	东部	10 693.2	11 975.9	13 095.7	14 231.8	15 053.8	15 535.8	15 162.6	8
山 东	东部	9 005.8	9 936.6	10 856.4	11 839.9	12 796.3	13 738.4	14 634.2	9
福 建	东部	8 336.3	9 293.8	10 275.9	11 327.7	12 344.5	13 339.8	14 329.7	10
吉 林	东北	7 109.7	8 084.9	9 051.8	9 799.5	10 432.7	11 084.7	11 937.6	11
湖 北	中部	6 754.5	7 646.6	8 479.7	9 304.0	10 176.7	11 015.1	11 839.6	12
陕 西	西部	5 797.9	6 589.7	7 420.0	8 212.1	8 982.4	9 646.0	10 324.7	13
河 北	东部	6 657.1	7 361.2	8 015.9	8 620.0	9 116.8	9 683.1	10 279.2	14
黑龙江	东北	6 445.3	7 236.2	7 959.8	8 594.4	9 080.4	9 651.6	10 274.6	15
四 川	西部	5 494.2	6 318.2	7 099.2	7 817.8	8 497.3	9 175.1	9 894.7	16
海 南	东部	5 815.3	6 453.8	6 961.7	7 582.5	8 154.1	8 714.7	9 305.1	17
西 藏	西部	5 193.9	5 795.5	6 374.2	7 053.9	7 668.3	8 354.9	9 003.4	18
河 南	中部	5 215.0	5 846.2	6 424.3	6 997.3	7 601.5	8 194.2	8 809.6	19
安 徽	中部	4 998.8	5 663.2	6 327.2	6 936.6	7 508.8	8 081.5	8 710.4	20
甘 肃	西部	4 720.5	5 302.3	5 937.9	6 569.0	7 128.8	7 680.9	8 231.6	21
江 西	中部	4 530.4	5 067.2	5 604.6	6 146.1	6 712.6	7 285.5	7 895.6	22
山 西	中部	5 227.5	5 875.9	6 437.1	6 973.3	7 278.9	7 471.5	7 769.9	23
湖 南	中部	4 447.8	4 997.3	5 526.0	6 036.8	6 565.2	7 074.9	7 597.2	24
青 海	西部	4 151.2	4 670.1	5 198.3	5 710.4	6 182.3	6 627.5	7 102.5	25
新 疆	西部	4 188.2	4 639.8	5 140.7	5 628.1	6 099.3	6 462.4	6 842.6	26
宁 夏	西部	4 197.9	4 661.6	5 133.4	5 576.2	5 949.5	6 368.9	6 812.1	27
广 西	西部	3 653.9	4 072.4	4 496.7	4 916.5	5 295.2	5 673.9	6 035.3	28
云 南	西部	3 077.3	3 477.0	3 905.4	4 351.8	4 677.3	5 054.5	5 460.6	29
贵 州	西部	2 590.3	2 987.4	3 379.1	3 781.9	4 183.2	4 602.6	5 049.4	30

注:(1)本表的人均 GDP 为实际 GDP;(2)重庆的数据合并到四川。

资料来源:国家统计局,实际人均 GDP 由作者自行计算。

4.3.3　中国区域经济增长呈现出"东低西高"的态势

当前,受国际市场需求低迷及国内经济发展转型的综合影响,我国区域经济增长速度上出现了新的分化。过去"东高西低"的常态产生了逆转,区域经济增长格局呈现出了"东低西高"的分化态势。

主要是因近年来,东部地区省份的产业主要为外向型经济,但因受到全球经济发展低迷的影响,经济增速有所下降;而西部地区由于受到国际贸易的影响较弱,加上东部地区产生了扩散效应,产业在空间上发生了转移,促进了中西部地区的经济增长,西部地区的经济增长率在2013年之前超过了10%。虽然2016年的经济增长率下降为8.6%,但相比中部地区的7.7%,东部地区的7.6%和东部地区的3.5%更高,处于"四大板块"之首。经济增长率发生了转换,说明中西部地区具有发展潜力,经济增长率表现出了较高的空间集聚特征。

其特征有以下几点:(1)2016年人均GDP增长率最高的主要是传统的落后地区,包括中部地区的安徽、江西和西部地区的贵州、云南、四川和西藏等省份,其中贵州的经济增长率达到了10.5%,仅次于重庆市,仍保持较高增长率的唯一的、传统的发达地区是天津市,其人均GDP增长率超过了7%。(2)经济增长率较低的省份主要是东部地区和东北地区,东部地区的山东、河北、广东的人均GDP增长率较低;而东北地区的黑龙江省和辽宁省的增速较低。整体上,我国人均GDP增速呈现出"西部最快,中部次之,东部放慢,东北最弱的特征"的新态势(见表4.5)。

表4.5　2016年各省(自治区、直辖市)人均实际GDP增长率分布表

第一分位 [−0.024 3, 0.063 2]	第二分位 (0.063 2, 0.068 6]	第三分位 (0.068 6, 0.074 1]	第四分位 (0.074 1, 0.092 6]
黑龙江、辽宁、河北、山西、山东、新疆、广西、广东	内蒙古、宁夏、陕西、北京、上海、浙江、海南	吉林、甘肃、青海、江苏、河南、湖北、湖南、福建	天津、安徽、江西、西藏、四川、贵州、云南

注:(1)不含港澳台地区;(2)重庆的数据合并到四川。

资料来源:基础数据来源于国家统计局。

4.3.4 区域经济空间格局上集聚与分散同时存在

新经济地理学认为,交通运输的改善将对区域离心力和向心力的平衡产生影响,并可能对不同区域的经济活动产生不同的影响。当运输成本下降时,运输成本较高的企业可以选择集中化,而运输成本相对较低的企业则可以向周边地区扩展,并利用周边地区较低的劳动力成本。区域交通基础设施的完善不仅会促进经济增长,而且会致使经济要素在空间上的转移,改变区域经济的空间分布格局。这就是新经济地理学中的"经济分布效应"。经济分配效应主要包括集聚效应和分散效应。它描述了区域经济的空间分布。

从表 4.4 可以看到,在我国,人均 GDP 较低的省份主要是河南、湖南、宁夏、广西、贵州、云南、甘肃和新疆等地区,而人均 GDP 较高的省份主要集聚在环渤海地区和长三角地区,呈现出较明显的集聚状态。但同时,也存在分散状态,如与人均 GDP 较高的广东省邻近的省份的人均 GDP 大多处于较低水平。

4.4 中国交通基础设施的时空演化

本节主要考察我国铁路、公路等交通基础设施从 1978—2016 年的时空演进的历程。

4.4.1 铁路基础设施的时空演化

本书从铁路里程密度来考察 1978—2016 年间我国铁路基础设施的空间分布与变迁,采用按面积的方式来计算铁路密度,主要年份(1978 年、1993 年、2008 年、2016 年)的四分位空间分布如表 4.6 所示。下面依据表 4.6 来分析我国铁路基础设施的时空演化。

表 4.6　我国铁路密度的四分位分布表

1978 年	第一分位 [0, 0.004 7]	第二分位 (0.004 7, 0.007 8]	第三分位 (0.007 8, 0.013]	第四分位 (0.013, 0.048]
	内蒙古、甘肃、新疆、青海、西藏、四川、云南、海南	宁夏、江苏、浙江、安徽、湖北、广东、广西	黑龙江、山西、陕西、山东、福建、江西、湖南、贵州	吉林、辽宁、河北、北京、天津、河南、上海
1993 年	第一分位 [0, 0.006 3]	第二分位 (0.006 3, 0.009 7]	第三分位 (0.009 7, 0.015]	第四分位 (0.015, 0.060]
	内蒙古、甘肃、新疆、青海、西藏、四川、云南、海南	宁夏、江苏、浙江、江西、福建、广东、贵州	黑龙江、山西、陕西、山东、安徽、湖北、湖南、广西	吉林、辽宁、河北、北京、天津、河南、上海
2008 年	第一分位 [0.000 4, 0.011]	第二分位 (0.011, 0.014]	第三分位 (0.014, 0.021]	第四分位 (0.021, 0.071]
	内蒙古、宁夏、甘肃、新疆、青海、西藏、四川、云南	黑龙江、浙江、福建、湖南、贵州、广东、广西	吉林、山西、陕西、江苏、安徽、湖北、江西、海南	辽宁、河北、北京、天津、山东、河南、上海
2016 年	第一分位 [0.000 7, 0.014]	第二分位 (0.014, 0.024]	第三分位 (0.024, 0.034]	第四分位 (0.034, 0.097]
	黑龙江、内蒙古、甘肃、新疆、青海、西藏、四川、云南	陕西、宁夏、湖北、湖南、贵州、广东、广西	吉林、河南、江苏、安徽、浙江、福建、江西、海南	辽宁、山东、河北、北京、天津、山西、上海

注:(1)不含港澳台地区;(2)重庆的数据合并到四川。

资料来源:(1)国家统计局。(2)STATA 软件制作的 1978—2016 年铁路密度四分位图。

从按面积计算的铁路密度的四分位数来看,1978 年时,第一四分位数(Q1)为 0.004 7 公里/平方公里,第二四分位数(Q2)为 0.007 8 公里/平方公里,第三四分位数(Q3)为 0.013 2 公里/平方公里。我国拥有较高铁路密度的省(区、直辖市)主要集中在东北和京津冀地区,吉林、辽宁、河北、北京、天津和河南及上海的铁路密度较高,大于 0.013 公里/平方公里,处于第四分位。但广大的西部地区的铁路密度较低,内蒙古、甘肃、新疆、青海、西藏、四川、云南的铁路密度均小于 0.004 7 公里/平方公里,处于第一分位。而处于第三分位的省(区、直辖市)主要有黑龙江、山西、陕西、山东、福建、江西、湖南、贵州,主要为中部地区;处于第二分位的省(区、直辖市)主要有宁夏、江苏、浙江、安徽、湖北、广东、广西,主要集中在东部沿海地区。

到1993年时,对比1978年可以发现,各分位的分位数都得到了提高,第一四分位数(Q1)提高到0.0063公里/平方公里,第二四分位数(Q2)为0.0097公里/平方公里,第三四分位数(Q3)为0.015公里/平方公里,说明我国铁路得到了整体发展,但发展相对较缓慢。其中,处于第四分位的省(区、直辖市)依然为吉林、辽宁、河北、北京、天津、河南和上海等省市,与1978年没有显著变化。处于第三分位的省(区、直辖市)有黑龙江、山西、陕西、山东、安徽、湖北、湖南、广西,其中安徽、湖北和广西相对得到了较快发展,铁路密度得到了较大提升,从第二分位上升到第三分位。但江西、福建和贵州省的铁路发展发展相对滞后,从第三分位掉落到第二分位,导致第二分位的省(区、直辖市)主要有宁夏、江苏、浙江、江西、福建、广东、贵州。处于第一分位的省(区、直辖市)主要有内蒙古、甘肃、新疆、青海、西藏、四川、云南、海南,相比1978年时没有显著变化。

到2008年时,可以发现,各分位的分位数都得到了提高,第三四分位数(Q3)为0.021公里/平方公里,第二四分位数(Q2)为0.014公里/平方公里,第一四分位数(Q3)为0.011公里/平方公里。在第四分位中的省(区、直辖市)演变为辽宁、河北、北京、天津、山东、河南和上海,对比1993年可以看到,吉林省移出了第四分位,山东省从第三分位进入了第四分位。处于第三分位的省(区、直辖市)有吉林、山西、陕西、江苏、安徽、湖北、江西、海南,其中江苏和江西从第二分位进入了第三分位,海南由第一分位进入了第三分位,广西和湖南则从第三分位掉落到第二分位。处于第二分位的省(区、直辖市)有黑龙江、浙江、福建、湖南、贵州、广东、广西。处于第二分位的省(区、直辖市)有内蒙古、宁夏、新疆、甘肃、西藏、青海、西藏、四川、云南。从铁路密度的空间分布来看,呈现了非常明显的集聚状态,密度高的地区为环渤海地区及其周边的省份,而铁路密度较低的省份则为广袤的西部地区,铁路密度与当地的经济发展水平基本成正相关。

由2008年国际金融危机引致的经济刺激计划,4万亿的投资大约有50%投向了交通基础设施。因此,到2016年时,我国的铁路基础设施得到了高速发展。

2016 年的四分位分布表可以发现,四分位的分位数得到进一步提高,第三四分位数(Q3)提高到了 0.034 公里/平方公里,第二四分位数(Q2)提高到了 0.024 公里/平方公里,第一四分位数(Q1)提高到了 0.014 公里/平方公里,分位数值分别比 2008 年提高了 61.9%、71.4% 和 27.3%,从侧面上印证了此段时期我国铁路的高速发展。第四分位的省份相比 2008 年,主要是河南省掉落到了第三分位,而山西省则从第三分位上升到了第四分位。浙江和福建省则从第二分位进入第三分位,而湖北、陕西省则从第三分位掉落入第二分位;另外,黑龙江省从第二分位掉落入第一分位,在一定程度上反映了东北地区经济停滞不前的局面。

4.4.2　公路基础设施的时空演化

本研究从公路里程密度来考察 1978—2016 年间我国公路基础设施的空间分布与变迁,按面积的方式来计算公路密度,主要年份(1978 年、1993 年、2008 年、2016 年)的四分位分布如表 4.7 所示。

表 4.7　我国公路密度的四分位分布表

1978 年	第一分位 [0.013, 0.11]	第二分位 (0.11, 0.18]	第三分位 (0.18, 0.24]	第四分位 (0.24, 0.43]
	黑龙江、内蒙古、宁夏、甘肃、新疆、青海、西藏、云南	吉林、陕西、四川、安徽、江西、贵州、广西	辽宁、河北、山东、山西、河南、江苏、浙江、福建	北京、天津、上海、湖北、湖南、广东、海南
1993 年	第一分位 [0.017, 0.15]	第二分位 (0.15, 0.21]	第三分位 (0.21, 0.30]	第四分位 (0.30, 0.67]
	黑龙江、吉林、内蒙古、宁夏、甘肃、新疆、青海、西藏	山西、陕西、四川、贵州、云南、广西、江西	辽宁、河北、山东、河南、安徽、江苏、湖北、湖南	北京、天津、上海、浙江、广东、福建、海南
2008 年	第一分位 [0.041, 0.42]	第二分位 (0.42, 0.72]	第三分位 (0.72, 1.02]	第四分位 (1.02, 1.83]
	黑龙江、内蒙古、宁夏、甘肃、新疆、青海、西藏、广西	吉林、辽宁、陕西、四川、贵州、云南、海南	河北、山西、湖北、湖南、江西、浙江、福建、广东	北京、天津、山东、河南、江苏、上海、安徽

2016 年	第一分位 [0.07, 0.51]	第二分位 (0.51, 0.89]	第三分位 (0.89, 1.31]	第四分位 (1.31, 2.11]
	黑龙江、内蒙古、宁夏、甘肃、新疆、青海、西藏、广西	吉林、辽宁、陕西、四川、云南、福建、海南	北京、河北、山西、贵州、湖南、江西、浙江、广东	天津、山东、河南、安徽、江苏、湖北、上海

注:(1)不含港澳台地区;(2)重庆的数据合并到四川。
资料来源:(1)国家统计局。(2)STATA 软件制作的 1978—2016 年公路密度四分位图。

从按面积计算的公路密度来看,1978 年时,第三四分位数(Q3)为 0.24 公里/平方公里,第二四分位数(Q2)为 0.18 公里/平方公里,第一四分位数(Q1)为 0.11 公里/平方公里。处于第四分位的主要有北京、天津、上海、湖北、湖南、广东和海南等 7 个省市;第三分位主要有辽宁、河北、河南、山西、山东、江苏、浙江、福建等省;第二分位主要有吉林、山西、四川、贵州、广西、安徽、江西等省;处于第一分位主要有黑龙江、内蒙古、宁夏、甘肃、新疆、青海、西藏、云南等省区。可以看出,公里密度较高的地区为东部沿海地区和中部地区,西部地区的公路密度则较低。

1993 年时,第三四分位数(Q3)提高到 0.30 公里/平方公里,第二四分位数(Q2)提高到了 0.21 公里/平方公里,第一四分位数(Q1)提高到了 0.15 公里/平方公里。处于第四分位的省市有北京、天津、上海、浙江、福建、广东和海南,其中对比 1978 年时,可以发现浙江和福建省从第三分位上升到第四分位,而湖北和湖南则从第四分位掉落入第三分位,反映了此阶段我国经济建设的重心在沿海地区。处于第三分位的主要省份有辽宁、河北、山东、河南、江苏、安徽、湖南、湖北和江西,其中显著的变化出了湖南和湖北从第四分位落入第三分位外,安徽省从第二分位上升到第三分位,另外山西省则掉落出了第二分位。此阶段最显著的变化就是东北沿海地区的公路得到了快速发展。

到 2008 年时,三个四分位数的值进一步提高,第三四分位数(Q3)提高到了 1.02 公里/平方公里,第二四分位数(Q2)提高到了 0.72 公里/平方公里,第三四分位数(Q1)提高到了 0.42 公里/平方公里,均比 1993 年的 0.30、0.21、0.15 公里/平方公里提高了 1 倍以上,表明在这 15 年的时间里,我国公路基础设施得到了高速发展。第四分位的省份主要有北京、天津、山东、河南、江苏、安徽和上海,主要集聚在东部地区,相比 1993 年可以看出发生了较大的变化,浙江、福建、广东三个省份均从第四分位掉落入了第三分位。第三分位的省份主要有河北、山西、湖北、湖南、江西、江苏、福建和广东,而辽宁省则从第三分位掉落入第二分位。第一和第二分位的省份主要是西部地区和东北地区的省份。从表 4.7 可以看出,公路密度呈现出显著的集聚性,公路密度较高的省份集聚在东部地区,特别是在长三角地区,而公路密度较低的省份集聚在西部地区。

到 2016 年,三个分位数的值均得到了进一步的提高,第三四分位数(Q3)为 1.31 公里/平方公里,第二四分位数(Q2)为 0.89 公里/平方公里,第一四分位数(Q1)为 0.51 公里/平方公里。第一分位的省份中显著的变化是湖北省从 2008 年的第三分位进入到第四分位,而北京市则掉落入第三分位区间。第三分位的显著变化是贵州省从第二分位区间进入了第三分位区间,而福建省则从第三分位掉落入到第二分位。

4.5　中国交通运输发展现状分析

改革开放以来,中国对基础设施进行了大量投资,尤其是 1998 年以后实施积极的财政政策,对包括交通基础设施在内的公共项目进行了投资。2008 年为应对金融危机而推出的 4 万亿经济刺激计划中,将近一半经费投向了铁路、公路等交通基础设施。因此,中国的交通运输得到了高速发展。那么,经过几十年的高速积累,对于不同地区而言,是否存在较大的差距?与其他国家的基础设施建设又是否存在明显的差距呢?这些问题值得探讨。

4.5.1　铁路交通运输发展现状

2017 年发改委发布的《中长期铁路网规划(2016—2025)》(发改基础〔2016〕1536 号)指出:"铁路是国民经济大动脉、关键基础设施和重大民生工程,是综合交通运输体系的骨干和主要交通方式之一,在我国经济社会发展中的地位和作用至关重要。加快铁路建设特别是中西部地区铁路建设,是稳增长、调结构,增加有效投资,扩大消费,既利当前、更惠长远的重大举措。"自 2004 年的《中长期铁路网规划》实施后,我国对铁路特别是高速铁路进行了大量的投资,我国铁路进入了跨越式发展。目前,我国已基本形成了布局合理、覆盖广泛、高效便捷、安全经济的现代铁路网络,推动了我国综合交通运输体系的建设,有力支撑了我国经济社会的发展。

1. 各项交通运输指标持续增长

随着我国铁路固定资产投资规模的大幅增加,我国铁路路网规模也在继续扩展。表 4.8 显示了 2004—2016 年我国铁路营业里程、复线里程、高铁投产里程、铁路客运量、铁路旅客周转量、铁路货运量、铁路货运周转量等指标的变化趋势。

表 4.8　中国 2004—2016 年铁路主要指标发展情况

年度	铁路营业里程(公里)	复线里程(公里)	电气化里程(公里)	新线投产里程(公里)	客运量(万人)	旅客周转量(亿人/公里)	货运量(万吨)	货物周转量(亿吨/公里)
2004	74 408	24 908	19 303		111 764	5 712.17	249 017	19 288.8
2005	75 438	25 566	20 151		115 583	6 061.96	269 296	20 726
2006	77 084	26 404	24 433		125 656	6 622.12	288 224	21 954.4
2007	77 966	27 031	25 457		135 670	7 216.31	314 237	23 797
2008	79 687	28 856	27 555		146 193	7 778.6	330 354	25 106.3
2009	85 518	33 195	35 653		152 451	7 878.89	333 348	25 239.2
2010	91 179	37 487	42 464		167 609	8 762.18	364 271	27 644.1
2011	93 250	39 500	46 064	2 174	186 226	9 612.29	393 263	29 465.8
2012	97 626	43 749	51 029	5 382	189 337	9 812.33	390 438	29 187.1
2013	103 145	48 287	55 811	5 586	210 597	10 595.62	396 697	29 173.9
2014	111 821	56 819	65 217	8 427	230 460	11 241.85	381 334	27 530.19
2015	120 970	64 687	74 747	9 531	253 484	11 960.6	335 801	23 754.31
2016	12.4	6.8	8.0	3 281	28.14	12 579.29	33.32	23 792.26

注:港澳台地区未纳入统计。

资料来源:主要源自 EPS Data 数据库;缺失数据通过查询中国国家发展和改革委员会、中国交通运输部及中国国家统计局来补缺。

从表 4.8 中可以发现,样本期间内我国铁路营业里程呈现出稳步增加的变化态势,从 2004 年的 7.4 万公里增长到 2016 年的 12.4 万公里,增长 67.57%,复合增长率为 4.4%。2008 年为应对金融危机而推出的 4 万亿经济刺激计划中,将近一半经费投向了铁路、公路等交通基础设施,因此,中国的铁路里程得到了高速发展。

我国铁路营业里程不断增加的同时,铁路路网结构也不断得到优化,路网质量不断提升,满足了交通运输的多中心需求。复线里程从 2004 年的 2.5 万公里增长到 2016 年 6.8 万公里,占总里程的比例从 2004 年的 33.47% 提高到 2016 年的 54.84%。电气化里程从 2004 年的 1.93 万公里增长至 2016 年的 8.0 万公里,占总里程的比例从 2004 年的 25.94% 提高到 2016 年的 64.52%。

同时,交通运输的指标随着铁路基础设施的完善和经济发展转好,客运量和货运量得到了快速发展。铁路客运量从 2004 年的 11.17 亿人增长到 2016 年的 28.14 亿人,增长 151.69%,复合增长率为 8.0%。旅客周转量从 2004 年的 5 712.17 亿人/公里增长到 2016 年的 12 579.29 亿人/公里,增长 120.22%,复合增长率为 6.8%。铁路货运量从 2004 年的 24.9 亿吨增长到 2016 年的 33.32 亿吨,增长 120.22%,复合增长率为 6.8%;铁路货物周转量从 2004 年的 19 288.8 亿吨/公里增长至 2016 年的 23 792.26 亿吨/公里,增长 23.35%,复合增长率为 1.74%。

2. 高速铁路发展迅速

我国高速铁路的建设始于 2004 年的中国铁路长远规划。第一条开通的高速铁路是 2008 年 8 月 1 日开通运营的 350 公里/小时的京津城际高速铁路。经过 10 多年的高速铁路建设,中国的高速铁路铁路里程位居世界第一,“四纵”干线基本成型。

2008—2016 年,我国的高速铁路得到了快速发展,如表 4.9 所示。我国的高速铁路营业里程从 2008 年的 671.5 公里提高到 2016 年的 22 980 公里,年均增长率为 55.5%,占铁路营业里程的比重从 2008 年的 0.84% 提高到 2016 年的 18.53%。客运量从 2008 年的 734 万人提高到 2016 年的 122 128 万人,年均增长率为 89.5%,客运量占铁路客运量的比重从 2008 年的 0.5% 提高到了 2016 年的 43.4%;旅客周转量从 2008 年的 15.6 亿人/公里提高到 2016 年的 4 641 亿人/公里,年均增长率为 103.8%,占铁路客运周转量的比重从 2008 年的 0.2% 提高到 2016 年的 36.9%。

表 4.9　中国高速铁路发展情况

指　　标	2008 年	2009 年	2010 年	2011 年	2012 年	2013 年	2014 年	2015 年	2016 年
营业里程(公里)	671.5	2 698.7	5 133.4	6 601	9 356	11 028	16 456	19 838	22 980
占铁路营业里程比重(%)	0.84	3.16	5.63	7.08	9.58	10.69	14.70	16.40	18.53
客运量(万人)	734	4 651	13 323	28 552	38 815	52 962	70 378	96 139	122 128
占铁路客运量比重(%)	0.5	3.1	8	15.8	20.5	25.1	30.5	37.9	43.4
旅客周转量(亿人/公里)	15.6	162.2	463.2	1 058.4	1 446.1	2 141.1	2 825	3 863.4	4 641
占铁路客运周转量比重(%)	0.2	2.1	5.3	11	14.7	20.2	25.1	32.3	36.9

2016 年世界上共有 16 个国家和地区运营高铁,运营总里程为 37 343 公里,其中中国 23 914 公里,约占全球的 64%,高居世界首位;之后依次分别是日本(约占 8.1%)、西班牙(约占 7.7%)(见表 4.10)。

表 4.10　2016 年世界主要国家高铁运营里程

	中国	日本	西班牙	法国	德国	意大利	土耳其	韩国
运营里程(公里)	23 914	3 041	2 871	2 142	1 475	981	688	657
占比(%)	64.04	8.14	7.69	5.74	3.95	2.63	1.84	1.76
	美国	中国台湾	波兰	比利时	瑞士	荷兰	英国	奥地利
运营里程(公里)	362	354	224	209	144	120	113	48
占比(%)	0.97	0.95	0.60	0.56	0.39	0.32	0.30	0.13

注:由于中国认定的高铁标准更高,因此世界银行关于中国的数据比中国铁道部公开的数据略有差异。

资料来源:世界银行数据库。

3.区域铁路密度发展不均衡

目前,中国 31 个省、直辖市、自治区均已开通铁路,并在不断延伸与稳步发展,铁路的复线率、电气化率逐年提高,高速铁路更是以举世瞩目的速度在全国各大城市交织成网。但总体上,我国铁路区域发展不均衡,京津及其周边地区、华北平原、沿海等地区的铁路密度较高,西部及内陆沿边地区密度较低。

表4.11　中国各省域铁路密度情况(按面积计算)

排名	省份	面积(万平方公里)	2012年里程(公里)	2012年密度(公里/万平方公里)	2014里程(公里)	2014年密度(公里/万平方公里)	2016年里程(公里)	2016年密度(公里/万平方公里)	密度分级
1	天　津	1.13	900	796.46	971	859.23	1 061	938.85	
2	北　京	1.68	1 300	773.81	1 285	764.73	1 264	752.56	非常高
3	上　海	0.63	500	793.65	465	738.11	465	738.25	
4	辽　宁	14.59	5 000	342.70	5 130	351.58	5 559	381.01	
5	河　北	18.77	5 600	298.35	6 253	333.13	6 956	370.59	
6	山　东	15.38	4 300	279.58	5 029	326.98	5 452	354.51	
7	山　西	15.63	3 800	243.12	4 980	318.59	5 293	338.67	较高
8	河　南	16.70	4 900	293.41	5 200	311.36	5 571	333.58	
9	海　南	3.40	700	205.88	694	204.04	1 033	303.94	
10	安　徽	13.97	3 300	236.22	3 548	254.00	4 243	303.69	
11	江　苏	10.26	2 400	233.92	2 678	261.01	2 767	269.73	
12	吉　林	18.74	4 400	234.79	4 520	241.22	5 053	269.62	
13	福　建	12.13	2 300	189.61	2 759	227.46	3 201	263.89	
14	重　庆	8.23	1 500	182.26	1 781	216.43	2 102	255.42	
15	浙　江	10.20	1 800	176.47	2 347	230.11	2 577	252.64	
16	江　西	16.70	2 800	167.66	3 702	221.69	4 011	240.15	一般
17	广　东	18.00	2 800	155.56	4 027	223.72	4 158	230.99	
18	陕　西	20.56	4 100	199.42	4 524	220.04	4 633	225.32	
19	湖　南	21.18	3 800	179.41	4 550	214.85	4 720	222.84	
20	湖　北	18.59	3 800	204.41	4 059	218.36	4 138	222.60	
21	广　西	23.60	3 200	135.59	4 742	200.91	5 192	220.00	

续表

排名	省 份	面积（万平方公里）	2012年里程（公里）	2012年密度（公里/万平方公里）	2014里程（公里）	2014年密度（公里/万平方公里）	2016年里程（公里）	2016年密度（公里/万平方公里）	密度分级
22	宁 夏	6.64	1 300	195.78	1 289	194.20	1 320	198.81	
23	贵 州	17.60	2 100	119.32	2 373	134.84	3 270	185.77	较低
24	黑龙江	45.48	6 000	131.93	6 019	132.35	6 234	137.07	
25	内蒙古	118.30	9 500	80.30	10 226	86.44	12 339	104.30	
26	四 川	48.14	3 500	72.70	3 976	82.59	4 623	96.03	
27	云 南	38.33	2 600	67.83	2 916	76.07	3 652	95.26	
28	甘 肃	45.44	2 500	55.02	3 403	74.90	4 102	90.28	非常低
29	新 疆	166.00	4 700	28.31	5 463	32.91	5 869	35.36	
30	青 海	72.23	1 900	26.30	2 125	29.41	2 349	32.52	
31	西 藏	122.80	500	4.07	786	6.40	786	6.40	极低

注：港澳台地区未纳入统计。
资料来源：EPS Data 数据库。

2016 年，按行政区域的面积计算出铁路密度，并把密度等级分为六个等级：非常高、较高、一般、较低、非常低和极低（具体见表 4.11）。天津、北京、上海三个直辖市的铁路密度最高，其中，天津市的铁路密度为 938.85 公里/万平方公里，北京市的铁路密度为 752.56 公里/万平方公里，上海市的铁路密度为 738.25 公里/万平方公里。非直辖市的省级行政区域中，辽宁的铁路网络密度最高，为 381.01 公里/平方公里。西藏、青海、新疆的铁路密度则最低，西藏的密度为 6.4 公里/万平方公里，青海的密度为 32.52 公里/万平方公里，新疆密度为 35.36 公里/万平方公里。

按省域人口计算，内蒙古、青海、西藏的铁路密度最高，分别为 489.63 公里/百万人、396.16 公里/百万人、237.55 公里/百万人；上海、江苏、广东的铁路密度最低，分别为 19.22 公里/百万人、34.60 公里/百万人、37.80 公里/百万人（见表 4.12）。

表 4.12　中国各省域铁路密度(按人口计算)

	2012			2014			2016		
	人口 (万人)	里程 (公里)	密度 (公里/ 百万)	人口 (万人)	里程 (公里)	密度 (公里/ 百万)	人口 (万人)	里程 (公里)	密度 (公里/ 百万)
北　京	2 069	1 300	62.83	2 152	1 285	59.70	2 173	1 264	58.18
天　津	1 413	900	63.69	1 517	971	64.00	1 562	1 061	67.92
河　北	7 288	5 600	76.84	7 384	6 253	84.68	7 470	6 956	93.12
山　西	3 611	3 800	105.23	3 648	4 980	136.50	3 682	5 293	143.76
内蒙古	2 490	9 500	381.53	2 505	10 226	408.22	2 520	12 339	489.63
辽　宁	4 389	5 000	113.92	4 391	5 130	116.82	4 378	5 559	126.97
吉　林	2 750	4 400	160.00	2 752	4 520	164.26	2 733	5 053	184.88
黑龙江	3 834	6 000	156.49	3 833	6 019	157.04	3 799	6 234	164.09
上　海	2 380	500	21.01	2 426	465	19.17	2 420	465	19.22
江　苏	7 920	2 400	30.30	7 960	2 678	33.64	7 999	2 767	34.60
浙　江	5 477	1 800	32.86	5 508	2 347	42.61	5 590	2 577	46.10
安　徽	5 988	3 300	55.11	6 083	3 548	58.33	6 196	4 243	68.47
福　建	3 748	2 300	61.37	3 806	2 759	72.49	3 874	3 201	82.63
江　西	4 504	2 800	62.17	4 542	3 702	81.51	4 592	4 011	87.34
山　东	9 685	4 300	44.40	9 789	5 029	51.37	9 947	5 452	54.81
河　南	9 406	4 900	52.09	9 436	5 200	55.11	9 532	5 571	58.44
湖　北	5 779	3 800	65.76	5 816	4 059	69.80	5 885	4 138	70.32
湖　南	6 639	3 800	57.24	6 737	4 550	67.54	6 822	4 720	69.18
广　东	10 594	2 800	26.43	10 724	4 027	37.55	10 999	4 158	37.80
广　西	4 682	3 200	68.35	4 754	4 742	99.74	4 838	5 192	107.32
海　南	887	700	78.92	903	694	76.83	917	1 033	112.69
重　庆	2 945	1 500	50.93	2 991	1 781	59.55	3 048	2 102	68.97
四　川	8 076	3 500	43.34	8 140	3 976	48.85	8 262	4 623	55.95

	2012			2014			2016		
	人口 （万人）	里程 （公里）	密度 （公里/ 百万）	人口 （万人）	里程 （公里）	密度 （公里/ 百万）	人口 （万人）	里程 （公里）	密度 （公里/ 百万）
贵 州	3 484	2 100	60.28	3 508	2 373	67.65	3 555	3 270	91.97
云 南	4 659	2 600	55.81	4 714	2 916	61.86	4 771	3 652	76.54
西 藏	308	500	162.34	318	786	247.28	331	786	237.55
陕 西	3 753	4 100	109.25	3 775	4 524	119.84	3 813	4 633	121.49
甘 肃	2 578	2 500	96.97	2 591	3 403	131.36	2 610	4 102	157.17
青 海	573	1 900	331.59	583	2 125	364.43	593	2 349	396.16
宁 夏	647	1 300	200.93	662	1 289	194.78	675	1 320	195.57
新 疆	2 233	4 700	210.48	2 298	5 463	237.72	2 398	5 869	244.75

注：港澳台地区未纳入统计。

资料来源：EPS Data 数据库。

4. 中国与世界主要大国铁路对比

美国铁路一直保持全球最长，2015 年以约 22.8 万公里里程明显高于其他国家。中国铁路里程增速明显比其他国家快，在 20 世纪 90 年代与 21 世纪初分别超过印度、俄罗斯。2015 年底，中国铁路里程约为 12.1 万公里居世界第二，俄罗斯铁路里程在 2015 年底约为 8.5 万公里，居世界第三（见表 4.13）。

表 4.13　中国与世界主要大国铁路里程对比

单位：公里

国 家	1980 年	1990 年	2000 年	2010 年	2011 年	2012 年	2013 年	2014 年	2015 年
中 国	53 300	57 800	68 700	91 200	93 200	97 600	103 100	111 800	121 000
美 国	265 842	193 158	159 822	228 513	228 218	228 218	228 218	228 218	228 218
俄罗斯	82 600	85 969	86 075	85 292	85 167	84 249	85 266	85 266	85 262
印 度	61 240	62 367	62 759	63 974	64 460	64 460	65 436	65 808	66 030

续表

国　家	1980 年	1990 年	2000 年	2010 年	2011 年	2012 年	2013 年	2014 年	2015 年
德　国	—	—	36 652	33 708	33 576	33 509	33 449	33 426	33 332
法　国	34 362	34 070	32 515	33 608	34 621	30 013	30 013	30 013	30 013
巴　西	5 054	4 916	29 314	29 817	29 817	29 817	29 817	29 817	29 817
南　非	23 596	21 617	22 657	22 051	20 500	20 500	20 500	20 500	20 500
波　兰	27 185	26 228	22 560	19 702	19 725	19 617	18 959	18 942	18 510
意大利	16 138	16 086	16 499	18 011	17 045	17 060	16 752	16 723	16 724
日　本	22 236	20 254	20 165	20 035	20 140	20 140	19 436	16 703	16 704
英　国	17 645	16 588	15 991	16 173	16 408	16 423	15 857	16 530	16 132

资料来源：中国数据来源于国家统计局，其他国家数据来源于世界银行公开资料。

客运周转量方面，中国与印度位居世界前列，2015 年分别以 11 905 亿人公里、11 472 亿人公里居世界第一位、第二位。俄罗斯以 2 065 亿人公里居世界第三位。美国虽然铁路总里程为世界之首，但客运周转量并不大，如表 4.14 所示。

表 4.14　世界主要国家铁路客运周转量

单位：亿人公里

国　家	1980 年	1990 年	2000 年	2010 年	2011 年	2012 年	2013 年	2014 年	2015 年
中　国	1 380	2 635	4 415	7 912	9 612	9 812	10 596	11 556	11 905
印　度	2 086	2 956	4 307	9 035	9 785	9 785	10 465	11 404	11 472
俄罗斯	2 273	2 740	1 671	1 390	1 398	1 446	1 385	2 234	2 065
法　国	547	621	638	869	881	856	848	839	847
德　国	—	—	744	786	792	802	799	793	793
英　国	317	332	382	550	627	643	595	623	609
西班牙	135	155	198	223	227	224	234	246	257
美　国	—	—	—	95	95	95	110	107	105

资料来源：中国数据来源于国家统计局，其他国家数据来源于世界银行公开资料。

　　货运周转量方面,美国、中国与俄罗斯保持世界前三位。中国自2012年后逐渐下降,2015年居世界第三位。美国2015年也比2014年有所下降,以25 473亿吨公里居世界之首。从表4.15中可以看出,乌克兰、哈萨克斯坦等国家货运周转量自1980年开始明显萎缩。

表4.15　世界主要国家铁路货运周转量

单位:亿吨公里

国　家	1980年	1990年	2000年	2010年	2011年	2012年	2013年	2014年	2015年
美　国	13 932	15 307	21 421	24 687	25 246	25 246	25 414	27 027	25 473
俄罗斯	23 160	25 230	13 732	20 113	21 272	22 224	21 727	22 986	23 048
中　国	5 707	10 601	13 336	24 512	29 466	29 187	29 174	25 103	21 598
印　度	1 585	2 358	3 052	6 005	6 257	6 257	6 496	6 658	6 817
乌克兰	4 696	4 740	1 728	2 181	2 439	2 377	2 244	2 112	1 951
哈萨克斯坦	—	4 070	1 250	2 132	2 236	2 358	2 312	2 165	1 898
德　国	—	—	806	1 058	1 120	1 059	752	748	729

　　资料来源:中国数据来源于国家统计局,其他国家数据来源于世界银行公开资料。

4.5.2　公路交通运输发展现状

　　公路是交通运输业的主要基础设施,在国民经济运行中起着重要作用。随着国民经济发展和各地经济商业交往的深入,中国公路交通基础设施不断改善。目前,我国的公路里程位居世界第一。

1. 总体发展现状

　　如表4.16所示,改革开放后,我国的公路得到了快速发展,公路总里程从1980年的88.83万公里增长到2016年469.63万公里,年均增长率为4.75%。其中,国道营运里程达35.48万公里,省道营运里程达到31.33万公里。同时,无论是按面积还是按人口,公路密度都得到了提高。截至2016年末,按土地面积来计算,我国公路密度为 48.92 公里/百平方公里;如果按人口来计算的话,我国公路密度为 33.96 公里/万人。

在公路建设投资方面,2008 年后,为了应对国际金融危机的冲击而实施的积极财政政策,从 2008 年的 68.81 百亿元增加到 2016 年的 179.76 百亿元,年均增长率为 8.7%。《2016 年交通运输行业发展统计公报》显示:"2016 年完成公路建设投资 17 975.81 亿元,比上年增长 8.9%。高速公路建设完成投资 8 235.32 亿元,增长 3.6%;普通国省道建设完成投资 6 081.28 亿元,增长 14.0%;农村公路建设完成投资 3 659.20 亿元,增长 13.4%,新改建农村公路 29.90 万公里。"

如表 4.16 所示,等级公路从 2008 年的 277.85 万公里增长到 2016 年的 422.65 万公里,占公路里程的比重从 2008 年的 74.49% 提高到 2016 年的 90%;其中,一级公路营业里程为 9.92 万公里,二级等级公路里程 37.11 万公里。

表 4.16　1980—2016 年我国公路交通发展情况

	1980 年	2008 年	2009 年	2010 年	2011 年	2012 年	2013 年	2014 年	2015 年	2016 年
建设投资(百亿元)	0.051 9	68.81	96.69	114.82	125.96	127.14	136.92	154.61	165.13	179.76
总里程(万公里)	88.83	373.02	386.08	400.82	410.64	423.75	435.62	446.39	457.73	469.63
国道(万公里)	24.99	15.53	15.85	16.40	16.94	17.34	17.68	17.92	18.53	35.48
省道(万公里)	—	26.32	26.60	26.98	30.40	31.21	31.79	32.28	32.97	31.33
等级公路(万公里)	52.11	277.85	305.63	330.47	345.36	360.96	375.56	390.08	404.63	422.65
高速公路(万公里)	—	6.03	6.51	7.41	8.49	9.62	10.44	11.19	12.35	13.10
等外公路(万公里)	36.71	95.16	80.46	70.35	65.28	62.79	60.07	56.31	53.10	46.97
密度(公里/百平方公里)	9.25	38.86	40.20	41.80	42.80	44.14	45.38	46.50	47.68	48.92
密度(公里/万人)	9.0	28.53	29.20	30.00	30.60	31.45	32.17	32.81	33.46	33.96
公路客运量(亿人)	22.28	268.21	277.91	305.27	328.62	355.70	185.35	173.63	161.91	154.28
公路客运量占比(%)	65.2	93.50	93.40	93.40	93.20	93.50	87.30	85.40	83.30	81.17
旅客周转量(亿人公里)	729.5	12 476	13 511	15 021	16 760	18 468	11 251	10 997	10 743	10 229

	1980 年	2008 年	2009 年	2010 年	2011 年	2012 年	2013 年	2014 年	2015 年	2016 年
旅客周转量占比(%)	31.98	53.78	54.40	53.85	54.09	55.32	40.81	38.40	35.70	32.72
公路货运量(亿吨)	14.22	191.68	212.78	244.81	282.01	318.85	307.67	311.33	315.00	334.13
公路货运量占比(%)	69.9	74.10	75.30	75.50	76.30	77.80	75.10	74.70	75.40	76.17
货物周转量(亿吨公里)	342.9	32 868	37 189	43 390	51 375	59 535	55 738	56 847	57 956	61 080
货物周转量占比(%)	6.4	29.80	30.40	30.60	32.20	34.30	33.20	31.30	32.50	32.73

资料来源:《中国统计年鉴(2017)》。

高速公路是交通运输现代化的重要标志,自 1988 年上海市内至嘉定高速公路开通后,我国高速公路从无到有,采用放射线与纵横网格相结合的布局方案,由 7 条首都放射线、9 条南北纵线和 18 条东西横线组成,简称为"7918"网,我国高速公路实现了高速发展。我国高速公路里程从 1988 年的 0.01 万公里增长到 2016 年的 13.1 万公里,占公路里程的 2.79%,年均增长率为 29.2%,远高于公路里程的年均增长率。我国高速公路通车里程已超过美国,位居世界第一。高速公路的快速发展,优化了交通运输结构。可见,我国公路里程在数量增长的同时,公路运行质量和技术等级也不断得到提高。交通运输部公布的数据显示,我国高速公路已覆盖约 98% 的城镇人口 20 万以上的城市。

如表 4.16 所示,随着我国公路里程的快速发展和经济高速发展,公路交通运输业也得到了高速发展。其中,公路客运量从 1980 年的 22.28 亿人增长到 2016 年的 154.28 亿人,年均增长率为 5.52%,占总客运量的比重为 81.17%,仍然是客运特别是短途客运的最重要方式。旅客周转量从 1980 年的 729.5 亿人/公里增长到 2016 年的 10 229 亿人/公里,年均增长率为 7.76%,占总旅客周转量的 32.72%。公路货运量从 1980 年的 14.22 亿吨增长到 2016 年的 334.13 亿吨,年均增长率为 9.17%,占总货运量的比重在 76.17%。公路货物周转量从 1980 年的 342.9 亿吨/公里增长到 2016 年 61 080 亿吨/公里,年均增长率 15.48%,占总货物周转量的比重为 32.73%。

2. 区域发展与比较

各省级行政区域的公路交通运输指标如表 4.17 所示。在总里程方面,四川的总里程为 31.56 万公里,排名第一,河南、山东、湖北、湖南、云南、广东等省份的公路里程也超过了 20 万公里。各省市的高速公路也得到了快速发展,如表 4.17 所示。目前,所有的省级行政区域都覆盖有高速公路,其中高速公路通车里程超过5 000 公里的有 14 个省区。

从公路密度(面积)来看,各省市的发展非常不均衡,如表 4.17 所示。采用四分位来划分的话,超过 1.3 公里/平方公里的省市主要有上海、山东、重庆、江苏、河南、天津、湖北、安徽、北京 9 个省市;在 0.9—1.3 公里/平方公里范围的省份有广东、浙江、湖南、贵州、河北、江西、山西 7 个;在 0.5—0.9 公里/平方公里范围内的省份有福建、陕西、辽宁、海南、四川、云南、吉林、宁夏、广西 9 个省份;在 0.5 公里/平方公里以下的省份有黑龙江、甘肃、内蒙古、新疆、青海、西藏 6 个省份。区域之间的公路密度差异较大,在非直辖市中,最高的山东公路密度是最低密度的西藏的 28.5 倍。

表 4.17　中国分省份公路 2016 年发展情况

	里程(万公里)	等级公路里程(万公里)	客运量(亿人)	旅客周转量(亿人公里)	货运量(亿吨)	货物周转量(亿吨公里)	公里/平方公里	公里/万人	按面积的密度排名
上　海	1.32	1.32	0.38	125.46	4.06	289.56	2.09	5.46	1
山　东	26.34	26.24	4.70	471.37	22.79	5 876.99	1.71	26.75	2
重　庆	14.06	11.29	5.76	376.45	8.69	851.23	1.71	46.59	3
江　苏	15.88	15.15	11.98	825.45	11.34	2 072.96	1.55	19.91	4
河　南	25.06	20.05	11.25	743.91	17.24	4 542.67	1.50	26.43	5
天　津	1.66	1.66	1.42	81.70	3.06	345.20	1.46	10.70	6
湖　北	25.30	24.09	8.80	489.29	11.58	2 380.62	1.36	43.23	7
安　徽	18.69	18.29	7.81	574.88	23.06	4 721.87	1.34	30.43	8
北　京	2.19	2.19	4.99	130.12	1.90	156.36	1.30	10.08	9
广　东	21.60	20.15	9.81	1 034.94	25.60	3 108.81	1.20	19.91	10

续表

	里程（万公里）	等级公路里程（万公里）	客运量（亿人）	旅客周转量（亿人公里）	货运量（亿吨）	货物周转量（亿吨公里）	公里/平方公里	公里/万人	按面积的密度排名
浙 江	11.80	11.56	9.23	544.76	12.25	1 513.92	1.16	21.31	11
湖 南	23.69	21.35	11.93	635.64	17.22	2 553.52	1.12	34.92	12
贵 州	18.64	12.06	8.06	422.79	7.73	782.47	1.06	52.81	13
河 北	18.46	17.86	4.36	268.44	17.56	6 821.48	0.98	24.86	14
江 西	15.66	12.99	5.37	284.74	11.54	3 022.72	0.94	34.31	15
山 西	14.10	13.78	2.21	164.53	9.12	1 374.76	0.90	38.47	16
福 建	10.46	8.75	4.04	267.29	7.98	1 020.25	0.86	27.24	17
陕 西	17.01	15.38	6.14	293.23	10.77	1 826.80	0.83	44.84	18
辽 宁	12.04	10.65	6.03	313.09	17.21	2 850.68	0.82	27.47	19
海 南	2.69	2.63	1.04	79.29	1.13	78.66	0.79	29.49	20
四 川	31.56	26.61	12.40	671.63	13.86	1 480.58	0.66	38.47	21
云 南	23.60	19.71	4.37	330.21	10.20	1 077.89	0.62	49.77	22
吉 林	9.73	9.01	2.90	177.82	3.87	1 051.22	0.52	35.35	23
宁 夏	3.32	3.30	0.84	68.04	3.70	571.85	0.50	49.77	24
广 西	11.80	10.50	4.15	410.83	11.92	2 122.60	0.50	24.60	25
黑龙江	16.32	13.63	3.26	229.56	4.42	929.27	0.36	42.82	26
甘 肃	14.01	12.04	3.72	248.75	5.23	912.14	0.31	53.88	27
内蒙古	17.54	16.38	1.10	160.34	11.95	2 239.96	0.15	69.84	28
新 疆	17.83	13.70	3.32	249.27	6.45	1 060.46	0.11	75.54	29
青 海	7.56	6.46	0.46	44.65	1.32	222.13	0.10	128.47	30
西 藏	7.83	5.84	0.09	24.20	0.21	96.10	0.06	241.84	31

注：表中的密度排名按面积来计算。
资料来源：中国统计局。

从高速公路通车里程来看,2016年,超过 6 000 公里的省份主要有广东、河北、河南、湖北和四川,但少于 2 000 公里的省份(不含直辖市)有青海、宁夏、海南和西藏。整体而言,中东部地区的高速公路发展较快,而西部地区的高速公路发展较慢(见表 4.18)。

表 4.18　2016 年中国省市(区)高速公路通车里程一览表

单位:公里

	里程	排名		里程	排名		里程	排名
广 东	7 018	1	福 建	5 001	12	吉 林	2 629	23
河 北	6 333	2	新 疆	5 000	13	重 庆	2 525	24
河 南	6 305	3	内蒙古	5 000	14	青 海	1 781	25
湖 北	6 204	4	江 苏	4 600	15	宁 夏	1 527	26
四 川	6 016	5	黑龙江	4 347	16	天 津	1 350	27
湖 南	5 649	6	广 西	4 289	17	北 京	982	28
山 东	5 348	7	安 徽	4 246	18	上 海	825	29
贵 州	5 128	8	辽 宁	4 198	19	海 南	803	30
陕 西	5 093	9	云 南	4 005	20	西 藏	299	31
江 西	5 088	10	浙 江	3 932	21			
山 西	5 028	11	甘 肃	3 600	22			

注:不含港澳台地区。
资料来源:中国高速公路网。

3. 中国公路与世界其他主要国家的比较

世界各国的公路总长度约 2 000 万公里,主要分布于主要大国。2016 年,巴西的公路里程为 157.1 万公里,俄罗斯的公路里程为 105.4 万公里,印度的公路里程为 28.1 万公里,美国公路里程为 663.6 万公里。法国的公路里程为 109.0 万公里,日本的公路里程为 121.4 万公里。我国公路里程为 469.6 万公里,仅次于美国位居世界第二位(见表 4.19)。

表 4.19　世界部分大国公路里程数

单位:公里

国家	2000年	2007年	2008年	2009年	2010年	2011年	2012年	2013年	2014年	2015年	2016年
巴西	157.3	157.4	161.1	155.7	155.8	156.1	156.1	156.1	156.3	157.1	157.1
俄罗斯	53.2	62.4	62.9	64.7	66.5	72.8	92.5	98.5	102.4	104.6	105.4
印度	18.5	21.9	22.1	22.9	23.1	23.5	24.1	24.8	26.2	26.5	28.1
中国	168	358.4	373	386.1	400.8	410.6	423.8	435.6	446.4	457.7	469.6
美国	633.5	648.9	651.9	654.9	655.2	656.1	658.6	662.3	672.2	668.6	666.3
法国	97.9	101.6	101.7	103.0	103.8	103.9	105.4	106.0	107.0	107.5	109.0
日本	116.6	120.1	120.4	120.8		121.0			120.88		121.4

资料来源:(1)金砖国家的数据来源于《金砖国家统计年鉴(2017)》;(2)美国数据来源于美国统计局;(3)法国数据来源于欧盟统计局;(4)日本数据来源于日本统计局数据中心。

在高速公路建设方面,截至 2016 年,全球大概有 80 多个经济体拥有高速公路,通车总里程 26 万公里左右,超过 2 000 公里的国家及排名如表 4.20 所示。其中美国、中国、英国、德国、法国、意大利、日本、加拿大等国的高速公路里程约占世界高速公路里程的 80%以上。中国的高速公路里程从 2014 年开始位居世界第一位。

表 4.20　高速公路里程超过 2 000 公里的国家

单位:公里

排名	国家	里程	排名	国家	里程
1	中国	131 000	9	墨西哥	6 450
2	美国	106 000	10	沙特阿拉伯	4 230
3	加拿大	19 800	11	英国	4 016
4	德国	13 607	12	葡萄牙	2 713
5	法国	11 670	13	智利	2 514
6	西班牙	9 854	14	荷兰	2 435
7	意大利	7 051	15	韩国	2 200
8	日本	6 821	16	土耳其	2 110

资料来源:中国交通运输部官方网站。

虽然我国公路里程和高速公路里程位居世界第一位,但由于我国的人口总量较大,因此人均公路里程仍然与发达国家存在较大的差距。如图 4.1 所示,2016年时,我国四大经济板块的人均公路里程都远低于美国,可见我国公路仍具有一定的发展空间。

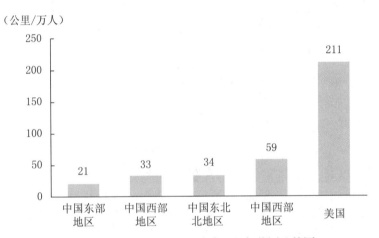

图 4.1　中国四大区域人均公路里程与美国比较图

因此,我国公路网络已经虽然基本形成,但还存在着人均量不足和结构矛盾等突出问题。

4.5.3　水路交通运输发展现状

改革开放之后,我国公路和铁路等实现了高速发展,但水路交通运输则相对滞后,特别是内河航道的建设因受到其运输特性影响几乎处于停滞状态,但沿海港口受益于我国国际贸易的高速发展,发展较快。2007 年实施了《全国内河航道与港口布局规划》,政府加大了对水路交通建设的投资力度,重新重视水路运输的优势和港口建设。

1. 总体发展情况

表 4.21 显示了 1980—2016 年我国水运发展的相关数据的变化趋势。水运固定资产投资方面,从 2007 年的 1 932.81 亿元增长到 2016 年的 7 956.79 亿元,表

明我国水运固定资产投资整体上呈快速增长态势,平均年增长率为17.01%,基本上处于稳定增长的状态,但在2011年增长幅度出现了下降。

表4.21 中国水路交通运输发展情况

年份	水运固定资产投资（亿元）	内河航道里程（万公里）	客运量（万人）	旅客周转量（亿人/公里）	货运量（万吨）	货物周转量（亿吨公里）	远洋货运量（万吨）	远洋货物周转量（亿吨公里）
1980		10.85	26 439	129.12	46 833	5 076.5	4 292	3 532
1990		10.92	27 225	164.91	80 094	11 591.9	9 408	8 141
2000		11.93	19 386	100.54	122 391	23 734.2	22 949	17 073
2007	1 932.81	12.35	22 835	77.78	281 199	64 284.9	58 903	48 686
2008	3 113.07	12.28	20 334	59.18	294 510	50 262.7	42 352	32 851
2009	3 848.97	12.37	22 314	69.38	318 996	57 556.7	51 733	39 524
2010	4 268.07	12.42	22 392	72.27	378 949	68 427.5	58 054	45 999
2011	4 186.7	12.46	24 556	74.53	425 968	75 423.8	63 542	49 355
2012	5 459.72	12.5	25 752	77.48	458 705	81 707.6	65 815	53 412
2013	6 963.7	12.59	23 535	68.33	559 785	79 435.6	71 156	48 705
2014	6 698.13	12.63	26 292.9	74.34	598 283	92 774.6	74 733	55 935
2015	7 405.49	12.7	27 072	73.08	613 567	91 772.5	74 685	54 236
2016	7 956.79	12.71	27 234.4	72.33	638 238	97 338.8	79 769	58 075

资料来源:国家统计局。

在内河航道里程方面,从1980年的10.85万公里增长到2016年的12.71万公里,在37年间仅增加了1.86万公里。这主要是受到两个因素影响:(1)内河航道开发利用相对容易,因此在1980年时已基本开发利用完毕;(2)内河航道的运输效率相比公路和铁路要低,且受到路线固定和气候变化的影响,因此,对其的开发利用相对不足。但高等级航道比重不断增加,航道等级结构得到优化。2016年年底,我国等级航道共6.64万公里,占内河航道总里程的52.31%,相比2015年提高了0.1个百分点;三级及以上的航道总里程为1.21万公里,占内河航道总里程的 9.52%,相比 2015 年提升了 0.4 个百分点。我国内河航道主要有长江水系、珠江水系、黄河水系、黑龙江水系、京杭大运河水系和淮河水系,其通航总里程分别为 64 883 公里、16 450 公里、3 533 公里、8 211 公里、1 438 公里和 17 507 公里。

在水运客运量方面,从 1980 年的 26 439 万人增加到 27 234.4 万人,基本没有显著的变化,占总客运量的 1.43%。从水运旅客周转量来看,从 1980 年的 129.12 亿人/公里降低至 2016 年的 72.33 亿人/公里,可见内河航道运输主要是发生在短途旅行中。这两个数据充分说明内河航道运输并非是我国主要的交通运输方式。在货运量方面,从 1980 年的 46 833 万吨增长到 2016 年的 638 238 万吨,年均增长率为 7.5%。水运货物周转量方面,从 1980 年的 5 076.5 亿吨/公里增长到 2016 年的 97 338.8 亿吨/公里,年均增长率为 8.55%。

随着我国对外贸易活动的日益活跃,国际贸易量不断上升,沿海港口的投资力度和建设质量不断提高,专业程度不断提升。2016 年年末,全国港口拥有生产用码头泊位 30 388 个,比上年减少 871 个。其中,沿海港口生产用码头泊位 5 887 个,减少 12 个;内河港口生产用码头泊位 24 501 个,减少 859 个。港口码头泊位的大型化水平不断提高,万吨级以上的港口得到了快速发展,如表 4.22 所示,2016 年年末,全国港口拥有万吨级及以上泊位 2 317 个,其中沿海港口万吨级及以上泊位 1 894 个,内河港口万吨级及以上泊位 423 个。同时,港口码头泊位的专业化程度均在不断提高,在万吨级及以上泊位中,专业化泊位 1 223 个。

表 4.22　2016 年中国港口万吨级及以上泊位数量

单位:个

泊位等级	全国港口	比上年末增加	沿海港口	比上年末增加	内河港口	比上年末增加
1—3 万吨(不含 3 万吨)	814	21	637	18	177	3
3—5 万吨(不含 5 万吨)	384	15	279	13	105	2
5—10 万吨(不含 10 万吨)	757	29	628	28	129	1
10 万吨及以上	362	31	350	28	12	3
合　计	2 317	96	1 894	87	423	9

资料来源:国家交通运输部《2016 年交通运输行业发展统计公报》。

随着我国港口建设和国际贸易的发展,远洋运输量和港口吞吐量发展快速。从表4.21中可见,远洋运输货运量从1980年的4 292万吨增长到2016年的79 769万吨,年均增长率为8.46%。远洋货物周转量从1980年的3 532亿吨公里增长到2016年的58 074.62亿吨公里,年增长率为8.09%。如图4.2所示,全国港口完成货物吞吐量从2011年的100.41亿吨增加到2016年的132.01亿吨,年均增长率为5.62%;其中,沿海港口货物吞吐量从2011年的63.60亿吨增加到2016年的84.55亿吨,年均增长率为5.86%;内河港口货物吞吐量从2011年36.81的亿吨增加到2016年的47.46亿吨,年均增长率为5.21%。如图4.3所示,全国港口完成集装箱吞吐量从2011年的16 367万TEU增加到2016年的22 005万TEU,年均增长率为6.10%;其中,沿海港口完成集装箱吞吐量从2011年的14 632万TEU增加到2016年的19 590万TEU,年均增长率为6.01%;内河港口完成集装箱吞吐量从2011年的1 736万TEU增加到2016年的2 415万TEU,年均增长率为6.83%。

图4.2 2011—2016年全国港口货物吞吐量

资料来源:国家交通运输部《2016年交通运输行业发展统计公报》。

综上,我国水路交通运输的发展现状可归结为以下特点。内河航道通航里程呈现出平稳的增长态势;高等级航道比重不断增加,内河航道建设成效显著,航道等级结构进一步优化;沿海港口码头泊位的大型化水平和专业化程度不断提升,港口货物吞吐量呈现高速增长的态势;水运建设投资稳步增加,基础设施规模继续扩大,港口吞吐能力不断提高,大型泊位数量逐步增加。

图 4.3　2011—2016 年全国港口集装箱吞吐量

资料来源:国家交通运输部《2016 年交通运输行业发展统计公报》。

4.5.4　航空交通运输发展现状

我国居民收入水平不断提高,对高端交通运输服务的需求不断提高,因此,促进了民航客运和货运量的不断提高,推动了我国航空运输的发展。特别是"十一五"后,民航建设的投资力度显著提高。

1. 总体发展情况

表 4.23 显示了我国 2007—2016 年民航交通运输业的发展情况。民航固定资产投资建设方面,从 2007 年的 856.31 亿元增长到 2016 年的 4 114.37 亿元,年均增长率为 19.05%,呈快速增长态势。并可发现,除了 2014 年出现一定幅度的下降之外,其他年份均为较高的增速,特别是 2008 年和 2016 年的增长率分别达到了 57.02% 和 29.24%。

表 4.23　2007—2016 年我国民航交通运输业发展情况

	2007 年	2008 年	2009 年	2010 年	2011 年	2012 年	2013 年	2014 年	2015 年	2016 年
航空固定资产投资（亿元）	856.31	1 344.54	1 363.91	1 796.84	2 222.07	2 504.33	3 412.9	2 933.25	3 183.57	4 114.37
机场数量（个）	148	158	166	175	180	183	193	202	210	218
航线条数（条）	1 506	1 532	1 592	1 880	2 290	2 457	2 876	3 142	3 326	3 794
国内航线（条）	1 216	1 235	1 329	1 578	1 847	2 076	2 449	2 652	2 666	3 055
国际航线（条）	290	297	263	302	443	381	427	490	660	739
重复距离（万公里）	328.95	337.34	333.06	398.09	512.77	494.88	634.22	703.11	786.57	919.30
不重复距离（万公里）	234.30	246.18	234.51	276.51	349.06	328.01	410.60	463.72	531.72	634.80
运输总周转量（亿吨公里）	365.30	376.77	427.07	538.45	577.44	610.32	671.72	748.12	851.65	962.51
旅客周转量（亿人公里）	2 791.73	2 882.80	3 375.24	4 039.00	4 536.96	5 025.74	5 656.76	6 334.19	7 282.55	8 378.13
货邮周转量（亿吨公里）	116.39	119.60	126.23	178.90	173.91	163.89	170.29	187.77	208.07	222.45
旅客运输量（万人）	18 576.00	19 251.00	23 052.00	26 769.00	29 317.00	31 936.00	35 397.00	39 194.00	43 618.00	48 796.00
货邮运输量（万吨）	401.85	407.64	445.53	563.04	557.48	545.03	561.25	594.10	629.29	668.00
通用飞行时间（万小时）	10.96	11.07	12.38	39.11	50.27	51.70	59.09	67.49	77.93	76.47

资料来源：国家交通运输部《2016 年交通运输行业发展统计公报》。

随着民航建设投资规模不断扩大,我国民航基础设施规模继续扩大,颁证运输机场总量快速增长。机场数量从 2007 年的 148 个增加到 2016 年的 218 个,年均增长 7 个,平均每个省市为 7 个。其中,2016 年的机场区域分布为东北地区有 23 个机场,东部地区有 53 个,西部地区有 110 个,中部地区有 32 个。

此外,航线不断拓展,航线里程快速增长。从 2007 年的 1 506 条航线增长到 2016 年的 3 794 条,年均增加约 250 条航线;其中,国内航线条数从 1 216 条增加到了 3 055 条,国际航线从 290 条增加到 3 739 条。截至 2016 年底,定期航班国内通航城市 214 个(不含香港、澳门、台湾地区),国际定期航班通航 56 个国家的 145 个城市。按重复距离计算的航线里程从 2007 年的 328.95 万公里增加到 2016 年的 919.3 万公里,按不重复距离计算的航线里程从 2007 年的 234.3 万公里增加到 2016 年的 634.8 万公里。

在航空运输方面,旅客运输量从 2007 年的 18 576 万人增加到 2016 年的 48 796 万人,年均增长率为 11.33%;其中,2016 年国际航线的旅客运输量为 5 162 万人次,比 2015 年增长 22.7%。旅客周转量从 2007 年的 2 791.73 亿人公里增加到 2016 年的 8 378.13 亿人公里,年均增长率为 12.99%;特别是国际航线完成旅客周转量发展快速,2016 年国际航线旅客周转量为 2 160.38 亿人公里,比 2015 年增长 25.8%。货邮运输量从 2007 年的 401.85 万吨增加到 2016 年的 668.00 万吨,年均增长率为 5.81%。货邮周转量从 2007 年的 116.39 亿吨公里增加到 2016 年的 222.45 亿吨公里,年均增长率为 7.46%。运输总周转量从 2007 年的 365.30 亿吨公里增加到 2016 年的 962.51 亿吨公里,年均增长率为 11.37%,处于快速增长阶段。通用飞行时间从 2007 年的 10.96 万小时增加到 2016 年的 76.47 万小时,年均增长率为 20.09%。2016 年,在世界经济和贸易增速处于 7 年来最低水平,国内经济下行压力加大的情况下,民航主要运输指标继续保持平稳较快增长。

2. 区域发展情况

截至 2016 年底,我国共有颁证运输机场 218 个,比上年底增加 8 个。其中,东部地区的机场数量为 53 个,占比 24.3%;东北地区的机场数量为 23 个,占比为 10.6%;中部地区的机场数量为 32 个,占比为 14.7%;西部地区的机场数量为 55 个,占比为 50.50%(见表 4.24)。

表 4.24　2016 年中国四大区域板块交通运输的比较

地　　区	旅客吞吐量 (亿人次)	比重 (%)	货邮吞吐量 (万吨)	比重 (%)	机场数量 (个)	比重 (%)
全　　国	10.16	100	1 510.40	100	218	100
东北地区	0.62	6.10	53.10	3.50	23	10.60
西北地区	3.01	29.60	230.49	15.30	110	50.50
中部地区	1.02	10	95.45	6.3	32	14.70
东部地区	5.51	54.20	1 131.37	74.90	53	24.30

资料来源:《2016 年民航行业发展统计公报》。

国家交通运输部发布的《2016 年交通运输行业发展统计公报》显示:"2016年,全国民航运输机场完成旅客吞吐量 10.16 亿人次,比上年增长 11.1%。2016年东部地区完成旅客吞吐量 5.51 亿人次,占比为 54.2%;东北地区完成旅客吞吐量 0.62 亿人次,占比为 6.1%;中部地区完成旅客吞吐量 1.02 亿人次,占比为10%;西部地区完成旅客吞吐量 3.01 亿人次,占比为 29.6%。其中北京、上海和广州三大城市机场旅客吞吐量占全部境内机场旅客吞吐量的 26.2%。"

货邮吞吐量主要发生在东部地区。国家交通运输部发布的《2016 年交通运输行业发展统计公报》显示:"2016 年全国民航运输机场完成的货邮吞吐量为 1 510.40万吨,比 2015 年增长 7.2%。其中:2016 年东部地区的货邮吞吐量为 1 131.37 万吨,比重为 74.9%;东北地区的货邮吞吐量为 53.10 万吨,占比为 3.5%;中部地区的货邮吞吐量为 95.45 万吨,占比 6.3%;西部地区完成的货邮吞吐量为 230.49 万吨,占比为 15.3%。其中北京、上海和广州三大城市机场货邮吞吐量占全部境内机场货邮吞吐量的 49.6%。"

从全国四大经济板块里面的机场数量变化情况中可以发现,随着我国对西部地区建设投入力度的加大,我国机场设施建设也逐步向西部地区倾斜,西部地区的航空运输条件逐渐改善,在 2016 年增加的山西临汾机场、湖北十堰机场、福建三明机场、海南琼海机场、青海果洛机场、内蒙古乌兰察布机场、内蒙古扎兰屯机场、海南三沙机场、云南沧源机场这 8 个机场中，有 5 个机场属于西部地区。

4.6 本章主要结论

本章对我国区域经济增长和交通运输的时空变迁和发展现状进行了分析。主要得到了以下结论：

（1）本研究依据国家的区域发展战略把 1978—2016 年间我国区域经济的空间格局变迁分为三个阶段："以经济效益为重心的发展阶段（1978—1991 年），注重效率、兼顾公平的发展阶段（1992—1999 年）和区域经济协调发展阶段（2000 年至今）。"第一阶段的发展战略取得了较为显著的结果，使期末人均 GDP 较高的省份基本已集中在东部地区，而人均 GDP 较低的省份主要集中在中西部地区。第二阶段，虽然采用"效率兼顾公平"的区域发展战略，但由于市场经济的极化效应，中西部地区的区域经济增长日益失衡，人均 GDP 之间的差距相比上一阶段并没有缩小，反而扩大。第三阶段的发展战略取得了一定的成效，中西部部分省份获得了较高速的发展，并跨入了高收入层次，但东北地区没能阻止衰落的局面。

（2）当前，我国的区域经济现状体现为东部地区总量较大，中西部地区经济增长速率较高，而东北地区则处于停滞状态，经济总量占全国 GDP 总量的比重处于下降趋势且经济增长率较低。区域之间和省份之间的人均 GDP 差异较大，而且呈现出明显的集聚状态，人均 GDP 高的省份集中在东部地区，人均 GDP 低的省份集中在西部地区。区域经济增长格局呈现出了"西快东慢"的分化态势，经济增长率同样表现出了较高的空间集聚特征。

（3）从交通网络密度（按面积）来分析我国的铁路和公路基础设施的时空演变。无论是铁路密度还是公路密度，2016 年的密度相比 1978 年的密度得到了较大的提高。从区域分布来看，铁路密度一直以来都是东部地区较高而西部地区较低，并且呈现了非常明显的集聚状态，密度高的地区为环渤海地区及其周边的省份,而铁路密度较低的省份则为广袤的西部地区,铁路密度与当时的经济发展水平基本呈正相关。而公路密度的时空分布则存在较显著的变化,1978 年时,中西部地区的密度与东部相比较,并没有显著差异,但到 2016 年,东部地区相比中西部地区的密度更高。公路密度呈现出显著的集聚性,公路密度较高的省份集聚在东部地区,特别是在长三角地区,而公路密度较低的省份集聚在西部地区。

(4) 当前,我国的现代综合交通运输规划体系基本形成。主要体现在:铁路营业里程和路网结构不断优化,铁路网络质量不断提高,但区域间仍存在较大差距,在人均里程等指标上与发达国家仍有差距。我国公路网络虽然已经基本形成,但区域间差距较大,且存在着人均量不足和结构矛盾等突出问题。我国水路基础设施规模继续扩大,内河航道通航里程呈现出平稳的增长态势;沿海港口码头泊位的大型化水平和专业化程度在不断提升,港口货物吞吐量呈现高速增长的态势。民航机场数量和航线里程快速增加,各项运输指标增长快速,但与民航强国相比,我国民航运输整体水平仍存在较大的差距。

总体上看,当前我国交通运输供需紧张的状况基本得到缓解,瓶颈制约基本消除,基本适应经济社会发展需要。但与发达国家水平相比,我国交通运输仍然存在不足,主要体现在路网布局尚不完善,区域之间发展不均衡,特别中西部地区发展不足,路网覆盖仍需进一步扩大。

第5章

交通运输与经济增长的动态关系研究

5.1 本章引言

改革开放后,特别是 20 世纪 90 年代以后实施财政分权政策和积极的财政政策,我国对交通基础设施进行了大量投资,如 2008 年为应对金融危机而推出的 4 万亿经济刺激计划中,将近一半的经费投向了铁路、公路等交通基础设施,交通运输得到了高速发展。铁路营业里程从 1980 年的 5.33 万公里增加到 2016 年的 12.4 万公里,公路里程从 1980 年的 88.83 万公里增加到 2016 年的 469.63 万公里。旅客周转量从 1980 年的 2 281.3 亿人/公里增长到 2016 年的 31 258.46 亿人/公里,货物周转量从 1980 年的 11 629 亿吨/公里增长到 2016 年的 186 629.48 亿吨/公里。人均名义 GDP 从 1980 年的 468 元提高到 2016 年的 53 935 元。那么,交通基础设施、客货周转量与经济增长间的关系究竟如何?

理论上,经济增长及交通基础设施的改善可促进交通运输需求,从而提高客货周转量;交通基础设施建设会促进经济增长,客货周转量的提高意味着区域市场一体化逐步实现,推动资源在区域间有效配置,也对经济增长起到了作用;经济增长导致对交通运输需求的增加,或者外生冲击导致客货周转量提高,也会推动交通基础设施建设。但交通运输与国民经济发展之间具有复杂的关系,而现实情况未必与理论一致,在不同的情形下,它们之间的关系可能有不同的表现。如 Deng 等(2014)发现运输基础设施存量与长期增长率之间存在非单调的关系,交通运输规模的经济增长效应显著地取决于现有运输网络的水平。因此,现有的研究主要从实证的角度来探讨三者间的现实关系,特别是对交通运输与经济增长之间的关系进行了大量实证研究。

早期文献主要基于时间序列的向量自回归模型(含 VECM)检验铁路与经济增长之间的动态关系。[1]Rafael 等(1998)利用 VAR 发现基础设施对西班牙的产出、就业、私人资本和公共资本的冲击是永久性的。Khadaroo(2008)采用 VECM 研究了 1950—2000 年毛里求斯交通资本与经济增长之间的关联性,指出交通基础设施对毛里求斯经济增长有重大贡献。Pradhan 和 Bagchi(2013)利用 VECM 考察了铁路基础设施对印度 1970—2010 年间经济增长的影响,发现铁路基础设施与经济增长间存在单向因果关系,铁路基础设施的扩张将导致印度经济的大幅增长。Cheteni(2013)采用 VECM 考察了 1975—2011 年交通基础设施对南非经济增长的影响,表明南非经济增长受到国内交通运输固定投资的影响。Mohmand 等(2016)分析了巴基斯坦的交通基础设施与经济增长间的关系,指出交通基础设施投资本身不足以促进巴基斯坦欠发达地区的经济活动。刘建强和何景华(2002)采用 1949—1999 年的数据研究了国内客货运量与 GDP 之间的关系,认为货运量与 GDP 之间存在协整关系,并且在 5% 的置信水平下,货运量是 GDP 的格兰杰原因,而 GDP 不是货运量的格兰杰原因。然而,王任飞和王进杰(2007)采用 VAR 检验交通基础设施指标与总产出、经济结构变动等经济变量间的关系,指出在交通基础设施与经济增长的互动关系中,交通基础设施促进经济增长居于主导地位。同样,林航飞和罗宇龙(2008)研究了 1990—2005 年上海市的数据,认为公路货运量不是 GDP 的格兰杰原因,而 GDP 却是公路货运量的格兰杰原因。李芬和冯凤玲(2014)的研究表明,经济增长对交通运输业的引致需求作用不如交通运输业对经济增长推动作用明显,但是经济增长与交通运输业的建设规模、合理布局、运输能力具有长期均衡关系;经济增长速度受到冲击后会在中期对交通运输业产生正向影响,短期影响并不显著。

Holtz-Eakin(1988)提出适合处理内生关系的面板数据向量自回归模型(panel

---

[1] VAR 与 VECM 两种方法没有本质上的区别,主要在于变量间是否协整,如协整则直接采用 VAR,不协整通过差分变量构建出 VECM 模型,此时 VECM 模型也是 VAR 模型。

data VAR model，PVAR)，该模型继承了 VAR 模型的大部分优点,如能保持短期
调整和长期均衡,可以通过正交化脉冲响应函数分离出变量冲击给其他变量所带
来的反应程度,同时还可以引入个体效应和视点效应刻画出个体差异性和不同截
面受到的冲击反应。随后,PVAR 在货币政策和投资行为(Assenmacher-Wesche
& Gerlach，2008；Love & Zicchino，2006)、开发援助(Gillanders，2011；Gravier-
Rymaszewska，2012)或安全经济学(Drakos & Konstantinou，2013)等领域得到了
快速应用。在交通基础设施领域,Canning 和 Pedroni(2004)基于跨国面板数据并
采用面板模型研究了交通基础设施与经济增长之间的相互关系。Kamps(2005)
估计了 22 个 OECD 国家的公共基础设施的动态效应,结果表明,OECD 国家的公
共资本对产出具有正效应,但几乎没有证据表明正就业效应。Levinson(2008)采
用 1871—2001 年间伦敦 33 个行政区的面板数据进行了格兰杰因果分析,研究发
现人口密度和交通网络密度之间存在正反馈效应,但这种效应具有区域异质性。
Dash(2012)采用面板协整模型研究了 1980—2005 年间四个南亚国家(即印度、巴
基斯坦、孟加拉和斯里兰卡)基础设施的产出弹性,表明产出和基础设施之间存在
长期均衡关系,基础设施建设对南亚的产出增长贡献很大,并且总产出与基础设
施发展之间存在相互反馈。Melo 等(2012)采用 PVAR 检验了美国城市的交通道
路投资、旅游需求与经济增长间的动态关系。Pradhan 等(2013)利用面板 VAR 检
验了 34 个国家 1964—2012 年间交通运输基础设施与经济增长之间的因果关系,
表明交通基础设施与经济增长间存在长期协整关系,并具有双向格兰杰因果关
系。Ahlfeldt 等(2015)采用面板 VAR 分析了 1890—1914 年德国柏林的经济增
长、交通运输服务需求和供给之间的相互依赖关系,结果表明经济增长和运输基
础设施的供应相互决定。李煜伟和倪鹏飞(2013)使用 1990—2008 年中国部分城
市数据和 VAR 模型进行实证研究发现,交通运输网络的改善加速了要素集聚。
Deng(2014)利用 1987—2010 年中国省级面板数据,实证研究结果表明,运输基础
设施存量与长期增长率之间存在非单调的关系,交通运输规模的经济增长效应显
著地取决于现有运输网络的水平,当公路网密度低于 0.17 公里/平方公里时,公路
基础设施存量与经济增长之间没有显著的正相关关系,但当公路密度高于 0.17 公

里/平方公里时,公路密度增长对经济增长有显著的积极影响。

从当前的研究成果来看,学术界主要围绕交通基础设施建设与经济增长间的关系展开了诸多的研究。普遍认为两者的关系主要有三种:第一种认识强调交通基础设施对经济发展具有促进作用;第二种认识强调经济发展对交通基础设施的推动作用,交通运输要满足经济发展的需求;第三种认识综合了以上两种看法,认为交通基础设施与经济发展之间互为因果关系。以上三种研究从不同角度反映了交通运输与经济发展之间的因果关系。另外,大部分的研究中,经济增长率对基础设施冲击的长期响应是正向的,但 Kamps(2005)指出很多研究并没有提供任何围绕脉冲响应估计值的置信区间(measure of uncertainty),使得无法判断其统计意义。并且,这些模型大多遭受短时序列问题,往往很快耗尽自由度,而识别冲击所需的假设往往不令人信服(Égert,et al.,2009)。

鉴于未有系统实证研究三者之间的互动影响,本研究采用两种方法来实证三者间的动态关系。研究首先采用全国层面的时间序列数据,采用 VECM 来展开研究,利用 1980—2016 年我国实际人均 GDP、交通网络里程与换算周转量时间序列数据来分析三者间的动态关系。在 VECM 估计结果的基础上,通过脉冲响应来分析各变量对随机冲击的响应情况,通过方差分解来分析各变量的结构冲击对某个变量总变化的相对贡献度。随后,本研究采用我国 30 个省市 1980—2016 年的交通网络密度增长率、换算周转量增长率和实际人均 GDP 增长率构建了一个 PVAR 模型,在估计结果的基础上,进行了脉冲响应分析、方差分解和格兰杰因果关系检验。

5.2 全国层面时间序列数据的实证——基于 VECM

5.2.1 数据、变量与模型

1. 数据来源与变量

本研究采用 1980—2016 年中国时间序列数据进行分析,初始变量的数据来源于国家统计局网站。初始变量包括历年的名义人均 GDP、国民生产总值指数（上一年＝100）、货物周转量、铁路营业里程、公路营业里程、内河通航里程、铁路旅客周转量、公路旅客周转量、水运旅客周转量等。我们利用初始变量计算出历年的实际人均 GDP、换算周转量和交通网络里程。

本研究采用实际人均 GDP 来衡量经济增长。以 1979 年为基期，通过国民生产总值指数对名义人均 GDP 做平减处理，得到实际人均 GDP，用 rcp 表示实际人均 GDP。

采用交通网络里程来反映交通基础设施存量。本研究视铁路、公路及内河通航在运输上作用一致[1]，因此赋予相同的权重。因此，每年的交通网络里程就是把每年的铁路营业里程、公路营业里程、内河通航里程进行加总，即：交通网络里程＝铁路营业里程＋公路营业里程＋内河通航里程，用 mil 来表示交通网络里程。

周转量分为旅客周转量和货物周转量，两者的单位不一致，旅客周转量的单位是亿人公里，货物周转量的单位为亿吨公里。如果两个都作为 VAR 模型的内生变量，将导致自由度损失过大。为此，本研究采用换算周转量（converted turnover）的概念来进行综合，换算周转量是指将旅客周转量按一定比例换算为货物周转量，然后与货物周转量相加成为一个包括客货运输的周转量综合指标。具体计算方法是将旅客周转量区分不同运输工具按相应的换算比例，换算成货物周转量的计量单位进行加总而求得。采用的换算比例如下：公路运输的换算比例为 1 吨公里＝10 人公里；内河水运的换算比例为 1 吨公里＝3 人公里；铁路运输的换算比例为 1 吨/公里＝1 人公里。[2]因此，本研究通过下列公式得到历年的换算周转量：换算周转量＝货物周转量＋$\left(\dfrac{铁路旅客周转量}{1}\right)$＋$\left(\dfrac{公路旅客周转量}{10}\right)$＋$\left(\dfrac{水运旅客周转量}{3}\right)$，用 ct 来表示。

本研究对 ct、mil、rcp 进行对数化处理，$\ln ct$、$\ln mil$、$\ln rcp$ 的时间序列图如图 5.1 所示。可以看到，$\ln ct$、$\ln mil$、$\ln rcp$ 虽然不具有平稳的特性，但具有相同趋势，直观判断可能存在协整关系。

---

① 　考虑定期航班航线里程包含国内外里程，且运输量较小，本研究没有将航线里程包含在内。

② 　参考山西统计局的统计指标解释，http://www.stats-sx.gov.cn/tjsj/tjnj/nj2015/html/zb15.htm。

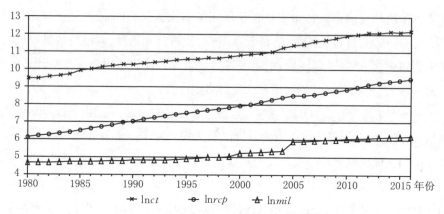

$$图\ 5.1 \quad 各变量的对数值的时间序列图$$

2. 单位根检验

本研究主要采用 ADF、PPERRON 和 DF-GLS 三种检验方法来进行单位根检验,如表 5.1 所示。3 种方法均显示 $\ln ct$、$\ln mil$、$\ln rcp$ 三个序列为非平稳序列,但它们的一阶差分序列均为平稳序列,即 $\ln ct_t \sim I(1)$,$\ln mil_t \sim I(1)$,$\ln rcp_t \sim I(1)$,因此三者间可能存在协整关系,具备构建协整模型的前提条件。

$$表\ 5.1 \quad 单位根检验结果$$

变量	ADF	结论	PPERRON	结论	DF-GLS	DF-GLS5% 水平临界值	结论
$\ln ct$	-0.223 $(0.935\,7)$	不平稳	-0.276 $(0.928\,9)$	不平稳	-1.674	-3.360	不平稳
$\ln mil$	0.381 $(0.980\,8)$	不平稳	0.423 $(0.982\,3)$	不平稳	-1.233	-3.360	不平稳
$\ln rcp$	0.332 $(0.978\,8)$	不平稳	0.219 $(0.973\,3)$	不平稳	-3.122	-3.279	不平稳
$\Delta\ln ct$	-4.275 $(0.000\,5)$	平稳	-4.348 $(0.000\,4)$	平稳	-3.414	-3.373	平稳
$\Delta\ln mil$	-5.780 $(0.000\,0)$	平稳	-5.779 $(0.000\,0)$	平稳	-3.689	-3.373	平稳
$\Delta\ln rcp$	-3.120 $(0.025\,1)$	平稳	-3.103 $(0.026\,3)$	平稳	-4.126	-3.373	平稳

注:(1)检验统一采用含截距的方式;(2)括号中的数字为统计量的 P 值;(3)DF-GLS 的检验为滞后 1 阶的统计值。

3. 向量误差修正模型(VECM)

本研究采用以 VAR 模型为基础的协整检验方法来分析变量间的短期和长期关系。内生变量为 $\ln ct$、$\ln mil$、$\ln rcp$,构建的滞后 p 阶 VAR 模型如下:

$$y_t = A_1 y_{t-1} + A_2 y_{t-2} + \cdots + A_p y_{t-p} + \varepsilon_t,\ t = 1, 2, \cdots, T \qquad (5.1)$$

其中,$y_t = (\ln ct_t,\ \ln rcp_t,\ \ln mil_t)'$ 为(3×1)维随机时间序列向量,y_{t-p} 为内生变量 y_t 的滞后 p 阶的向量,A_1,$\cdots$,A_p 均为(3×3)维待估参数向量;ε_t 为(3×1)维经典随机扰动项向量,在 VAR 模型中一般称为新息(innovation)。将式(5.1)进行协整变换,得:

$$\Delta y_t = \Pi y_{t-1} + \sum_{i=1}^{p-1} \Gamma_i \Delta y_{t-i} + \varepsilon_t \qquad (5.2)$$

式(5.2)中,$\Pi = \sum_{i=1}^{p} A_i - I$,$\Gamma_i = -\sum_{j=i+1}^{p} A_j$ 均为系数矩阵,I 是(3×3)维单位矩阵。如果 y_t 存在协整关系,则式(5.2)的 $\Pi y_{t-1} \sim I(0)$。式(5.2)可表示为:

$$\Delta y_t = \alpha \beta' y_{t-1} + \sum_{i=1}^{p-1} \Gamma_i \Delta y_{t-i} + \varepsilon_t \qquad (5.3)$$

其中,α 为 VECM 中的调整参数向量,矩阵 β' 中的每一行为协整向量。$\beta' y_{t-1} = ecm_{t-1}$ 为误差修正项,反映的是变量之间的长期均衡关系。式(5.3)可表示为:

$$\Delta y_t = \alpha ecm_{t-1} + \sum_{i=1}^{p-1} \Gamma_i \Delta y_{t-i} + \varepsilon_t \qquad (5.4)$$

式(5.4)即为 VECM,每一方程均为一个误差修正模型(ECM)。VECM 中的调整参数向量,反映了变量之间的均衡关系在偏离长期均衡状态时,将其调整到均衡状态的调整速度。所有作为解释变量的差分项 $\Delta y_{t-i}(i = 1, 2, \cdots, p-1)$ 的系数向量 $\Gamma_i(i = 1, 2, \cdots, p-1)$,反映的是各变量的短期波动 Δy_{t-i} 对作为被解释变量 y_t 的短期变化 Δy_t 的影响。

5.2.2　实证结果与分析

1. VAR 模型滞后阶数检验

首先需要确定 VAR 模型中的最优滞后阶数 p,如果 p 值过大,导致自由度减小,会影响到 VAR 模型参数估计的有效性;但如果 p 值过小,会导致随机扰动项自相关,进而导致参数的非一致性。为了确定出最优滞后阶数,本研究采用 FPE、AIC、HQIC、SBIC 来选择最优滞后阶数,其准则是最小值即优先模型,检验结果如表 5.2 所示。FPE、SBIC 检验结果显示最优滞后阶数为 2 阶,但 AIC 和 HQIC 选择 3 阶。因此,2阶和 3 阶都可作为最优滞后阶数,本研究结合下面的协整检验来确定最优滞后阶数。

表 5.2 VAR 模型最优滞后阶数检验结果

滞后阶数	FPE	AIC	HQIC	SBIC
0	0.000 2	−0.089	−0.044	0.048
1	1.30E-08	−9.633	−9.450	−9.089
2	6.2E-09*	−10.295	−9.837	−9.450*
3	7.20E-09	−10.402*	−10.082*	−8.934
4	7.40E-09	−10.342	−9.747	−8.576

2. 协整检验

鉴于 $\ln ct$、$\ln mil$、$\ln rcp$ 为非平稳序列,因此需要进行协整检验,在变量协整的基础上建立 VAR 模型。本研究采用 Johansen 协整检验法对序列进行协整检验,通过特征根迹检验法(Trace 检验)和最大特征值检验法(Max-Eigen 检验)来进行检验;并根据 VAR 最优滞后阶数可能是 2 阶或 3 阶,选择起止滞后阶数时为(1, 1)和(1, 2)两种形式来进行检验,检验结果见表 5.3。

表 5.3 Johansen 协整检验结果

起止滞后阶数	原假设	Trace 统计量	临界值 (5%)	结论	Max-Eigen 统计量	临界值 (5%)	结论
	协整关系个数为 0	34.855	29.797	拒绝	17.928	21.132	接受
(1, 1)	至少有 1 个协整关系	16.927	15.495	拒绝	16.892	14.265	拒绝
	至少有 2 个协整关系	0.035 2	3.841	接受	0.035 2	3.841	拒绝
	协整关系个数为 0	38.810	29.797	拒绝	27.043	21.132	拒绝
(1, 2)	至少有 1 个协整关系	11.767	15.495	接受	11.593	14.265	接受
	至少有 2 个协整关系	0.174	3.841 5	接受	0.174	3.841	接受

检验结果显示:选择起止滞后阶数为(1,1)时,在 5% 的显著水平下,特征根迹检验法表明序列之间至少存在 2 个协整关系,但最大特征值检验法显示序列之间不存在协整关系;选择起止滞后阶数为(1,2)时,在 5% 的显著水平下,两种检验方法表明序列间存在着 1 个协整关系。因此,综合最优 VAR 滞后阶数检验结果和 Johansen 协整检验的结果,本研究选择 VAR 最优滞后阶数为 3 阶。在滞后 3 阶的 VAR 模型中,存在 1 个协整关系,表明交通网络里程、换算周转量与经济增长之间存在长期均衡关系。Johansen 协整检验中,得到基于 Johansen 标准化约束下的协整方程为:

$$\hat{\ln} ct_t = 4.117 + 0.521\,3\ln rcp_t + 0.511\,9\ln mil_t + \hat{\varepsilon}_t \tag{5.5}$$

$$P\ \text{值}: \qquad\qquad (0.045\,2) \qquad\quad (0.097\,1)$$

从长期均衡方程可以看到,换算周转量显著受到了实际人均 GDP 和交通网络里程的影响。实际人均 GDP 每提高 1%,换算周转量平均提高 0.521%;交通网络密度每提高 1%,换算周转量平均提高 0.512%。

3. VECM 估计结果及分析

尽管换算周转量与实际人均 GDP、交通网络里程间存在着协整关系,然而实际经济生活中存在着各种扰动,导致变量短期内会偏离其长期均衡路径。根据格兰杰定理,当变量间存在协整关系,必存在误差修正机制。因此,本研究模型估计出 VEC 模型来分析短期波动时各变量间的关系。滞后 2 阶 VECM 的估计结果如表 5.4 所示。表中,ecm 代表修正误差项,且 $ecm_t = \ln ct_t - 0.521\,3\ln rcp_t - 0.511\,9\ln mil_t - 4.117$。根据 VECM 的估计结果,选择在 10% 显著性水平下的显著项,分析变量间的短期关系。

换算周转量短期变化(增长率)受到下列因素的显著影响:(1)受到滞后 1 期自身增长率的正向影响,表明换算周转量变化具有一定的滞后作用。(2)受到滞后 1 期人均 GDP 增长率波动的正向影响,表明随着收入提高,对交通运输的需求会增加,但对交通服务的消费具有滞后效应。(3)受到滞后 1—2 期的交通网络里程增长率的正向影响,表明当交通网络里程得到扩张时,会产生较大的劳动要素转移和商品转移的需求,导致换算周转量增长率提高,意味着我国交通运输需求总体上仍然受到交通基础设施存量的制约。(4)当换算周转量偏离了长期均衡状态时,系统将以 0.426 的调整速度反向调整到均衡状态。

表 5.4　VECM 估计结果

解释变量	$\Delta\ln ct$	$\Delta\ln rcp$	$\Delta\ln mil$
$ecm(-1)$	$-0.426\,481^{*}$ $(0.062\,80)$	$-0.004\,778^{**}$ $(0.043\,47)$	$-0.065\,432^{*}$ $(0.082\,79)$
$\Delta\ln ct(-1)$	$0.339\,412^{*}$ $(0.053\,74)$	$0.100\,491^{*}$ $(0.065\,02)$	$-0.792\,580$ $(0.273\,37)$
$\Delta\ln ct(-2)$	$0.435\,416$ $(0.195\,92)$	$0.009\,621^{*}$ $(0.082\,85)$	$0.607\,770^{*}$ $(0.088\,36)$
$\Delta\ln rcp(-1)$	$0.213\,397^{**}$ $(0.048\,14)$	$0.658\,871^{*}$ $(0.089\,51)$	$0.486\,333$ $(0.796\,83)$
$\Delta\ln rcp(-2)$	$0.712\,099$ $(0.456\,86)$	$-0.325\,43$ $(0.193\,20)$	$0.666\,697$ $(0.812\,34)$
$\Delta\ln mil(-1)$	$0.333\,287^{*}$ $(0.098\,37)$	$-0.098\,699^{*}$ $(0.094\,29)$	$-0.004\,885$ $(0.228\,25)$
$\Delta\ln mil(-2)$	$0.094\,241^{**}$ $(0.043\,91)$	$-0.031\,336^{**}$ $(0.043\,94)$	$0.060\,645$ $(0.184\,76)$
截距	$-0.011\,543^{**}$ $(0.040\,83)$	$0.061\,473^{***}$ $(0.017\,27)$	$-0.095\,608^{*}$ $(0.072\,60)$

注:(1)括号中的值为 T 统计量的 P 值;(2) *** 、** 、* 分别表示在 1%、5% 和 10% 的水平下显著。

实际人均 GDP 短期变化(增长率)受到下列因素的显著影响:(1)受到滞后 1—2 期换算周转量增长率的影响较大,表明交通运输增长对经济增长的作用明显,交通运输发展降低了贸易成本,提高了要素和产品的流动性,促进了资源的优化配置,进而对经济增长起到长期影响。(2)受到自身滞后 1 期增长率的正向影响,表明人均 GDP 增长具有一定的惯性,前期促进经济增长的因素在后期依然起到作用,如人力资本的提高。(3)受到滞后 1—2 期的交通网络里程增长率的负向影响,两者负相关很有可能是因为我国交通基础设施大规模投资往往是经济处于衰退之时,但经济增长具有惯性,导致交通网络里程增速增大时,人均 GDP 增速却是降低的。(4)当人均 GDP 偏离了长期均衡状态时,系统将以 0.047 的速度将人均 GDP 波动反向调整到长期均衡状态。

交通网络里程短期波动(增长率)受到滞后 2 期换算周转量增长率的正向影响,当滞后 2 期周转量发生较大波动时,可能导致交通基础设施供给不足,因此,会加大交通基础设施投资,而交通网络营业里程的增加需要一定的建设时间。没有受到人均 GDP 增长率和自身增长率的显著影响,在一定程度上说明我国的交通基础设施建设体现为外生,并非是由经济发展水平和基础设施存量来推动的,而主要由中央的建设规划和地方政府的"晋升锦标赛"来推动。当交通网络里程偏离了长期均衡状态时,系统会以 0.006 的速度反向调整回长期均衡状态。

4. 脉冲响应分析

VAR 模型只有在自身稳定后才能进行脉冲响应分析、方差分解,否则将影响响应冲击函数的标准差。判断 VAR 模型是否稳定,主要依据是 VAR 模型的特征方程的根是否在单位圆内,即特征根的模是否小于 1。通过表 5.5 可以发现,该 VAR(3)模型是稳定的。因此,可以开展脉冲响应分析和方差分解。

表 5.5　模型稳定检验

特征根个数	特征根	模
1	0.916 267	0.916 267
2	0.916 267	0.916 267
3	$0.751\ 249 - 0.307\ 352i$	0.811 690
4	$0.751\ 249 + 0.307\ 352i$	0.811 690
5	$0.449\ 933 - 0.589\ 254i$	0.741 391
6	$0.449\ 933 + 0.589\ 254i$	0.741 391
7	$-0.435\ 139$	0.435 139
8	$-0.182\ 160 - 0.326\ 733i$	0.374 082
9	$-0.182\ 160 + 0.326\ 733i$	0.374 082

分别给换算周转量、实际人均 GDP 和交通网络里程一个标准差大小的冲击,得到各变量未来 30 期的脉冲响应曲线图,得到冲击对每个内生变量未来取值的影响。结果如图 5.2 所示。

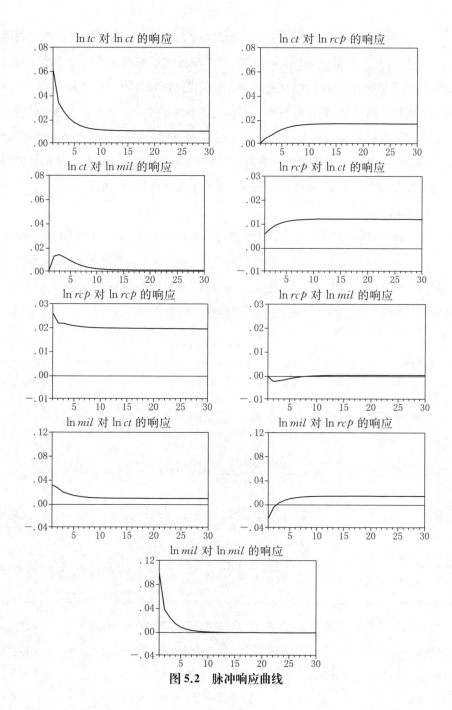

图5.2 脉冲响应曲线

来自换算周转量的一个标准差大小的随机冲击,对自身的冲击在第 1 期为最大,导致换算周转量增长率为 6%,但随着时间推移快速衰减,在第 15 期后,收敛于 0.99%,表明换算周转量对自身的冲击程度较小且不具有长期效应,如 2003 年"非典"导致换算周转量增长率降低到 5.1%,但经过 2005 年的反弹后恢复到均衡水平。对人均 GDP 有正向影响,第 1 期的冲击作用导致人均 GDP 增长率为 0.54%,随着时间推移递增,在第 15 期后收敛为 1.2%,说明换算周转量促进要素和商品流动,促致资源合理配置,将对经济增长具有长期效应。对交通网络里程的影响在第 1 期达到了最大,导致交通网络里程增长率为 2.9%,第 2 期后快速减弱,并在第 15 期收敛为 0.69%,说明当我国的交通运输需求超出现有的交通基础设施的承载力时,交通网络里程在第 1 期和第 2 期内的增长幅度将达到最大,这符合交通基础设施的建设规律,即一般需要几年建设期才能投入使用。

来自人均 GDP 的一个标准差大小的随机扰动,对换算周转量的冲击在第 1 期为 0,随后递增,第 15 期后,换算周转量增长率收敛于 1.62%,表明人均 GDP 对换算周转量的影响滞后 1 期且具有长期的正向作用,滞后原因是消费的滞后性引起的,本期收入的增加并不会立刻产生新的交通运输需求。对自身的冲击在第 1 期最大,导致人均 GDP 增长 2.59%,随后冲击作用递减,在第 15 期趋于收敛,为 1.96%,说明人均 GDP 的外生冲击(如突然增加的投资)具有长期经济增长效应。对交通网络里程的冲击在前 3 期为负值,但处于递增状态,第 4 期的影响转为正向,且在第 15 期导致交通网络里程增长率趋向于收敛,为 1.14%。本研究认为这是由于我国采用积极的财政政策,经济衰退时倾向于实行大规模基础设施建设,而经济过热时往往减少基础设施建设,导致两者呈负相关关系,因此正向冲击导致交通网络里程增长率在短期表现为负[①],但从长期而言,这将促进交通网络里程增长。

来自交通网络里程的一个标准差大小的随机冲击,对换算周转量的影响在第 1 期时为 0,然后先递增后递减,在第 3 期导致换算周转量增长率达到最大值

[①] 这看似与我国交通网络里程一直处于增长状态的情况不符合,其之所以呈现为负,是因为我们在假设其他条件不变的情况下(如换算周转量不变)来分析,仅仅来自人均 GDP 外生冲击的影响,而现实的情况是,交通网络增长不仅仅受到经济增长的影响,还受到其他因素的影响,所以现实为正。

1.33%,并在第 15 期趋向于 0.05%。这说明交通基础设施供给增加一定程度上促进了交通运输需求。虽然第 1 期时增加了交通网络,但其完整被使用则发生在第 2 期之后,所以在第 2—3 期对换算周转量的影响最大,而随着交通运输需求得到满足,冲击作用衰减。对人均 GDP 的影响先为负后为正,因此,在第 9 期开始产生了较小的正向影响,并在第 15 期时使人均 GDP 增长率趋向于 0.043%。上面已分析了两者间呈现负相关关系,同样可解释为什么正向的交通网络里程冲击导致人均 GDP 增长率在短期内为负,但正如 Kamps(2005)指出的"经济增长率对基础设施冲击的长期响应是正向的,但作用较小"。对其自身的冲击致使增长率第 1 期达到了最大值 9.77%,随后快速递减,在第 15 期后趋向收敛于 0.038%,表明对自身的冲击没有长期效应。

5. 方差分解

方差分解描述 VAR 模型中的每一个内生变量的冲击强度(方差)占某个变量总变化的比值。本研究通过蒙特卡洛模拟法模拟 2 000 次得到方差分解的结果,如图 5.3 所示。

关于换算周转量变化的相对贡献率有结果如下。第 1 期主要来源于自身的冲击强度,贡献率为 100%,随着时间推移而降低,在第 15 期,趋于稳定在29.38%。来自人均 GDP 的冲击强度的相对贡献率在第 1 期为 0,随着时间推移逐渐变大,在第 15 期后,稳定在 11.98%。来自交通网络里程冲击强度的相对贡献率在前 4 期相对较小,随着时间推移逐渐递增,第 15 期后,趋于稳定在 58.63%。这说明,换算周转量的长期变化可由其自身、人均 GDP 和交通网络里程来解释,但交通网络里程变化是最重要的影响因素。

关于人均 GDP 变化的相对贡献率,主要是自身的冲击对其产生影响,在第 1 期的贡献率最大,为 81.49%,在第 15 期后,相对贡献率趋于稳定在 77.18%。来自换算周转量的冲击强度对人均 GDP 变化的相对贡献率在第 1 期为 18.51%,先递减后递增,在第 15 期后,相对贡献度分别稳定在 18.32%。来自交通网络里程冲击强度的相对贡献率在第 1 期为 0,然后先递增后递减,在第 15 期后,稳定在 4.50%。这说明,人均 GDP 的变化主要来源于自身和换算周转量,交通网络里程的贡献较小。

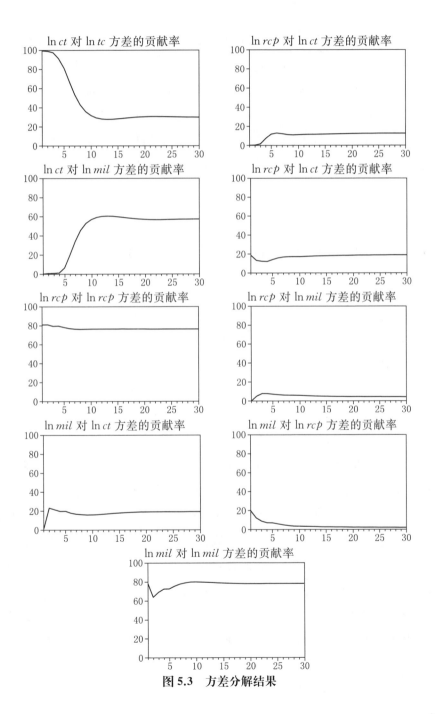

图 5.3　方差分解结果

关于交通网络里程变化的相对贡献率,来自换算周转量的冲击强度的相对贡献率在第 1 期为 1.66%,随着时间先递增后递减,在第 15 期后,稳定在 18.34%。来自人均 GDP 冲击强度的相对贡献率在第 1 期为最大,即 19.50%,随时间推移递减,在第 15 期后,稳定在 2.62%。来自自身冲击强度的相对贡献率在第 1 期为 78.82%,随着时间推移先递减后递增,在第 15 期后稳定在 79.03%。这说明,长期而言交通网络里程变化主要由换算周转量和自身来解释,但人均 GDP 的作用较小。

5.3 省级层面面板数据的实证——基于 PVAR

5.3.1 数据与变量

1. 数据来源与变量

本节采用 1980—2016 年中国省级面板数据进行分析,鉴于数据的统计口径,把重庆市归入四川省进行合并处理。本研究采用的原始变量主要有 1980—2016 年各省的人均 GDP(名义)、消费者价格指数(上一年＝100)、货物周转量总计、铁路营业里程、公里营业里程、内河通航里程、土地面积、铁路旅客周转量、公路旅客周转量、水运旅客周转量等。所有数据均来源于国家统计局。

本研究选取 1980—2016 年全国 30 个省市(自治区)[①]的实际人均生产总值作为衡量经济增长的指标。为了消除物价因素的影响,以 1979 年为基期,通过消费者价格指数计算得到平减指数,近似为 GDP 平减指数,对名义人均 GDP 平减处理,得到实际人均 GDP,用 rcp 表示实际人均 GDP。

衡量交通基础设施存量的指标之一为交通网络里程,并采用交通网络密度(按人口或土地面积来计算)来反映交通运输供给能力,该指标没有直接的数据可

---

① 因重庆市的数据不完整,研究把重庆市的数据合并到四川省进行研究。

以获取。本研究认为铁路、公路及内河通航在运输上作用一致，因此赋予相同的权重，因此，首先把各省份的铁路营业里程、公路营业里程、内河通航里程加总得到总运输里程。考虑到人均 GDP 包含了人口因素，因此，本研究采用按面积来计算交通网络密度，用 tnd(traffic network density)来表示，计算方法为网络密度＝$\dfrac{省份总里程}{省份面积}$，得出 1980—2016 年各省份的交通运输网络密度。

鉴于在春节期间现有的交通供给能力都可完成运输，旅客的需求均能得到满足，那么旅客周转量就反映出了客运需求量。事实上，许多研究也把货物周转量和旅客周转量作为交通运输的需求量(如 Marazzo, et al., 2010)。本书认为每年的旅客周转量和货物周转量可以反映出交通运输的需求，但两者的单位不一致，旅客周转量的单位是亿人公里，货物周转量的单位为亿吨公里。如果两个都作为面板 VAR 的变量，将导致自由度为了能加总而大量损失。因此，本研究采用换算周转量(converted turnover)的概念来综合，因此，研究通过下列公式进行计算：换算周转量＝货物周转量＋$\left(\dfrac{铁路旅客周转量}{1}\right)$＋$\left(\dfrac{公路旅客周转量}{10}\right)$＋$\left(\dfrac{水运旅客周转量}{3}\right)$。

借此来反映交通运输中的需求。相关变量的描述性统计如表 5.6 所示。

表 5.6　变量描述性统计

变量	样本容量	平均值	标准差	最小值	最大值
rcp	1 110	2 787.693	3 106.61	199.272 1	18 285.98
ct	1 110	2 044.834	3 154.519	3.74	22 710.38
tnd	1 110	0.474 469	0.435 582	0.013 313	2.539 683
$\ln rcp$	1 110	7.403 801	1.026 569	5.294 671	9.813 89
$\ln ct$	1 110	6.704 259	1.523 767	1.319 086	10.030 58
$\ln tnd$	1 110	−1.208 44	1.091 359	−4.319	0.932 039
$\Delta\ln rcp$	1 080	0.080 242 2	0.058 855 7	−0.267 978 7	0.344 092 8
$\Delta\ln ct$	1 080	0.083 058	0.293 525 6	−2.976 577	3.134 929
$\Delta\ln tnd$	1 080	0.040 877	0.100 787 7	−0.283 546 2	1.046 223

2. 面板单位根检验

一般而言,建立面板 VAR 要求平稳的时间序列,在进行 PVAR 模型估计时,需先进行面板单位根检验,判断样本是否为平稳面板,以此保证模型估计的精确性,并避免伪回归现象的存在,从而选择适宜的变量来构建模型。考虑到观测值过大,因此,不适宜直接分析水平值,所以,本研究以实际人均 GDP、换算周转量和综合交通网络密度的对数值作为变量进行分析。研究主要采用 LLC、HT、breitung、Fisher-ADF 和 IPS 五种检验方法。表 5.7 显示,通过相关单位根检验的结果可以发现,五种方法都显示实际人均 GDP、换算周转量、交通网络密度的对数值为非平稳序列,因此需要对各变量的一阶差分进行面板单位根检验。五种检验方法都显示出各变量的一阶差分均为平稳,说明三个变量均为一阶单整序列,而这个差分变量近似于增长率。

表 5.7　变量平稳性检验结果

经济增长方法	$\ln rcp$			$\Delta\ln rcp$		
	含截距	含截距和时间	结果	含截距	含截距和时间	结果
LLC	2.505 0 (0.993 9)	−0.748 1 (0.227 2)	不平稳	−6.415 8 (0.000 0)	−3.976 8 (0.000 0)	平稳
HT	5.784 5 (1.000 0)	5.664 5 (1.000 0)	不平稳	−33.655 7 (0.000 0)	−16.533 0 (0.000 0)	平稳
Breitung	23.161 6 (1.000 0)	5.653 9 (1.000 0)	不平稳	−11.445 3 (0.000 0)	−8.096 7 (0.000 0)	平稳
IPS	15.538 5 (1.000 0)	1.313 9 (0.905 6)	不平稳	−11.822 3 (0.000 0)	−12.119 6 (0.000 0)	平稳
Fisher-ADF	5.478 0 (1.000 0)	—	不平稳	200.699 9 (0.000 0)	—	平稳
换算周转量	$\ln ct$			$\Delta\ln ct$		
LLC	−2.444 6 (0.007 2)	1.410 2 (0.920 8)	不平稳	−6.343 2 (0.000 0)	−3.540 2 (0.000 2)	平稳
HT	2.291 0 (0.989 0)	−8.377 0 (0.000 0)	不平稳	−60.019 0 (0.000 0)	−34.947 7 (0.000 0)	平稳
breitung	14.294 1 (0.000 0)	0.353 6 (0.638 2)	不平稳	−7.132 6 (0.000 0)	−8.689 1 (0.000 0)	平稳

续表

换算周转量	ln ct			Δln ct		
IPS	5.477 9 (1.000 0)	−3.979 6 (0.000 0)		−17.606 9 (0.000 0)	−17.537 7 (0.000 0)	平稳
Fisher-ADF	19.914 3 (1.000 0)	—	不平稳	363.005 4 (0.000 0)	—	平稳
Hadri	123.145 6 (0.000 0)	86.788 3 (0.000 0)	不平稳			
网络密度	ln tnd			Δln tnd		
LLC	5.444 1 (1.000 0)	−2.220 7 (0.013 2)		−12.986 0 (0.000 0)	−10.753 3 (0.000 0)	平稳
HT	5.817 7 (1.000 0)	2.207 6 (0.986 4)	不平稳	−58.701 4 (0.000 0)	−33.926 2 (0.000 0)	平稳
breitung	10.936 9 (1.000 0)	0.707 3 (0.760 3)	不平稳	−20.547 1 (0.000 0)	−19.901 5 (0.000 0)	平稳
IPS	12.517 7 (1.000 0)	−2.253 3 (0.012 1)		−17.880 8 (0.000 0)	−18.413 4 (0.000 0)	平稳
Fisher-ADF	1.984 2 (1.000 0)	—	不平稳	359.360 0 (0.000 0)	—	平稳

注:(1)IPS 采用的是 use ADF unit-root tests;(2)LLC 报告的是 bias-adjusted t statistic;(3)Hadri 的原假设为平稳;(4)括号中的是 P 值。

　　本研究随机抽取了 12 个省市[①],绘制了其各自的人均 GDP 增长率、换算周转量增长率和网络密度增长率的时间序列图,如图 5.4 所示。从图 5.4 可以看到,三个变量的增长率是平稳的。且可以看到能被观察到一定的规律,如:(1)大部分省份的交通网络密度增长率在滞后 1 期有一个较大的增长率后,本期的换算周转量增长率有一个较大的提高。(2)交通网络密度增长率提高的时候,往往伴随着一个较高的人均 GDP 增长率。

---

① 这 12 个省市按顺序分别是安徽、北京、福建、甘肃、河北、湖南、江西、宁夏、青海、山东、山西、云南。

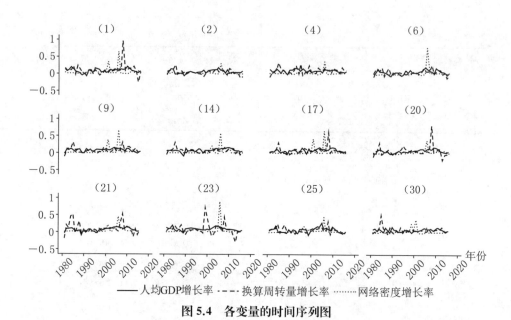

图5.4 各变量的时间序列图

采用人均GDP增长率、换算周转量增长率和网络密度增长率来建立面板向量自回归模型,主要是考虑到在C-D生产函数中嵌入交通网络,假设交通网络密度增长率依据人口增长率来增长,按照索洛模型的平衡增长路径,没有额外冲击时,人均GDP增长率将保持一个恒定的增长率(如稳态时的0)。但由于交通运输受到冲击,有可能导致交通网络密度增长率大于人口增长率,导致人均GDP增长率提高,从而实现经济增长。因此人均GDP增长率与交通网络密度增长率的关系存在较强的经济意义。构建VAR模型的前提条件是要求序列平稳,虽然在序列不平稳时,若能通过稳定性检验也可以采用VAR来进行脉冲分析和方差分解,但这往往导致脉冲响应并不收敛于0,并且无法进行格兰杰因果关系检验。由于我们关注的是三者之间的长期动态关系,而不关注短期内各变量对偏离均衡状态的反应,所以直接采用VAR模型相比VEC模型更加简洁。

5.3.2 模型与估计方法

本研究建立一个包含实际人均GDP增长率、换算周转量增长率和交通密度增长率三个内生变量的面板向量自回归模型（PVAR），来衡量各省市三者之间的动态关系。PVAR 方法首先将系统中的全部变量作为内生变量，并利用 GMM 方法估计它们之间的回归结果，然后采用脉冲效应函数和相关动态脉冲响应图分析一个内生变量的冲击对其余内生变量的影响，最后通过方差分解以讨论扰动因素对各变量影响的相对程度。本书构建 PVAR 模型实证分析交通运输需求变化、交通运输供给变化与区域经济增长之间的相互作用关系，本书的 PVAR(P) 模型设置如下：

$$Y_{it} = Y_{it-1}A_1 + Y_{it-2}A_2 + \cdots + Y_{it-p}A_p + \lambda_t + \theta_i + \varepsilon_{it} \tag{5.6}$$

其中，Y_{it} 为 (1×3) 维的内生变量向量，即由实际人均 GDP 增长率 $\Delta \ln rcp$、换算周转量增长率 $\Delta \ln ct$ 和交通网络密度增长率 $\Delta \ln tnd$ 构成的向量，Y_{it-p} 为内生变量 Y_{it} 的滞后 p 期的向量；A 是待估参数向量；λ_t、θ_i 和 ε_{it} 分别为 (1×3) 维的时间固定效应、个体固定效应和随机误差项。

上面的参数可以采用联合固定效应来估计，或者是通过某些变换来消除固定效应后，采用 OLS 来估计。然而，在方程的右边存在滞后因变量，即使是大 N 估计也会有偏差（Nickell，1981）。虽然偏差随 T 变大趋近于零，但 Judson 和 Owen (1999) 发现即使当 T 等于 30 时也存在显著的偏倚。Arellano 和 Bover(1995) 的研究表明，通过使用 Helmelt 转换可以克服这个问题。

因此，本研究采用"Helmert"过程展开前向正交差分（forward orthogonal deviation，FOD）。该过程能够消除每个个体向前的均值，求出变量及其对应方程的随机扰动项的均值，即 $\overline{Y}_{it}$ 和 $\overline{\varepsilon}_{it}$：

$$\overline{Y}_{it} = \frac{\sum_{s=t+1}^{T_i} Y_{is}}{T_i - t}, \ i = 1, \cdots, N; \ t = 1, \cdots, T$$

$$\overline{\varepsilon}_{it} = \frac{\sum_{s=t+1}^{T_i} \varepsilon_{it}}{T_i - t}, \ i = 1, \cdots, N; \ t = 1, \cdots, T$$

然后进行 Helmert 转换：

$$Y_{it}^* = \sqrt{\frac{T_i - t}{T_i - t + 1}}(Y_{it} - \bar{Y}_{it})$$

$$\varepsilon_{it}^* = \sqrt{\frac{T_i - t}{T_i - t + 1}}(\varepsilon_{it} - \bar{\varepsilon}_{it})$$

采用 Helmert 转换后,可以把(5.5)转换成以下的模型:

$$Y_{it}^* = \bar{Y}_{\varepsilon t}^* A + \varepsilon_{it}^* \tag{5.7}$$

由于在式(5.6)转换为式(5.7)后,滞后的初始变量变换后的变量正交这种正交关系为采用 GMM 估计面板 VAR 提供了矩条件,且可以用作固定效应估计中的工具变量。估计出 PVAR 后,利用 Cholesky 分解法分解出结构误差,以及生成脉冲响应函数(IRF)来分析随机冲击对内生变量的影响,通过方差分解来讨论扰动因素对各变量影响的相对程度,采用格兰杰因果关系检验判断相互间的因果关系。

5.3.3　实证结果与分析

本研究采用 Abrigo 和 Love(2016)开发的 PVAR 程序包在 STATA14 里进行估计和分析。

1. 最优滞后阶数选择

建立 PVAR 模型的一个关键问题是正确选取滞后期数 p,如果 p 值过大,导致自由度减小,影响到 PVAR 模型参数估计的有效性;但如果 p 值过小,会导致随机扰动项自相关,导致参数的非一致性。为了确定出最优滞后阶数选择,本研究报告了总体确定系数(CD)、Hansen(1982)开发的 J 统计量和相应 P 值,以及 Andrews 和 Lu(2001)开发的矩模型选择准则(MMSC),此准则包括:MMSC-贝叶斯信息准则(MBIC)、MMSC-赤池信息准则(MAIC)和 MMSC-HQIC 信息准则(MQIC)。一般认为,MMSC 是主要采用的准则。Andrews 和 Lu(2001)的 MMSC 基于汉森的 J 统计量,这要求矩条件的数目大于 VAR 模型中内生变量的数目,本研究满足了这一点。类似于基于最大似然的信息准则 AIC、BIC 和 HQIC，最小化 MAIC、MBIC 或 MQIC 的模型是优选模型。本研究利用 MAIC、MBIC 和 MQIC 三个准则判断该模型的最优滞后阶数，这些准则一般依据信息量取得最小的准则确定模型的阶数。从表 5.8 可以看出，MBIC 和 MQIC 在 1 阶达到最小，但 MAIC 在 3 阶达到最小；Lütkepohl(1993)认为 BIC 和 HQIC 准则优于 AIC 准则，因为当样本数趋近于无限大时，BIC 和 HQIC 准则最终能够给出正确的滞后阶数，而依据 AIC 准则判断出的滞后阶数往往偏高。故滞后阶数选 1，即最优滞后阶数为滞后 1 阶。

表 5.8　面板 PVAR 最优滞后阶数选择

滞后阶数	CD	J 值	J 统计量的 p 值	MBIC	MAIC	MQIC
1	0.307 41	89.823 87	$1.13e^{-8}$	$-94.726\ 1$	35.823 87	$-13.968\ 6$
2	0.341 27	61.797 43	$1.04e^{-6}$	$-61.235\ 9$	25.797 43	$-7.397\ 58$
3	0.262 255	28.758 56	0.000 712	$-32.758\ 1$	10.758 56	$-5.838\ 94$

2. 模型估计结果

在估计 PVAR 模型时通常需要先消除样本中的固定效应，为了避免一般均值差分方法可能产生的偏误，本研究采用向前均值差分方法，即 Helmert 转换。我们利用 GMM 方法估计得到实际人均 GDP 增长率($\Delta\ln rcp_{it}$)、换算周转量增长率($\Delta\ln ct_{it}$)和交通网络密度增长率($\Delta\ln tnd_{it}$)之间的 PVAR 模型参数回归结果。为了进一步探讨不同经济发展水平下三者间的关系，本研究除了以全国 30 个省市作为个体外，还分别估计了东部、中部和西部地区所构成的三个 PVAR，并对其进行回归，以期获得更多的信息。其中东部地区包括辽宁、河北、山东、江苏、浙江、福建、广东、北京、天津、上海、海南等 11 个省市；中部地区包括吉林、黑龙江、内蒙古、山西、河南、安徽、江西、湖南、湖北等 9 个省份；西部地区包括新疆、甘肃、陕西、宁夏、四川、重庆、贵州、云南、广西、西藏、青海等 10 个省市。具体的估计结果见表 5.9。虽然我们优选了 PVAR(1)模型，但为了获取更多的信息，本研究还估计了一个滞后 2 阶的 PVAR 模型，估计结果见表 5.10。

表 5.9 面板 VAR(1)参数估计结果

	全国	东部	中部	西部
	人均 GDP 增长率($\Delta\ln rcp$)			
L.$\Delta\ln rcp$	0.433 ***	0.547 ***	0.381 ***	0.321 ***
	(7.34)	(6.00)	(3.76)	(2.82)
L.$\Delta\ln ct$	0.013 6 **	0.008 80	0.038 8	0.020 7
	(2.35)	(1.50)	(1.23)	(1.48)
L.$\Delta\ln tnd$	0.043 0 ***	0.050 2 **	0.054 6 ***	0.024 7 *
	(4.57)	(2.51)	(3.63)	(1.68)
	换算周转量增长率($\Delta\ln ct$)			
L.$\Delta\ln rcp$	1.020 ***	1.522 ***	0.751 ***	0.605
	(4.48)	(3.49)	(3.55)	(1.48)
L.$\Delta\ln ct$	−0.001 60	0.006 51	0.135 *	−0.059 7
	(−0.04)	(0.15)	(1.82)	(−0.50)
L.$\Delta\ln tnd$	−0.023 6	−0.153	−0.010 5	0.073 4 *
	(−0.67)	(−1.51)	(−0.57)	(1.74)
	交通网络密度增长率($\Delta\ln tnd$)			
L.$\Delta\ln rcp$	0.219	0.067 1	0.246	0.423
	(1.37)	(0.33)	(0.91)	(1.19)
L.$\Delta\ln ct$	−0.005 85	0.001 59	−0.042 0	−0.018 1
	(−0.98)	(0.24)	(−0.99)	(−1.26)
L.$\Delta\ln tnd$	0.000 520	−0.009 22	−0.010 2	0.019 6
	(0.05)	(−0.50)	(−0.53)	(0.99)
N	1 020	374	306	340

注:(1)括号中的为 GMM 估计系数的 T 统计量。(2)***、**、* 分别表示在 1%、5%和 10%的水平下显著。

整个 PVAR(1)系统中的大部分参数均显著,并且大部分参数的估计结果都符合经济理论的阐释,模型整体估计效果较好。从表 5.9 和表 5.10 的参数回归结果可以看出:

（1）在人均 GDP 增长率方程中，人均 GDP 增长率受到自身滞后 1 期的影响，在 1% 的水平上显著正相关，说明当一个地区如果受到某种冲击（如突然增加的投资）而导致前一期的人均 GDP 增长率大于 0（偏离了稳态），之后 1 期的人均 GDP 增长率（资本的长期作用）也会有效提高。分区域回归的结果也显示滞后 1 期的人均 GDP 增长率与本期人均 GDP 增长率存在显著正相关。滞后 1 期的交通网络密度增长率与本期的人均 GDP 增长率存在显著正相关这表明增大基础设施建设力度，确实可以推动区域经济增长。分区域回归结果还显示两者存在显著的正相关。滞后 1 期的换算周转量增长率对本期人均 GDP 增长率有显著影响，受到某种冲击下的换算周转量增长率提高（大于人口增长率），可以提高人均 GDP 增长率，但其作用相对较小。但在分区域回归中，均没有显著的正相关。

表 5.10　面板 VAR(1) 与 VAR(2) 的参数估计结果

解释变量	滞后 1 阶的模型 被解释变量			滞后 2 阶的模型 被解释变量		
	Dln rcp	Dln $hszzl$	Dln $desty$	Dln rcp	Dln $hszzl$	Dln $desty$
L.dln rcp	0.433*** (7.34)	1.020*** (4.48)	0.219 (1.37)	0.438*** (7.57)	1.135*** (5.00)	0.233 (1.5)
L2.dln rcp				0.145* (2.3)	1.133*** (3.89)	0.263* (2.16)
L.dln $hszzl$	0.013 6* (2.35)	−0.001 6 (−0.04)	−0.005 85 (−0.98)	0.015 7* (2.12)	−0.043 7 (−0.80)	−0.010 3 (−1.24)
L2.dln $hszzl$				−0.004 53 (−0.80)	−0.133 (−1.37)	0.007 22 (0.89)
L.dln $desty$	0.043 0*** (4.57)	−0.023 6 (−0.67)	0.000 52 (0.05)	0.041 6*** (4.36)	−0.029 3 (−0.62)	−0.007 19 (−0.58)
L2.dln $desty$				0.041 1*** (3.89)	0.337*** (5.12)	0.002 65 (0.16)
N	1 020			990		

注：（1）括号中的为 GMM 估计系数的 T 统计量。（2）***、**、* 分别表示在 1%、5% 和 10% 的水平下显著。

（2）在换算周转量增长率的方程中，滞后 1 期的人均 GDP 增长率对换算周转量增长率具有显著的正向影响,说明人均 GDP 增长率提高带来了对旅行和货物周转更多的需求,经济增长可以促进交通运输需求增长。换算周转量增长率显著没有受到自身滞后 1 期的影响,说明一个地区如果由于受到某种冲击(如北京召开奥运会)导致前 1 期的换算周转量增长率发生变化,但这种变化并没有滞后影响,因此无法对后 1 期的换算周转量增长率产生影响。滞后 1 期的交通网络密度增长率对换算周转量增长率没有显著影响,因此虽然基础设施可能拥挤,但交通网络公共产品的非排他性和非竞争性,没有影响到换算周转量,换算周转量主要受到经济增长情况的影响,但表 5.10 的估计结果显示,滞后 2 期的交通网络密度增长率对换算周转量增长率在 1% 的显著性水平上有显著影响。但分区域回归结果显示,中部地区的滞后 1 期的换算周转量增长率与本期的换算周转量增长率在10% 的显著性水平上正相关,西部落后地区的交通网络增长率在 10% 的显著性水平上对换算周转量增长率起到作用,表明两者的关系具有区域异质性,如果交通网络密度较低,其增长率的提高可以在一定程度上增加旅行需求和货物周转需求。东中部地区在交通基础资本存量达到一定程度后,增加的基础设施并不能促进旅客和货物周转量的增加,但在西部地区,交通运输需求受到了交通基础设施供给的影响,增加交通网络可以提高交通运输需求的增长率。Deng 等(2014)也得到了类似的结论。

(3)交通网络密度增长率的方程中,交通网络密度增长率没有受到自身滞后 1 期的影响,滞后 1 期的人均 GDP 增长率与换算周转量增长率对交通网络密度增长率没有显著影响,分区域回归结果也显示均没有显著影响。这在一定程度上说明我国的交通基础设施建设更多是外生的,而非由当地的经济发展水平和基础设施建设情况来推动的,交通基础设施投资更多是由地方政府的"晋升锦标赛"来推动的。正如周黎安(2007)指出的:"中国地方政府在地区的经济增长中扮演了一个非常重要的角色,他们那种寻求一切可能的来源进行投资、推动地方经济的发展的热情在世界范围内也是罕见的。"

通过上述四个回归结果,本研究得到以下几个结论:(1)本期的人均 GDP 增长率显著受到滞后 1 期的人均 GDP 增长率、换算周转量增长率和交通密度增长率的影响。(2)本期的换算周转量增长率主要受到滞后 1 期的人均 GDP 增长率的影响,滞后 1 期的交通密度增长率对其影响具有区域异质性,交通运输发展水平较低的区域,交通网络密度提高可有效促进换算周转量的提高。(3)滞后 1 期的人均 GDP 增长率、换算周转量增长率和交通网络密度增长率对本期的交通网络密度增长率均没有显著相关性。

3．模型稳定性检验

表 5.11　特征方程的特征值

特征值的个数	特征值	模
1	0.480 347 7	0.480 347 7
2	−0.061 058 6	0.061 058 6
3	0.012 929 6	0.012 929 6

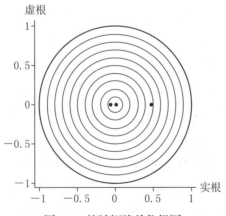

图 5.5　伴随矩阵单位根图

面板 VAR 模型只有在自身稳定后才能进行相关的脉冲响应、方差分解、格兰杰因果关系检验以及预测分析。判断上述的 PVAR(1)模型是否稳定,需要判断面板 VAR 模型的特征方程的根是否在单位圆内,即特征根的模是否小于 1。通过表 5.11 和图 5.5 可以发现,该面板 VAR 模型是稳定的。

4. 脉冲响应分析

本研究基于简化形式的结果和 VAR 模型(WORD 分解)的移动平均来推导出正交化脉冲响应函数(IRF),以显示变量在保持所有冲击常数的周期中的扰动项中对单元创新的反应,以此来分析交通网络密度、换算周转量及人均 GDP 这三者与增长率之间的动态关系。本研究对每个变量进行一个标准差冲击,并通过蒙特卡洛模拟法模拟 1 000 次得到各变量的冲击反应。IRF 的置信带由 Love 和 Zicchino(2006)的蒙特卡洛模拟法产生。图 5.6 显示了 PVAR(1)系统中交通网络密度增长率、换算周转量增长率及人均 GDP 增长率间的脉冲响应,最大期数为10。首先我们可以看到的是所有的脉冲响应都逐渐趋向于 0,符合脉冲响应的性质,也说明了这三个变量确实是平稳变量,因此能够使用脉冲响应函数来进行分析。

从图 5.6 第 1 行的三个图可以看到:来自初期的人均 GDP 增长率的一个标准差大小的随机扰动,对人均 GDP 增长率的冲击呈衰减状态,随后冲击作用逐渐减少,在第 6 期时趋于 0。对换算周转量增长率的影响作用在第 1 期最大,随着期数递增而衰减,在第 6 期时趋向于 0,说明人均 GDP 增长率是预测换算周转量增长率的重要变量。对交通网络密度增长率的冲击作用较小,在第 1 期达到最大,并快速下降,且在第 6 期趋向于 0,这与我国交通运输基础设施建设的实际情况相符,政府部门在考虑交通基础设施建设时,较少考虑前期的经济增长是否受到了交通基础设施的抑制,因为地方官员更多是出于政绩的考虑和促进 GDP 的角度来考虑是否实行投资,基本可以说,交通运输基础设施建设相对于地方经济而言是外生的。分段从图 5.6 第 2 行的三个图可以看到:来自换算周转量增长率的一个标准差大小的随机冲击,对人均 GDP 增长率有一定的影响,在第 1 期的冲击作用最大,随后快速下降,在第 6 期趋向于收敛为 0。对换算周转量增长率的冲击在第 1 期就为 0,几乎是没有任何影响,表明换算周转量增长率对自身的冲击程度偏小,且置信区间非常小,也几乎可忽略不计。对交通网络密度增长率的影响在第 1 期几乎没有,但在第 2 期达到了最大,随后期数的冲击减弱,并在第 6 期衰减到 0,说明当一个地区的交通运输需求突然增加,超过了承载力的时候,短期内交通网络密度增长率是无法做出调整的,在第 2 期后可以做出反应,这符合交通运输基础设施的建设规律,即一般需要 1—2 年的时间。

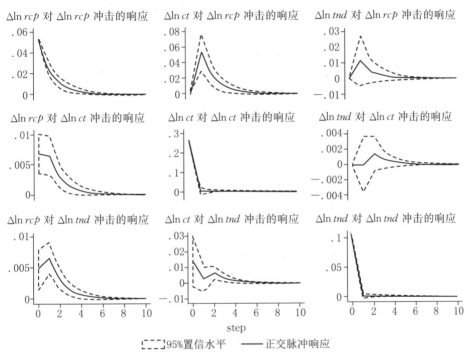

图 5.6　脉冲响应图

从图 5.6 第 3 行的三个图可以看到:来自交通网络密度增长率的一个标准差大小的随机冲击,对人均 GDP 增长率产生了较小的正向影响,在第 1 期达到了最大,在第 6 期时衰减为 0,表明交通运输基础设施建设能有效推动经济增长。对换算周转量增长率产生了正向影响,但在第 1 期的时候影响较小,在第 2 期的影响达到了最大,并在第 6 期趋向于 0,这说明交通基础设施加大建设在一定程度上促进了交通运输需求,但由于在第 1 期时虽然增加了交通网络(有可能是期初也可能是期末),但往往其完整被使用是发生在第 2 期,所以第 2 期的时候对周转量增长率的影响最大,这也符合现实情况;而对其自身的冲击作用几乎是没有的,在第 1 期就衰减到 0。

5. 方差分解

方差分解描述了来自 PVAR 模型中的每一个内生变量的冲击强度(方差)占某个变量总变化的比重。方差分解的结果见表 5.12。讨论如下。

表 5.12　各内生变量预测方差的方差分解

响应变量及相对贡献度	时期	脉冲变量		
		$\Delta \ln rcp$	$\Delta \ln ct$	$\Delta \ln tnd$
$\Delta \ln rcp$	1	1	0	0
	2	0.990 415	0.003 981	0.005 604
	3	0.989 157	0.004 48	0.006 362 6
	4	0.988 867	0.004 596	0.006 536 8
	5	0.988 801	0.004 622	0.006 576 4
	6	0.988 786	0.004 628	0.006 585 5
	7	0.988 783	0.004 63	0.006 587 6
	8	0.988 782	0.004 63	0.006 588
	9	0.988 782	0.004 63	0.006 588
	10	0.988 782	0.004 63	0.006 588
$\Delta \ln ct$	1	0.018 28	0.981 72	0
	2	0.058 8	0.941 118	0.000 082 2
	3	0.066 42	0.933 217	0.000 363 1
	4	0.068 198	0.931 391	0.000 411 8
	5	0.068 606	0.930 971	0.000 423 5
	6	0.068 7	0.930 874	0.000 426 2
	7	0.068 722	0.930 852	0.000 426 8
	8	0.068 728	0.930 845	0.000 427
	9	0.068 728	0.930 845	0.000 427
	10	0.068 728	0.930 845	0.000 427

续表

响应变量及相对贡献度	时期	脉冲变量		
		$\Delta \ln rcp$	$\Delta \ln ct$	$\Delta \ln tnd$
$\Delta \ln tnd$	1	0.008 421	0.001 818	0.989 760 7
	2	0.020 601	0.002 008	0.977 390 5
	3	0.022 825	0.002 065	0.975 109 8
	4	0.023 351	0.002 073	0.974 575 6
	5	0.023 472	0.002 075	0.974 452 8
	6	0.023 5	0.002 076	0.974 424 4
	7	0.023 507	0.002 076	0.974 417 9
	8	0.023 508	0.002 076	0.974 416 3
	9	0.023 508	0.002 076	0.974 416
	10	0.023 508	0.002 076	0.974 415 9

（1）从表 5.12 的第 1 部分可以看到，关于人均 GDP 增长率变化的贡献度，在第 1 期，只有自身的冲击对其产生影响，贡献度为 100%。并且，经过 7 期后，人均 GDP 增长率自身的冲击强度对其自身变化的相对贡献率稳定在 98.878 2%；而来自换算周转量增长率和交通网络密度增长率的冲击强度对人均 GDP 增长率总变化的相对贡献度在第 1 期时均为 0，经过 7 期后，相对贡献度分别稳定在 0.463% 和 0.658 8%。这说明，人均 GDP 增长率的变化主要来源于自身，换算周转量增长率和交通网络密度增长率对人均 GDP 增长率变化的贡献较小。

（2）从表 5.12 的第 2 部分可以看到，关于换算周转量增长率变化的贡献度，来自人均 GDP 增长率的冲击强度对其相对贡献率在第 1 期为 1.828%，并随着时间推移逐渐变大，在第 7 期后，相对贡献率稳定在 6.872 8%。来自换算周转量增长率的冲击强度对其自身的相对贡献率，在第 1 期为 98.172%，并随着期数增加递减，在第 7 期后稳定在 93.084 5%，起到最大的作用。来自交通网络密度增长率的冲击强度对换算周转量增长率变化的相对贡献率在第 1 期为 0，并随着时间推移逐渐变大,在第 7 期后,相对贡献率稳定在 0.042 7%,几乎不起作用。这说明,周转量增长率变化主要由换算周转量增长率本身和人均 GDP 增长率来解释,而交通网络密度几乎解释不了。

(3) 从表 5.12 的第 3 部分可以看到,关于交通网络密度增长率变化的贡献度,来自人均 GDP 增长率的冲击强度对其变化的贡献度在第 1 期为 0.842 1%,随着时间推移其贡献度增大,并在第 7 期后稳定在 2.350 8%。来自换算周转量增长率的冲击强度对其变化的相对贡献率在第 1 期为 0.181 8%,并随着时间推移略有增大,在第 7 期后,其相对贡献度稳定在 0.207 6%。来自交通网络密度增长率的冲击强度对其自身变化的贡献度在第 1 期为 98.976 07%,但随着时间的推移,其贡献度递减,在第 7 期后稳定在 97.441 6%。这说明,交通网络密度增长率变化主要由人均 GDP 增长率和交通网络密度增长率自身来解释,而交换算周转量增长率几乎解释不了。

6. 面板格兰杰因果检验

为更好地了解内生变量之间是否存在显著的因果关系,我们对各变量进行 PVAR 模型框架下的格兰杰因果检验。表 5.13 表明:(1)换算周转量增长率是人均 GDP 增长率的格兰杰原因,换算周转量增长率的前期变化引起了人均 GDP 增长率本期的变化;交通网络密度增长率是人均 GDP 增长率的格兰杰原因,网络密度增长率的前期变化引起了人均 GDP 增长率本期的变化。(2)人均 GDP 增长率是换算周转量增长率的格兰杰原因,人均 GDP 增长率的前期变化引起了换算周转量增长率本期的变化;但网络密度增长率不是换算周转量增长率的格兰杰原因。(3)人均 GDP 增长率、换算周转量增长率不是网络密度增长率的格兰杰原因,它们的前期变化均不能引起交通网络密度增长率本期的变化。

根据表 5.13 的检验结果,人均 GDP 增长率与换算周转量增长率之间是一种互为因果的双向关系,而人均 GDP 增长率与交通网络密度增长率间则是一种单向因果关系。网络密度增长率与换算周转量增长率之间不存在格兰杰因果关系。

表 5.13　变量间的格兰杰因果检验

	格兰杰检验原假设	卡方值	自由度	P 值	结论
$\Delta\ln rcp$	$\Delta\ln ct$ 不是 $\Delta\ln rcp$ 的格兰杰原因	5.504	1	0.019	拒绝
	$\Delta\ln tnd$ 不是 $\Delta\ln rcp$ 的格兰杰原因	20.863	1	0.000	拒绝
	所有变量不是 $\Delta\ln rcp$ 的格兰杰原因	26.712	2	0.000	拒绝
$\Delta\ln ct$	$\Delta\ln rcp$ 不是 $\Delta\ln ct$ 的格兰杰原因	20.079	1	0.000	拒绝
	$\Delta\ln tnd$ 不是 $\Delta\ln ct$ 的格兰杰原因	0.444	1	0.505	接受
	所有变量不是 $\Delta\ln ct$ 的格兰杰原因	20.662	2	0.000	拒绝
$\Delta\ln tnd$	$\Delta\ln rcp$ 不是 $\Delta\ln tnd$ 的格兰杰原因	1.872	1	0.171	接受
	$\Delta\ln ct$ 不是 $\Delta\ln tnd$ 的格兰杰原因	0.970	1	0.325	接受
	所有变量不是 $\Delta\ln tnd$ 的格兰杰原因	2.719	2	0.257	接受

5.4　本章主要结论

研究采用以 VAR 模型为基础的 Johansen 协整检验方法对我国 1980—2016 年的人均 GDP、交通网络里程与换算周转量的长期与短期关系进行了实证检验。通过 VAR 模型最优滞后阶数检验和 Johansen 协整检验的结果,本研究选择 VAR 最优滞后阶数为 3 阶,在此基础上,估计出 VEC 模型,分析了三者的长期和短期关系,在平稳性检验的基础上进行了脉冲响应分析和方差分解。

研究发现:(1)长期均衡时,人均 GDP、交通基础设施对换算周转量的弹性分别为 0.521 和 0.512。(2)短期波动时,换算周转量的增长率显著受到滞后 1 期的自身增长率、滞后 1 期的人均 GDP 增长率,以及滞后 1—2 期的交通网络里程增长率的正向影响;人均 GDP 增长率显著受到滞后 1—2 期的换算周转量增长率、滞后 1 期的人均 GDP 增长率的正向影响,但与滞后 1—2 期的交通网络里程增长率负相关;交通网络里程增长率显著受到滞后 2 期的换算周转量增长率的正向影响,表明我国交通基础设施建设具有较强的外生性。当三个变量偏离了长期均衡状态时，系统均会进行反向调整。(3)脉冲响应分析表明，来自换算周转量的随机冲击对自身的冲击程度较小，且不具有长期效应，对经济增长具有长期效应，对交通网络里程具有短期影响；来自人均 GDP 的随机扰动对换算周转量的影响滞后 1期，且具有长期正向效应，对自身具有长期效应，对交通网络里程的短期影响为负但长期影响为正；来自交通网络里程的随机冲击对换算周转量短期内产生先递增后递减的正向影响，对人均 GDP 的短期影响为负，但长期影响为正。(4)方差分解显示，换算周转量自身、人均 GDP 和交通网络里程均对换算周转量变化的相对贡献率起到作用；人均 GDP 的变化主要来源于自身和换算周转量，交通网络里程对人均 GDP 变化的贡献较小；长期而言，交通网络里程变化主要由换算周转量和自身来解释，但人均 GDP 的作用较小。

本研究选取了 30 个省市 1980—2016 年的面板数据，采用面板 GMM 估计出面板向量自回归模型，并进行了脉冲响应函数、方差分解及面板格兰杰因果检验，对交通网络密度增长率、换算周转量及人均 GDP 增长率之间的动态关系进行了分析。

四个 PVAR(1)回归结果表明：(1)本期的人均 GDP 增长率显著受到滞后 1 期的人均 GDP 增长率、换算周转量增长率和交通密度增长率的影响。(2)本期的换算周转量增长率主要受到滞后 1 期的人均 GDP 增长率的影响，滞后 1 期的交通密度增长率对其影响具有区域异质性，交通运输发展水平较低的区域，交通网络密度的提高可有效促进换算周转量提高。(3)滞后 1 期的人均 GDP 增长率、换算周转量增长率和交通网络密度增长率对本期的交通网络密度增长率均没有显著相关性。

脉冲响应分析表明：(1)来自人均 GDP 增长率的一个标准差大小的随机扰动均对人均 GDP 增长率、换算周转量增长率和交通网络密度增长率产生影响，并在第 6 期趋向于 0。(2)来自换算周转量增长率的一个标准差大小的随机冲击对人均 GDP 增长率产生影响，对交通网络密度增长率产生滞后 1 期的影响，但对自身没有影响。(3)来自交通网络密度增长率的一个标准差大小的随机冲击，对人均

GDP 增长率和换算周转量增长率产生了影响,但对自身没有影响。

　　方差分解表明:(1)人均 GDP 增长率变化的相对贡献率主要源自自身的冲击,稳定时的贡献率为 98.88%。(2)换算周转量增长率变化的贡献率 93.08% 源自自身的冲击,但来自人均 GDP 增长率的冲击强度对其相对贡献率为 6.87%。(3)交通网络密度增长率的变化主要由人均 GDP 增长率和交通网络密度增长率自身来解释,其中来自自身的冲击强度的贡献率为 97.44%。

　　格兰杰因果检验表明:(1)人均 GDP 增长率与换算周转量增长率之间是一种互为因果的双向关系。(2)人均 GDP 增长率与交通网络密度增长率之间则是一种单向因果关系。(3)交通网络密度增长率与换算周转量增长率之间不存在格兰杰因果关系。

第6章

交通基础设施对本地经济增长的影响实证
——基于合成控制法

6.1 本章引言

铁路具有运输能力大、速度快、经济等优点,能够有效地降低区域贸易成本,将距离较远的要素市场、产品市场联系在一起,促进了区域分工,并利用比较优势,从而刺激经济增长(North,1961;Goodrich,1961;Ransom,1970;Haites,et al.,1975)。Rostow(1959)甚至指出铁路是历史上最有力的、促进经济起飞的单一引擎。因此,世界各国都注重交通基础设施的作用,而地方政府往往会争取交通路线途经本辖区,以便能降低该地区的贸易成本。而 Eaton 和 Kortum(2002)的研究表明降低贸易成本将增加贸易地区的实际收入水平。宜万铁路是中国铁路史上每公里造价最昂贵的铁路,前身是历史上著名的川汉铁路,在恩施州乃至湖北省的极力争取下,最终贯穿了武陵山区的恩施州——一个曾经较贫困落后且封闭的地区。恩施人希望通过宜万铁路的作用实现经济发展、摆脱贫困。那么,宜万铁路开通后对途经县市的经济增长影响到底有多大?作者就此展开经验研究。

围绕铁路对经济增长绩效的影响,国内外展开了大量的经验研究。其中,社会节余(social saving)是评估铁路贡献的经典尺度(Bogart,et al.,2015),这个开创性的工作开启于福格尔(1964)和菲什洛(1965)。前者采用社会节余法来关注反事实:如果没有铁路,通过河流和运河来运输货物在大多数常见路线上会昂贵些,虽然运费率的微小差异导致一些地区相对于其他地区更繁荣,但铁路对总体经济的影响很小,所带来的社会节余还不到国民生产总值(GNP)的 5%。后者用铁路与内战前的次佳选择运输方法作比较,估计得出美国铁路在 1859 年带来的社会节余约为 GNP 的 4%,并据此外推到 1890 年,估计其带来的社会节余大约为15%。他们的研究否定了罗斯托的"火车头"起飞论,甚至否定了整整一代的经济史学家[约瑟夫·熊彼特(Joseph Schumpeter)、莱兰·詹克斯(Leland Jenks)等]的信念——铁路是美国经济增长的动力。随后,社会节余法被广泛用来度量某一国家铁路的经济贡献。Coatsworth(1979)、Summerhill(2005)、Leunig(2006)、Herranz-Loncán(2006,2011,2014)、Bogart 等(2015)、Okoye 等(2016)等分别基于社会节余探讨了铁路对某国经济增长的影响,所得结论大多是铁路对经济增长的贡献较小。社会节余法本质上是从铁路节省多少运输成本的视角论证铁路对经济增长的作用,包括福格尔本人在内的许多学者指出了该方法的局限性(Lebergott,1966;White,1976;Fogel,1979;荣朝和等,1996;Leunig,2010;Donaldson & Hornbeck,2015),如忽视了铁路对经济增长的复杂影响等。并且,社会节余法主要是关注铁路对一个国家经济的总体影响,较少涉及铁路对某个特定地区的影响。基于此,Donaldson 和 Hornbeck(2013)重新评估了铁路对美国经济的历史影响,采用县的"市场准入"(market access)来衡量铁路网络扩张对县的总影响,测算出市场准入变化以 1.1 的弹性资本化为农地价值,并以此估计出如果1890 年时移除所有的铁路,县级水平市场准入的下降将导致农地总价值下降 64%。

另外一种经验研究基于传统的计量方法与模型,在一系列解释变量下来寻求交通基础设施对经济增长的影响。Boarnet(1998)、Meersman 等(2005)、Andrabi等(2010)、Brandt 等(2012)、Pradhan 和 Bagchi(2013)、Fourie 等(2015)、Baum-snow 等(2015)、Meersman 和 Nazemzadeh(2017)、刘秉镰等(2010)、任晓红和张宗益(2010)、刘钜强和赵永亮(2010)、刘生龙和胡鞍钢(2011)、周平和刘清香(2012)、张学良(2012)、李煌伟和倪鹏飞(2013)、魏下海(2014)、张克中和陶东杰(2016)等均围绕铁路基础设施的影响展开了实证研究。在这些研究中,针对国别的研究一般会得出铁路起到正向作用的结论。而针对铁路对区域经济增长影响的研究,存在两种不同的结论:一种认为铁路基础设施促进区域经济增长,而另一种则认为由于要素流动性和企业区位选择的影响(Berechman,1994),交通基础设施的改善导致了负向作用。但一些典型国家(如美国、日本)的经济发展史表明交通运输的发展促进了经济增长,而经济增长又促进了交通运输发展,二者之间存在双向因果关系。是否识别内生性是至关重要的,但大部分研究往往难以区分出交通基础设施建设与经济增长间的双向因果关系。因此,关于交通改善是否带来经济发展或只是经济发展的结果,人们一直争论不休(Riccardo, et al.,2015;Atack,et al.,2016)

Donaldson(2018)指出,我们仍然缺乏一个严格实证研究来理解交通基础设施项目在多大程度上影响到福利水平。近年来,越来越多的文献倾向于采用基于因果推断的识别策略来评估交通基础设施的影响,特别是利用县市级数据和电子化铁路地图来比较开通铁路与不开通铁路的城镇的发展结果,来推断铁路对某些特定区域(城镇)的直接影响。许多研究采用了双重差分法(DID)来估计铁路的平均处理效应,如 Haines 和 Margo(2006)估计了美国 19 世纪 50 年代开通铁路的县(county)与那些在内战前尚未开通铁路的县的产出变化,结果显示铁路开通对经济增长的影响很小。Atack 等(2010,2016)研究了 19 世纪美国铁路对经济发展的影响,认为铁路开通对美国中西部的人口密度几乎没有影响,但导致了中西部城镇化。周浩和郑筱婷(2012)利用 DID 方法系统考察了铁路提速对经济增长的影响,发现铁路提速促进了沿途站点的经济增长,相对于未提速站点,铁路提速将提速站点的人均 GDP 增长率提高了约 3.7 个百分点。Qin(2017)利用中国铁路在 2004 年和 2007 年的两次提速升级的数据,比较受高速铁路影响的县和未受影响的县的经济绩效,指出铁路升级增强了铁路节点城市对沿途中小县城的经济集聚。Tang(2014)利用地市级面板数据研究了日本 19 世纪晚期的铁路对企业活动的影响,表明铁路开通促进了当地企业资本化程度与人口集聚,并最终强化了资本投资和资源配置。高爽(2016)采用县级面板数据来检验清朝末期民国初期河南铁路的影响,研究发现:1910 年前后通车、主要连接中心城市的铁路促进了沿线地区的人口增长,但并未改进其与省内市场的整合;20 世纪 30 年代通车、主要连接腹地的铁路在改进区域市场整合的同时,也对提高人们的生活水平有一定的作用。董艳梅和朱英明(2016)采用 PSM-DID 方法检验了高铁对就业、工资和经济增长的空间影响,结果显示:从全国层面看,高铁建设通过就业对高铁城市工资和经济增长产生的间接负效应均小于直接正效应,高铁建设对高铁城市的就业、工资和经济增长的总效应显著为正,其弹性系数分别为 0.206 7、0.190 7 和 0.149 1。东部大型高铁城市通过就业对该地区的工资和经济增长等方面的间接效应均为正,但中西部中、小型高铁城市的相应间接效应均为负。Berger 和 Enflo(2017)采用 DID 和工具变量法估计表明,早期连接铁路的城镇经历了相对的人口增长,但在 20 世纪铁路网络几乎连接了所有城镇时,也没有证据表明城镇人口趋同。Kim 等(2017)采用美国县级面板数据估计了 19 世纪美国铁路对当地农业和制造业结构的影响,结果表明铁路有助于农村地区市场化农业的增长,并提升制造业的生产率。

一些研究采用了工具变量或者一系列的设计和检验来排除内生性。如 Banerjee 等(2012)估计了中国经济高速增长的 20 年间,城市接入交通网络对区域经济产出的影响,利用这些网络倾向连接的历史文化城市来解决内生性问题。结果显示:接入交通网络对区域的人均 GDP 产生正向影响,但对人均 GDP 增长没有影响。Berger 和 Enflo(2014)采用工具变量法研究了瑞典在 1855—1870 年间建设的铁路所产生的短期和长期影响,表明铁路能解释 1855—1870 年城市经济增长的 50%,更早连接到铁路网络的城市要比最初相类似的但较晚连接到铁路网络的城市要大得多。Jedwab 和 Moradi(2015)采用工具变量法研究了非洲殖民时期建设的铁路对贫穷国家的影响,结果显示:在殖民时期,铁路对经济活动的空间分布和总体水平有很大的影响,并且在铁路消亡后这些影响一直持续至今。Yamasaki(2017)利用两地间的成本最小化路径作为铁路开通的工具变量来克服内生性,分析铁路开通对蒸汽动力采用的影响,结果显示:铁路开通导致工厂采用蒸汽动力增加,从而推动劳动力转移到工业部门,引起结构变化;并且铁路网络打破了人口增长的均值回归(mean reversion),最终导致了城市化。颜色和徐萌(2015)研究了中国 1881—1911 年的铁路对府间小麦价格差的影响,发现在 1911 年直接被铁路连接的府中,价格差降低了 3.8%,这解释了 30 年间全部价格差下降的 40%,并通过三种方法解决了内生性问题。Donaldson(2018)通过对史实的分析排除了印度殖民时期铁路路线的内生性,在 E-K 模型(Eaton & Kortum, 2002)的基础上嵌入了贸易成本,构建了一般均衡贸易模型,并利用印度殖民时期的档案资料来研究印度庞大的铁路网络的影响,在一系列巧妙的实证策略下证实区域开通铁路后,贸易成本和区域间的价格差距降低、区域间和国际贸易增加、实际收入水平提高,指出在一般均衡贸易模型下市场开放变量是铁路所带来福利收益的一个充分统计量。

基于某种特定的设计来规避内生性,然后采用某种识别策略来推断铁路的经济增长效应,正在成为新的趋势。正如 Angrist 等(2017)指出的,现今的经验研究趋向于针对具体的问题寻找答案,而非为诸如 GDP 增长提供一般性的理解。就交通基础设施而言,研究的目标就是要弄清楚交通基础设施项目对某类增长目标的因果效应,比如评估铁路对某个地区交易成本、要素集聚、贸易流、就业、城镇化、区域一体化等方面的影响,为了实现因果效应的推断需要更加可信的策略。本研究试图采用基于设计的因果推断来评估宜万铁路的开通对恩施市人均 GDP 增长的处理效应。

在宜万铁路开通之前,恩施州的市县只能通过盘山公路和水路来实现运输,缓慢、危险且昂贵。铁路开通之后,通过宜万铁路,恩施州的市县连接到全国的铁路网络中,扩大了市场半径,降低了每单位距离运费率,促进了区域间贸易和国际贸易,但同样可能导致地区生产要素的流失,从而产生负向影响。因此,评估宜万铁路的开通对恩施州县市经济增长的影响,需要可信的识别策略。虽然已有不少的文献采用 DID 方法来评估铁路的影响,但应用 DID 的前提条件是处理组和对照组具有平行趋势,而在本案例中难以获得适宜的对照组;并且 DID 方法存在主观性。因此,本研究采用了 Abadie 等(2003)提出的合成控制法(synthetic control methods, SCM)来评估宜万铁路的开通对恩施市人均 GDP 的处理效应。依照 Abadie 等(2015)提出的采用合成控制法的前提,遴选了符合条件的 10 个城市作为构造合成恩施市的对照组,实际恩施市与合成恩施市的人均 GDP 之差即为处理效应。

本研究同样面临着宜万铁路修建的时间、地点是否是随机选择的问题,也即宜万铁路途经恩施市有可能是因为恩施存在一些难以观察到的却影响人均收入变化的因素(颜色和徐萌,2015)。在辨别宜万铁路途经恩施市的内生性问题上,本研究采用了类似于 Donaldson(2018)的策略,通过分析路线选择的历史背景和立项背景来排除内生性(详见背景分析),认为宜万铁路通过恩施市可视为是随机选择的,且是一个外生冲击事件,具有偶然性,并出乎意料。因此,在确认宜万铁路途经恩施市具备随机外生冲击事件的性质的基础上,研究采用了合成控制法来评估宜万铁路对恩施市人均 GDP 的处理效应。

合成控制法的估计结果显示:(1)宜万铁路的开通对恩施市人均 GDP 具有正向处理效应,2011—2016 年间,相比没有开通铁路的情况,人均 GDP 的平均增长量达到了 1 422 元,人均 GDP 平均提高了 8.09%;(2)并且铁路开通后,处理效应随着时间演进会更大且更显著,无论是采用合成控制法还是 DID 法都证实了此点。因此,在短期内由于要素流动的不均衡,贸易环境改善所带来的好处较少,但长期而言,如果城市能充分利用比较优势,发展优势产业,因分工获得专业化利益,那么铁路对经济增长的作用更为明显。此外,本研究利用排列检验来检验宜万铁路的开通对恩施市人均 GDP 增长效应的影响是否是随机现象,通过与 DID 方法的结果对比来证实估计结果的稳健性,并通过分析扶贫政策和 SCM 原理排除了扶贫政策的干扰。

但必须指出的是,本研究虽然证实宜万铁路对恩施市的人均 GDP 增长具有正向作用,但并不意味着对于宜万铁路上其他县城就一定具有正向的平均处理效应。基于恩施市与巴东县的一个简单对比分析,作者认为对此必须持谨慎的态度,需要具有针对性的研究设计来甄别其他县市。可达性的改善是否能实现经济收敛具有区域异质性(Fujita, et al., 2001; Cheng, et al., 2015),因此,一个地区是否受益于某项基础设施的建设需要具备某种条件,本研究将进一步进行探索性研究,挖掘出恩施市受益于铁路开通的主要条件。

本章剩余部分的研究如下:6.2节为背景分析,识别出宜万铁路途经恩施州可视为一个随机外生冲击事件,并提出本研究要解决的问题。6.3节为研究设计,阐述了合成控制法的原理及本研究对照组选择策略。6.4节为实证分析与检验,采用SCM估计出处理效应并进行三个稳健性检验。6.5节分析了恩施市受益于宜万铁路的主要条件,6.6节为结论。

6.2　背景分析

宜万铁路于2003年动工修建,2010年12月22日建成通车,工程总投资225.7亿元。宜万铁路东起湖北宜昌市,西至重庆万州区,是进出川渝地区的重要通道,被视为贯通我国东、中、西部的重要交通纽带。宜万铁路贯穿武陵山区腹地,全长约377公里,其中湖北省境内324.4公里,重庆市境内52.7公里,途经恩施州所辖的巴东县、建始县、恩施市和利川市。宜万铁路路线图如图6.1所示。

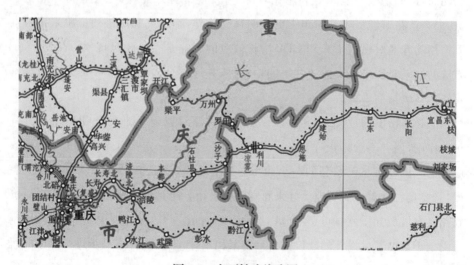

图6.1　宜万铁路线路图

6.2.1　选线与立项背景

自古四川人口稠密,物产殷富,素有"天府之国"美称,但它被群山环绕,交通不便,物资进出运输困难。因此,沿长江修建一条一直向东,通向大海的铁路,将西部和中部、东部连接起来想法很早就有了。宜万铁路的历史最早可追溯到 1903 年的川汉铁路,当时因地理、历史、地缘、技术、政治等因素,路线选择出现多种方案。

1. 清王朝时期的路线

1903 年,四川总督锡良提出修建汉川铁路的计划,所提路线为"广水—宜昌—夔州(今奉节)—重庆—泸州—宜宾—乐山—成都"。1906 年陆耀廷、胡栋朝调研后提议改为"宜昌—马难坡—两河口—杨家河—马粮坪—大峡口—香溪—秭归—夔州(今奉节)—小江—开县—长寿—重庆"。1909 年詹天佑为避免修建宜归间长隧道,提出宜昌至秭归段改为"宜昌—宋家咀—雾渡河—大峡口—香溪—秭归"。1909 年,清政府官方最终确定"川汉铁路"全程共分四段,即"成都府—重庆府,重庆府—夔州府,夔州府—宜昌府,宜昌府—汉口埠",并优先修建"夔州府—宜昌府"段,由詹天佑任总工程师。同年 12 月 10 日,川汉铁路"宜夔铁路"(即宜昌—秭归—奉节)在湖北宜昌动工修建,但由于保路运动爆发而被迫停工。

2. 民国时期的路线

1914 年 6 月,詹天佑出任北洋政府交通部"汉粤川铁路督办",指令"宜夔(铁路)工程局"局长李稷勋与美籍总工程师伦多富组建起 7 个测量队,对原川汉铁路四川承建段(宜昌—奉节—重庆—成都)分头同时进行复勘。1915 年 11 月,复勘完竣后,詹天佑经综合考量沿线的人口经济、地质条件、工程造价等因素之后,最终选定路线为:"成都—简州(简阳)—资阳—资州(资中)—内江—隆昌—荣昌—永川—江津—重庆—长寿—垫江—梁山(梁平)—开县—小江(云阳)—夔州(今奉节)—巫山—巴东—归州(秭归)—宜昌—河溶—建阳—杨家泽—皂市—应城—汉口",这就是民国时期著名的詹天佑实勘"国有川汉铁路"。1928 年 11 月,南京国民政府铁道部正式成立,正式开始系统规划全国铁路。1931 年,南京国民政府官方正式出台铁路"五年建设近期计划",其中包括川汉铁路"成都—资阳—隆昌—永川—重庆—万县—夔州(今奉节)—宜昌—沙市(今荆州)—汉口",依然采用了最便利、最经济的詹天佑长江北岸方案。1931 年版中国铁路规划,也成为民国时期官方川汉铁路最后版本。

综上,宜万铁路段线路官方走向为"宜昌—秭归—奉节—万县",沿长江北岸而行,并没有经过恩施市和利川市。但在此期间,也曾考虑过经过恩施市和利川市的方案,并进行过勘察。如 1914 年詹天佑勘察的沿清江入川的方案,即"宜昌—恩施—利川—石柱—涪陵至重庆"。1947 年,国民政府勘测这条铁路时,也曾提出沿清江自宜都经恩施、利川、涪陵至重庆的方案。

3. 新中国的路线

新中国成立后,宜万铁路被提上国家建设日程。但由于建设难度为当时工程技术所不能及,宜万铁路仍只能一直保持着"计划中"的身份。

1956 年以来,铁道第四勘察设计院曾多次对川汉铁路进行过勘测,编制了全线初步设计方案。1965 年 8 月,铁四院完成的《川汉铁路察勘报告》,将线路走向归纳为长江北岸、清江、桑植、澧水、沅水五大方案。其中宜万铁路段仍只有长江北岸、清江两种走法。1993 年,铁道部经济规划研究院、铁四院编制《西南东通路研究报告》,将川汉铁路作为进出川渝东通道的主要方案定为:"成都—达县—万县—恩施—枝城—荆门—武汉。"1994 年 12 月 12 日,铁四院受湖北省及恩施自治州的委托,对川汉铁路全线进行现场踏勘。

参与宜万铁路的铁路设计专家陈世彬对《时代周报》记者说道[1]:"宜万铁路线路的走向当时共推出了三大方案供比选:一种是沿清江,自宜昌,经恩施、利川至万州;一种是沿长江方案,自宜昌,经秭归、奉节到万州;另一方案就是现在的修建方案——'越岭线路',选取穿越长江和清江之间的武陵山区,自宜昌,经恩施、利川至万州。""一般而言,设计铁路都是'线路选线',在方案比选时应该综合考虑经

---

[1] 来自 2009 年 7 月 16 日的《时代周报》。

济、国防、环保、效益等因素。陈世彬指出,唯有宜万铁路是'地质选线',比选线路方案时对地质因素考虑得更多。"

无论铁四院是否真的是出于"地质选线"来否决传统的沿长江方案[1],但"越岭线路"的地质条件相当恶劣,需要穿越被视为施工禁区的喀斯特地貌地区,有岩溶、顺层、滑坡、断层破碎带和崩塌等不良地质条件,这最终导致宜万铁路成为中国铁路史上造价最贵(平均每公里耗资约 6 000 万元)、修建时间最长的铁路(耗时7 年、延期 2 年开通)。但显然这个报道给本研究提供了一个至关重要的信息:宜万铁路途经恩施市并不是因考虑到经济、效益等因素,更为重要的是对某些其他因素的考虑。因此,本书认为宜万铁路途经恩施市的原因是外生的,宜万铁路途经恩施市并不是因恩施存在一些难以观察到的却影响经济增长的因素来驱动的。另外一方面,从 1903 年的路线到 2003 年最终确定的路线,在 100 年间有非常多的路线方案被提出[2]。并且,最终选择了目前的路线图(非传统版本),无论从何种视角来看,所选择的方案显然跟恩施市是否存在某种经济增长潜力无关,最终途经恩施市就像是随机抽取的一般。铁路的修建主要取决于既定铁路连接哪两个地区,由于铁路开通而受影响的城镇可以被视为是准随机的,因为它们不是被故意选择的(Michaels,2006;Datta,2012;Qin,2017)。

4. 宜万铁路立项始末

虽然铁四院确定了宜万铁路路线,但川汉铁路向来涉及诸多省份的利益,各个省份之间存在利益博弈关系,能否被国家最终立项依旧是个未知数。恩施州乃至湖北省均非常重视宜万铁路的修建,采用了主动积极的策略。

据赵瑜(2014)在纪实文学《火车头震荡:宜万铁路始末》中的陈述:1995 年 3月第八届全国人大三次会议上,恩施州全国人大代表向兴平当面向江泽民同志汇报请示修建枝城至万县铁路,并提交《恳请尽早将恩施铁路列入国家"九五"建设计划的议案》。同年,湖北省计委委托铁四院编制了《川汉线枝万段可行性研究报

---

[1] 由于铁四院位于湖北省武汉市,一种观点认为铁四院出于地缘关系才选择此线,如选择沿长江方案,经过湖北省的路线将大大减少。

[2] 除了官方确定的版本外,地方政府和科技人员都提出过很多的方案。

告》。1997年，时任湖北省长蒋祝平在《要情专报》当中发现"渝湘黔三省联手争取渝怀铁路项目，恩施州久盼未决的铁路项目岌岌可危"后，立即批示："宜万铁路要加大争取的工作力度！"为此，湖北省成立川汉铁路枝万段建设筹备领导小组，并撰写了《关于要求将恩施铁路列为国家2000—2010年建设规划的再次请求》，以省计委名义上报国家计委。1998年10月，湖北省联合四川、江西、安徽等三省联合向国务院呈报了《关于恳请国务院尽早批准立项建设川汉铁路枝万段，尽快贯通沿江铁路大通道的请示》。终于，2001年8月，国家计委下发了《国民经济和社会发展第十个五年计划综合交通体系发展重点专项规划》（计规划〔2001〕710号），国家计划在"十五"期间，建设宜昌至万州铁路新线。经历层层讨论后，铁道部也最终同意改道长江南岸的方案。至此，宜万铁路新线虽然进入规划，但要立项成功还需要中国工程咨询公司审核批准以及国务院批准。2002年的两会期间，江泽民出席湖北代表团座谈会，湖北与会代表第三次向江泽民呼吁宜万铁路，江泽民明确表态："像恩施州这样的地方，既没有高速公路，又没有铁路，就应该兴修铁路！"于是，2002年6月，国务院总理办公会同意宜万铁路立项。2003年确定弃枝城走宜昌方案，并于12月宜万铁路正式动工修建。[①]从进入规划到立项成功，宜万铁路所经历的时间为10个月。宜万铁路立项的经历具有偶然性，并出乎意料，这表明宜万铁路最后途经恩施州是一个外生冲击事件。

　　研究基础设施对经济发展的影响时，不得不面临基础设施与经济发展间互为因果关系导致的内生性问题。大部分铁路的修建有可能是因为该区域具有较强的经济发展潜力，从而导致项目建设和当地经济环境中未观察到的变量之间的潜在相关性而产生选择偏误。采用DID、PSM-DID、SCM等因果推断方法时，需要强调事件本身是随机冲击事件。本研究从路线选择与立项背景历史的视角阐明宜万铁路途经恩施州可被视为一个随机选择，至少可以肯定的是宜万铁路途经恩施市与经济影响因素相关程度太小，更多是受到政治、地缘、技术等因素的影响；并且中央最终同意该路线及立项成功，具有一定的偶然性，并出乎意料。因此，本

---

① 事实上，宜万铁路被立项与批准的经过相当复杂曲折，存在较多的偶然性和随机性的因素，更详尽的过程可参考《火车头震荡：宜万铁路始末》的纪实。

研究有理由把宜万铁路途经恩施市视为一个外生随机冲击事件,在很大程度上避免反向因果带来的内生性问题,因此,选择适宜的设计方法进行因果推断可以得出铁路对经济增长影响的处理效应。

6.2.2　铁路开通前后的恩施市交通与经济

恩施土家族苗族自治州位于武陵山区,成立于 1983 年,也是湖北省唯一的少数民族自治州和唯一被纳入国家西部大开发范围的地区。恩施自治州下辖恩施、利川 2 个县级市及建始、巴东、宣恩、咸丰、来凤、鹤峰 6 个县。2016 年,总人口456 万,其中土家族、苗族等 28 个少数民族约占 52.8%（第五次人口普查数据）。恩施市的农作物主要为玉米、水稻、红薯、小麦等,经济作物以桐、茶、漆、麻、柑橘著名;矿产丰富的资源主要有煤、铁、硒、硫、水晶石等。土特产有玉露茶、板桥党参、石窑当归、紫油厚朴、香菌、中华猕猴桃等。旅游资源既有自然风光也有历史文胜,主要有恩施大峡谷、清江闯滩漂流、龙麟宫、恩施土司城等。传统工业有机械、采煤、电力等,2010 年主要工业品为精制茶、采掘原煤、滚动轴承、轻革、卷烟等。①

宜万铁路开通之前,恩施市乃至恩施州境内的客运、货运主要依赖公路（318国道）、河流（清江）。恩施市至宜昌市的路程为 250 公里,但主要为盘山公路,这导致恩施市的出行成本相当高,大巴车票价约 100 元,需要 9 个小时以上,速度缓慢且极易出事故。运输条件差且成本高导致恩施的农产品在市场上的竞争力低,恩施盛产的柑橘和高山蔬菜无法带来较好的收益。调研中,恩施市居民指出,"恩施市的农产品运出山区后每公斤价格就要比宜昌等地同样的产品贵出 1 元多。恩施煤炭丰富,生产成本并不高,但要通过汽车运输到武汉的话,运输成本高昂,比山西煤炭运输到武汉还要高"。恩施由于没有铁路支撑来运输百万吨铁矿石,所以其铁矿资源无法实现规模经济,开发程度较低。可见,受制于交通,恩施市的矿产资

① 资料主要来源于恩施市人民政府官网、2010 年恩施市的统计公报。

源、大宗农副产品难以运出恩施市,资源开发程度不高,比较优势无法体现。

自从铁路开通之后,运输条件和交通成本得到了降低。2010 年坐大巴从恩施市到武汉市,票价为 200 元,需要 10 个小时,2016 年普通火车从恩施到武汉的最低票价为 72 元,时间为 6 个小时。交通成本的降低,促进了恩施市的客流量和贸易流,旅游综合总收入从 2010 年的 17.32 亿元上升到 2016 年的 114.14 亿元,年均增长率 36.92%,占 GDP 的比重从 19.9% 提高到 60.75%。贸易规模得到了扩大,外贸出口额从 2010 年的 2 282 万美元提高到了 2016 年的 16 680.6 万美元,年均增长率高达 39%。恩施市的三次产业结构从 2010 年的 22.3∶35.2∶42.5 调整到了 2016 年的 14.7∶39.4∶45.9,第一产业的比重降低了大约 8 个百分点。国内生产总值从 2010 年的 86.94 亿元提高到 2016 年的 187.86 亿元,年均增长率为 13.7%,而同期湖北省的年均增长率为 12.6%。在 2016 年度湖北省三类县市的经济考核中,恩施市的经济发展综合指数为 67.28(总指数为 100),在 31 个县(市)中排名第一位。

罗会华(2011)指出:“交通运输的发展改变区域间的资源配置,要素得以充分利用,产品市场得以扩大,促进区域分工,产生规模经济,导致区域间的产业结构变迁,从而加速了经济的发展。”宜万铁路的开通,使由东到西的交通大动脉被打通,贸易成本得以大幅度降低,伴随物流、人流、资本流和信息流的加快必将对恩施州区域经济的发展产生深远的影响。那么,宜万铁路的开通是否对恩施市的经济增长产生影响?影响程度有多大?这是本研究要回答的问题。

6.3 研究设计

6.3.1 方法选择

如前所述,宜万铁路经过恩施州可视为随机产生的一个外生冲击事件。因此,我们可以将 2011 年开通了宜万铁路以后的恩施市作为处理组(treatment group)。一个自然的选择是在湖北省内寻找合适的对照组(comparison group),然后如同大量文献一样使用 DID 方法,对比 2011 年前后恩施市人均 GDP 增长与其他县级市人均 GDP 增长的差,便可以得到宜万铁路开通对恩施市人均 GDP 增长的影响。但由于除了恩施州另外 4 个县(咸丰、宣恩、来凤、鹤峰)之外湖北省其他县级市在 2011 年均已开通了铁路,而这 4 个县多少会受到宜万铁路开通的影响,因此无法找到符合的对照组。但若以其他省份的县级市作为控制组,可能会在经济发展水平、经济发展潜力、地理环境、人文环境和政策环境等方面与恩施市存在系统差异,不一定满足平行趋势的前提,因此将其作为恩施市的对照组可能存在主观随意性。

为了避免采用 DID 导致的主观随意性,本研究采用 Abadie 等(2003)所提出的合成控制法,该方法可以有效地避免 DID 法估计产生的这种问题(刘甲炎等,2013)。Abadie 等(2003)利用该方法模拟出无恐怖主义活动的巴斯克地区的经济增长作为对照组,从而估计出恐怖主义活动对经济增长的影响。随后,Abadie 等(2010)模拟出加州未实行烟草令的烟草销售情况作为对照组,估计出烟草令的影响。自从 Abadie 等学者提出合成控制法以来,合成控制法在政策评估领域得到了快速的应用,如 Acemoglu 等(2016)、Cavallo 等(2013)、Gobillon 和 Magnac(2016)、Kleven 等(2013)、Eren 和 Ozbeklik(2015)、Peri 和 Yasenov(2018)、王贤彬和聂海峰(2010)、刘甲炎和范子英(2013)、苏治和胡迪(2015)等均采用了合成控制法评估了某种政策或事件的处理效应。

合成控制法的基本特征是使用数据驱动的方法估算对照组的权重,按照政策实施之前的预测变量刻画处理组和对照组的相似性,由此减少了主观选择误差,并合成一个与处理组在经济基本面上相匹配的合成对照组。合成控制法可以通过合成多个控制单元来得到与实验组基本相同的对照组,在一定程度上改进了 DID 法,有着更为宽广的适用范围。因此,本研究拟用合成控制法来构造合理的对照组城市,模拟没有开通铁路的恩施市经济发展情况,以对比分析铁路开通事件的人均 GDP 增长的处理效应。

6.3.2 模型设计

本研究采用人均 GDP 来衡量经济发展水平,目标事件设定为宜万铁路于 2011 年在恩施市首次开通。假设共有 $1+J$ 个城市,其中第 1 个城市为受到铁路开通冲击的恩施市,而其余 J 个城市为没有铁路开通的城市,构成潜在的对照组(donor pool),用来合成控制城市。给定 $1+J$ 个城市在时刻 $t \in [1, T]$ 时期内的人均 GDP 数据,其中 y_{it}^N 表示城市 i 在时刻 t 未发生目标事件的人均 GDP。当 $T_0 \in [1, T]$ 时刻目标事件发生在第 i 个城市后,用 y_{it}^I 表示其人均收入。那么在 T_0 时刻前,即 $[1, T_0]$ 时期内,目标事件不会对任何一个城市产生影响,即 $y_{it}^N = y_{it}^I$。假设事件在 T_0 前期对于结果变量没有影响,即对于所有 i 与 $t \leqslant T_0$,都有 $y_{it} = y_{it}^N = y_{it}^I$。

假定各地区之间不会互相影响,且对照组城市的结果变量不受目标事件冲击的影响。那么,当 $i = 1$ 而 $t > T_0$ 时的处理效应为:

$$\alpha_{1t} \equiv y_{1t}^I - y_{1t}^N = y_{1t} - y_{1t}^N (t = T_0 + 1, \cdots, T) \tag{6.1}$$

在式(6.1)中,y_{1t}^I 是可观察到的变量,而 y_{1t}^N 则是不可观测的反事实变量(counterfactual variable)。需要估计出 y_{1t}^N 才可获得处理效应。y_{1t}^N 的估计采用 Abadie 等 (2010)提出的因子模型(factor model):

$$y_{it}^N = \delta_t + \theta_t' Z_i + \lambda_t' u_i + \varepsilon_{it} \tag{6.2}$$

其中,δ_t 为时间固定效应(time fixed effects)。Z_i 为可观测的不受目标事件影响的控制变量向量,但这个控制变量向量不受具体城市与宜万铁路开通前后的限制,因此,只要是与目标事件无关且能影响经济增长的因素都可被囊括在内。Z_i 对于 y_{it}^N 的作用随时间而变,故 Z_i 的系数 θ_t(未知参数)带时间下标 t。根据"因子分析" (factor analysis)的术语,λ_t 为不可观测的 $(1 \times K)$ 维"共同因子"(common factors),可理解为所有地区面临的共同冲击(common shocks),比如来自技术、金融、政策等方面的冲击。而各地区对于共同冲击 λ_t 的反应并不相同,以 u_i 来表示 $(K \times 1)$

维无法观测到的地区固定效应误差项,也称为"因子载荷"(factor loading)。$\lambda_t' u_i$ 为个体固定效应 u_i 与时间固定效应 λ_t 的交叉乘积(Bai, 2009),代表不可观测的"互动固定效应"(interactive fixed effects)。如果 λ_t 是一维且为常数,则式(6.2)可简化为"双向固定效应模型"(two-way fixed effects model),包含个体固定效应 u_i 与时间固定效应 δ_t。由此可知,式(6.2)是双固定效应模型的推广,它允许不同个体对于共同冲击的异质性反应(heterogeneous impacts)。ε_{it} 为随机扰动项,代表每个地区观测不到的随机冲击,均值为 0。

为了估计出 y_{it}^N,解决方案是通过对照组城市的加权来模拟处理组的特征。为此,我们的目的是求出一个 $(J \times 1)$ 维权重向量,记构造合成控制城市的权重向量为:

$$W \equiv (w_2, \cdots w_{J+1})' \tag{6.3}$$

其中,w_2 表示第 2 个地区在合成控制中所占的权重,以此类推;对于任意 J,$w_j \geqslant 0$,且权重之和为 1,即 $\sum_2^{J+1} w_j = 1$。对于任意给定的 W,可将合成控制地区的结果变量写为:

$$\sum_{j=2}^{J+1} w_j y_{jt} = \delta_t + \theta_t' \sum_{j=2}^{J+1} w_j Z_j + \lambda_t' \sum_{j=2}^{J+1} w_j u_j + \sum_{j=2}^{J+1} w_j \varepsilon_{jt} \tag{6.4}$$

假设存在一个向量 $W^* \equiv (w_2^*, \cdots w_{J+1}^*)'$ 满足:

$$\sum_{j=2}^{J+1} w_j^* y_{j1} = y_{11}, \cdots, \sum_{j=2}^{J+1} w_j^* y_{jT_0} = y_{1T_0}, \text{并且} \sum_{j=2}^{J+1} w_j^* Z_j = Z_1 \tag{6.5}$$

如果 $\sum_{t=1}^{T_0} \lambda_t' \lambda_t$ 为非奇异(nonsingular)矩阵,则有:

$$y_{it}^N - \sum_{j=2}^{J+1} w_j^* y_{jt} = \sum_{j=2}^{J+1} w_j^* \sum_{t=1}^{T_0} \lambda_t \left(\sum_{n=1}^{T_0} \lambda_n' \lambda_n \right)^{-1} \lambda_t' (\varepsilon_{jt} - \varepsilon_{1t}) - \sum_{j=2}^{J+1} w_j^* (\varepsilon_{jt} - \varepsilon_{1t}) \tag{6.6}$$

Abadie 等(2010)证明,在一般条件下,如果目标事件(政策)发生前的时间段相对于目标事件发生后的时间范围较长,即在样本中目标事件发生前的期数较多的条件下,式(6.4)右边的均值将趋近于 0。因此在目标事件冲击期间,我们可以用 $\sum_{j=2}^{J+1} w_j^* y_{jt}$ 作为 y_{1t}^N 的无偏估计,得到政策效果的估计值:

$$\hat{\alpha}_{1t} = y_{1t} - \sum_{j=2}^{J+1} w_j^* y_{jt} \quad t \in [T_0 + 1, \cdots, T] \tag{6.7}$$

因此,要得到 $\hat{\alpha}_{1t}$,最为关键的是求解出最优权重向量 $W^* \equiv (w_2^*, \cdots w_{J+1}^*)'$。求解思路为:令 X_1 表示处理组开通铁路前由各预测变量的均值构成的($k \times 1$)维向量,下标 1 表示其为处理城市;将 X_0 表示对照组城市相应预测变量的均值构成的($k \times J$)维向量,下标 0 表示其为对照组城市,其中第 j 列为第 j 个城市的相应取值。

为了保证合成控制城市的经济特征可能接近处理城市,那么 X_0W 要尽可能地接近于 X_1,也即要两者的距离 $\| X_1 - X_0W \|$ 最小化。因此,求解 W^* 就转化为了有约束的最小化问题:

$$\min_W (X_1 - X_0W)'V(X_1 - X_0W)$$

$$\text{s.t.} \quad w_j \geqslant 0, j = 2, \cdots, J+1; \sum_{j=2}^{J+1} w_j = 1 \tag{6.8}$$

其中,V 为($k \times k$)维半正定矩阵,反映相应的预测变量对于人均 GDP 的预测能力。此最小化问题的目标函数是二次函数,为"二次规划"(quadratic programming)问题,一般进行数值求解。记此约束最小化问题的最优解为 $W^*(V)$,可知依赖于半正定矩阵 V。依据 Abadie 等(2003),最优解 V^* 能使宜万铁路开通前的合成控制组中的对照组城市经济增长情况的均方误差(MSPE)达到最小,那么:

$$V^* = \sqrt{\min_v (y_i - y_{-i}W^*(V))'(y_i - y_{-i}W^*(V))} \tag{6.9}$$

其中,$y_{-i} = (y_1, \cdots, y_{i-1}, y_{i+1}, \cdots, y_{J+1})$ 表示所有对照单元在目标事件发生前的结果变量,是一个($T_0 \times J$)维矩阵。结合式(6.8)和式(6.9),基于使式(6.5)成立的条件,即可通过递归优化法就可以求得最优的权重向量 W^*,将其代入式(6.7),就能得到宜万铁路开通的处理效应的估计值。[①]

---

① 详细的证明过程请参考 Abadie 等(2003)的附录。

6.3.3　对照组城市选择策略

鉴于中国在 2004 年后开展大规模的基础设施建设[①],到目前为止大部分的县级市以上的城市均已开通了铁路(含高铁)。宜万铁路在 2010 年 12 月 22 日开通(本研究将其视为在 2011 年开通),因此,需要的对照组城市是到 2016 年尚未开通铁路的城市,能否找到可构建合成控制城市的对照组是是否可以采用合成控制法的基础。本研究利用《中国铁路地图集》、12306 网站以及铁道部的相关信息,搜索到在 2016 年尚未开通火车的城市主要有宿迁市、舟山市、珠海市、毕节市、玉树市等约 23 个县级市以上的城市。[②]

Abadie 等(2015)探讨了采用合成控制法的前提,强调在构建潜在控制地区时尤其要谨慎,指出选择潜在控制地区时需要注意以下几点。首先,控制地区的结果变量不受处理地区目标事件冲击的影响;其次,在样本期间受到很大特殊冲击的地区应排除在对照组之外;最后,为了避免“内插偏差”(interpolation bias),应将对照组限定为与处理地区具有相似特征的控制地区。同时,一般认为对照组的地区最好不低于 10 个,不然构建不出好的对照组。

根据 Abadie 等(2015)的研究,本研究选择对照组城市的策略是,要使得在宜万铁路开通之前,用来合成恩施市的对照组城市在影响国内生产总值的各项特征上(如经济特征、社会环境、人文环境以及地理环境等)尽可能与实际恩施市相一致;并且要保证在宜万铁路开通前后,其所受到的外生冲击基本能和实际恩施市保持一致。根据前述恩施市的经济背景,本研究抽取出恩施市的主要特征包括:地理环境恶劣、集中连片特殊困难地区、少数民族聚集区、西部大开发地区、旅游资源丰富等。同时,考虑恩施市虽是县级市,但同时作为恩施州(地级)的州政府所在地,地级市的某些特征也会体现在恩施市的特征中。因此,本研究除了考虑

---

① 2004 年国家出台《中长期铁路网规划》并实施以来,我国铁路建设进入了十多年的快速发展期,2005—2010 年铁路运营里程年均复合增速达到 3.9%。

② 本研究在搜索的时候排除了新疆和西藏。并且,即使在 2016 年年底开通的地区也被视为不开通铁路,如陇南市。

县级市外,还考虑了地级市,最终选择与恩施州相似度较高的保山市、普洱市、景洪市、文山市、临沧市、康定市、陇南市、合作市、吴忠市、武冈市这10个城市作为合成恩施市的对照组城市。这些城市基本上都属于集中连片特困地区,一直受到国家扶贫的支持。它们的基本情况如表 6.1 所示。

表 6.1　合成对照组城市基本情况

省　份	城　市	类别	地理地貌	少数民族集聚区	是否扶贫地区
	保山市	地级市	横断山脉	否	是
	普洱市	地级市	边远山区	是	是
云南省	景洪市	县级市	西南边区	是	是
	文山市	县级市	岩溶山区	是	是
	临沧市	地级市	滇西纵谷区	否	是
四川省	康定市	县级市	四川盆地西缘山地	是	是
甘肃省	陇南市	地级市	秦巴山区	否	是
	合作市	县级市	青藏高原	是	是
宁夏回族自治区	吴忠市	地级市	黄土高原	否	否
湖南省	武冈市	县级市	武陵山区	否	是

因此,我们的目标是用这 10 个在 2016 年尚未开通铁路的城市的加权平均来模拟没有开通铁路的恩施市的潜在人均 GDP,然后与实际恩施市的人均 GDP 进行对比,来估计宜万铁路的开通是否对提升人均 GDP 起到作用及其作用的大小。

6.4　实证分析与检验

6.4.1　变量与数据

本研究采用的衡量经济增长的被解释变量为人均 GDP,用全市 GDP 与人口之比来计算,记为 y。参考 Abadie 和 Gardeazabal(2003)的预测变量[1],结合国内的相关研究(王贤彬和聂海峰,2010;杨经国等,2017),本研究选择的预测变量包括以下因素:(1)投资指标,用固定资产投资率来衡量;(2)金融发展指标,用金融机构各项贷款余额占 GDP 比重来衡量;(3)政府支出指标,采用地方财政一般预算支出占 GDP 的比例来衡量;(4)人力资本指标,考虑到这些地区均为贫困地区,人力资本主要由中学生来体现,用在校中学生人数占人口的比例来衡量;(5)资源禀赋指标,采用人口密度来衡量;(6)消费指标,采用社会消费品零售总额占 GDP 的比例来衡量。[2]

　　合成控制法的可信度取决于,合成控制能在干预前的相当一段时期内较好地追踪处理组城市的经济特征与结果变量。如果干预前的拟合不好,或干预前期数太短,则不适宜使用合成控制法。为了更好地合成对照恩施市并进行比较,一般要求目标事件前有一段较长的时间和 5 年以上的目标事件后的面板数据。鉴于部分城市存在着行政区域更改、统计数据不全等原因,我们将数据范围确定在2000—2016 年,其中将 2000—2010 年作为拟合预测变量的时间段。[3]

　　本研究使用的数据来自 2000—2016 年的《中国城市统计年鉴》,部分缺失值主要通过查阅《中国县市经济统计年鉴(2001—2011)》、所在省份的省统计年鉴以及各城市统计局网站提供的年鉴和统计公报来进行补缺。并以 2000 年为基期,将 GDP 数据、固定资产投资等数据根据各省份 CPI 进行了平减调整。

6.4.2　实证结果

　　本研究采用 Abadie 等(2010)开发的 synth 程序进行估计。得到 10 个对照组的权重以模拟恩施市未受宜万铁路开通影响的情况,实际恩施市与合成恩施市之

---

[1]　该文章采用的预测变量(predictors)包括投资率、人口密度、产业结构、人力资本等。
[2]　鉴于大部分城市均为贫困落后地区,虽然已经查阅大量的统计年鉴和资料,但仍无法获得完整的产业结构的相关数据,因此,本书的预测变量并不包含产业结构指标。
[3]　宜万铁路的开通日期为 2010 年 12 月 22 日,但由于已是年末,故视为 2011 年开通。

间的人均 GDP 的差异就是宜万铁路开通对恩施市人均 GDP 增长的处理效应。[①]

通过合成控制法的计算,表 6.2 显示了构成合成恩施市的权重组合,4 个权重城市分别为武冈市、景洪市、临沧市和普洱市。其中武冈市为权重最大的城市,武冈市同样位于武陵山区,在地理、文化等方面具有较多相类似的特征,这也符合直观判断。同时,武冈市和景洪市为县级市,所占权重最大;临沧市和普洱市是地级市,虽然权重较小,但也体现了由于恩施市同时是恩施州的州政府所在地,也具备了地级城市的某些特征。

表 6.2 合成恩施市的城市权重

	武冈市	景洪市	普洱市	临沧市
权重	0.705	0.156	0.124	0.016

表 6.3 合成恩施预测控制变量的拟合均值与实际对比

预测变量	实际恩施市	10 个城市均值	合成恩施市
人均 GDP 均值	6 058.431	7 794.816	6 018.333
社会零售总额比	0.402	0.333	0.365
固定资产投资率	0.447	0.595	0.447
政府支出比	0.146	0.163	0.155
贷款余额比率	1.157	0.891	0.657
在校中学生比	0.049 1	0.062 4	0.059 2
人口密度	0.019 6	0.011 7	0.026 1

表 6.3 给出了在 2011 年前实际恩施市和合成恩施市的一些重要经济变量的对比。其中,实际恩施市和合成恩施市在人均 GDP 均值上的差异度为 6‰,特别是在 2007 年以前,可以说合成恩施市的人均增长路径很好地拟合了实际恩施市人均 GDP 的增长路径,两者几乎重合在一起;但两者在 2008 年时存在一个较大

[①] 宜万铁路还经过利川市,本研究也收集了利川市的数据,但由于利川市的人均 GDP 在所有样本中长期处于最低水平,导致 MSPE 较大,合成的效果较差,因此研究没有采用 SCM 来分析利川市。

的差异(10.8%),研究推测是受到金融危机的影响,导致实际恩施市在当年的
GDP增速减缓,人均GDP增长率低于2007年和2009年的增速。在6个预测变
量中,社会零售总额比、在校中学生比、人口密度、固定资产投资率、政府支出比的
差距都很小,只有贷款余额比率的匹配稍欠理想。因此合成控制法比较好地拟合
了宜万铁路开通之前恩施市的经济增长特征,该方法可用来评估宜万铁路开通对
恩施市的经济增长效应。因此,我们可以按照合成控制法将这4个城市的加权平
均作为恩施市的比较组,来分析恩施市开通铁路后的经济效益(见图6.2)。

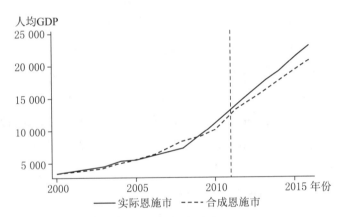

图6.2 实际恩施市和合成恩施市的人均 GDP 对比

表6.4 宜万铁路的开通对恩施市人均 GDP 增长的效应

项　目	2011 年	2012 年	2013 年	2014 年	2015 年	2016 年
实际值	13 078.8	15 223.32	17 376.29	19 064.81	21 277.63	23 236.22
合成值	12 530.7	14 476.79	15 832.92	17 688.27	19 264.48	20 928.86
差　额	548.1	746.5	1 543.4	1 376.5	2 013.1	2 307.4
百分比	4.37	5.16	9.75	7.78	10.45	11.24

　注:本研究在收集数据时,鉴于部分城市没有人均 GDP 的具体数据,为保持一致性,涉
及的人均 GDP 都采用 GDP 除以人口数得到,因此相比年鉴或城市统计公报略有差距。但
与恩施市统计公报提供的数据相比要低。

在图 6.2 中,我们把 2000—2016 年实际恩施市和合成恩施市的人均 GDP 绘制在一起。可以直观地看到,在宜万铁路开通之前,合成恩施市与实际恩施市的人均 GDP 曲线几乎实现了重合,表明合成恩施市可以很好地作为假如恩施市没有开通铁路的反事实替身。在铁路开通之前,恩施市的人均 GDP 在 2009 年和 2010 年已超过了合成恩施市人均 GDP 的 1.6% 和 4.6%,这可能是由于预期效应导致的,宜万铁路按照规划原定于 2008 年开通,因此可能在前期产生的投资促进了经济增长。结合图 6.2 和表 6.4 来看,宜万铁路开通后实际恩施市和合成恩施市的人均 GDP 产生了显著的差异,从 2011 年差额的 548 元提高到 2016 年的 2 307 元,并具有扩大的趋势。在 2011—2016 年,实际恩施市的人均 GDP 分别比合成恩施市高了 548.1 元、746.5 元、1 543.4 元、1 376.5 元、2 013.1 元和 2 307.4 元,平均每年提高了 1 422 元;2011—2016 年,实际恩施市的人均 GDP 比合成恩施市分别高了 4.37%、5.16%、9.75%、7.78%、10.45%、11.24%,平均每年提高 8.09%。两者的差距说明,相对于没有开通铁路的恩施市,在其他条件保持一致的情况下,开通铁路的恩施市的人均 GDP 有效提高。也即是说,开通宜万铁路对恩施市人均 GDP 的处理效应是平均提高了 1 422 元,平均提高了 8.09% 的幅度,且处理效应具有随时间演进而扩大的趋势。

由于我们在合成恩施市的时候,采用了固定投资率等预测变量,因此宜万铁路修建所引致的固定资产投资增加、消费增加、政府购买增加等因素对经济增长的影响已反应在合成恩施市的人均 GDP 中,铁路开通所带来的经济增长效应是一种间接效应。恩施市通过宜万铁路连接到全国铁路网络后,运输条件得到改善,其利用铁路运输系统有效地降低了贸易成本,而贸易成本则在很大程度上影响了商品价格差异(Donaldson,2018),使其逐步进入全国统一商品和要素市场。颜色和徐萌(2015)指出一个统一的商品市场能够为经济增长带来诸多好处,如市场整合能够促进专业分工、技术传播、成本降低、投资机会增加、资本回报率增加等,从而促进资源优化配置与经济发展。正如本研究分析所指出的,宜万铁路的开通,确实降低了贸易成本,特别是游客的交通成本,改善可达性,在贸易规模扩大的同时,恩施市充分开发利用了自身的资源特色大力发展旅游产业,发挥了比较优势。因此,铁路开通对恩施人均 GDP 增长的处理效应,本研究认为短期内是由于铁路开通降低了贸易成本,促进了生产要素合理流动,使得配置效率改善所带来的,在长期内则是通过分工实现专业化及产业结构的调整进一步来促进经济增长。

6.4.3　稳健性检验

虽然采用合成控制法可以发现恩施市实际人均 GDP 相比合成恩施市的人均 GDP 在开通宜万铁路后得到显著提高,但这种处理效应是否仅是偶然现象? 或者也可能受到一些其他冲击如扶贫政策的影响? 为此,本研究通过三个检验来排除偶然性和其他干扰。

1. 稳健性检验一:排序检验

Abadie 等(2010)提出使用"安慰剂检验"(placebo test)来进行统计检验。这种方法类似于统计学中的"排列检验"(permutation test),适用于任何样本容量。

安慰剂检验借用了安慰剂的思想。具体到宜万铁路开通的案例,即使用合成控制法所估计的人均 GDP 增长效应,是否完全由偶然因素所驱动? 换言之,如果从对照组城市中随机抽取一个城市进行合成控制估计,能否得到类似的效应? 为此,本研究采用 Abadie 等(2010)的做法进行了一系列的安慰剂检验,依次将对照组城市中的每个城市作为假想的处理组城市(也即假设它们也在 2011 年开通铁路),而将恩施市作为对照组城市对待,然后使用合成控制法估计其人均 GDP 增长效应。通过这一系列的安慰剂检验,可得到安慰剂效应的分布,将恩施市的处理效应与之对比,并且可以进一步确定显著性。

但需要注意的是,在对某个城市进行安慰剂检验时,如果其结果变量在目标事件发生之前长期处于最大或者最小,由于权重之和不可能大于 1,那么拟合效果将很差,主要表现为均方预测误差 MSPE[①] 很大,则有可能出导致"目标事件发生

---

① 干预之前的 MSPE 计算公式:$MSPE_{pre} \equiv \frac{1}{T_0} \sum_{t=1}^{T_0} \left(y_{1t} - \sum_{j=2}^{J+1} W_j^* y_{jt} \right)^2$,干预之后的 MSPE 也相类似,只是预测误差平方的平均区间不同。

之后"的"效应"波动也很大,导致结果不可信。类似地,如果合成恩施市在被干预前对恩施市的拟合很差,那么我们也不会相信干预之后的估计结果。本书根据 Abadie 等(2010)的做法,仅保留了干预前 RMSPE 不超过恩施市干预前 RMSPE(恩施市 RMSPE 为 440.50)两倍的 7 个城市。鉴于所选取城市人均 GDP 在绝对水平上存在较大差异,为了更好地比较,采用通过计算每个城市实际人均 GDP 和合成城市人均 GDP 之差(可视为预测误差)除以合成城市人均 GDP 再乘以 100%来表示相对变化程度。①对恩施市而言,如前所述,也可视为开通宜万铁路对恩施市人均 GDP 的增长效应。8 个城市(包含恩施市)的相对变化程度如图 6.3 所示。

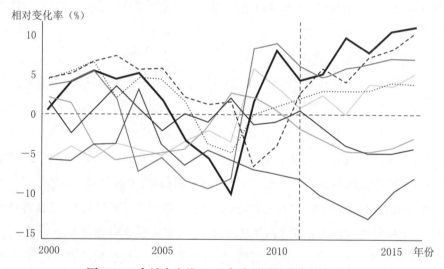

图 6.3　8 个城市人均 GDP 变动预测误差变化率分布

在图 6.3 中,加粗黑线为恩施市的预测误差变化率曲线,而其他 7 条细线表示其他 7 个对照组城市的预测误差变化率曲线。宜万铁路开通之前,恩施市的预测误差变化与其他城市较类似,相差不大且基本上围绕 0 上下波动,具有较强的随机性。但是,2011 年之后恩施市的预测误差变化显得相对较大,恩施市的预测误

---

① 刘甲炎、范子英(2013)也采用了类似的策略,但不同的是,本研究采用的是合成城市的结果变量作为分母,而不是实际城市的结果变量,采用合成城市的结果变量作为分母的好处是这个变化率在目标事件发生后可视为相对没有目标事件发生时提升的幅度,也可视为处理效应。

差变化曲线基本上都位于其他城市的上方,与前期的随机波动显著不同,并且恩施市与其他城市的差异逐渐加大。因此,如果铁路开通对恩施市人均 GDP 没有影响,那么这种预测误差应该像其他城市一样保持类似于前期的随机性,出现正向随机误差最大的概率是较低的。这一变动程度在 2011 年前后的差异,说明宜万铁路的开通对恩施市人均 GDP 的影响是显著的,并不是一种随机现象。

同时,假如宜万铁路的开通对恩施市的经济增长并无任何特别效应,则在这 8 个城市中,碰巧看到恩施市正向处理效应最大的概率为 $\frac{1}{8} = 0.125$,这被 Abadie 等 (2010)视为显著性水平。但由于可供本研究选择的对照组城市较少,导致可参与安慰剂检验的样本过少,虽然显著性水平 12.5% 并没有达到通常判断显著性水平的 5%,但也在较大的概率上支持了铁路开通对恩施市的人均 GDP 增长具有促进作用这一观点。

2. 稳健性检验二:DID 方法与合成控制法的对比

考虑到各个城市的发展水平有一定的差距,导致人均 GDP 存在一定的差异,单纯采用人均 GDP 作为被解释变量无法体现出差分效果。为了使得各区域处于可比较的状态中,在用 DID 方法时,研究采用的被解释变量是人均 GDP 增长率。研究构建 DID 模型如下:

$$Ry_{it} = \beta_0 + \beta_1 RAIL_{it} \times D_t + \gamma X_{it} + \alpha_i + \mu_t + \varepsilon_{it} \tag{6.10}$$

其中,Ry_{it} 为城市 i 在 t 时期的人均 GDP 增长率;$RAIL_{it}$ 为城市 i 在 t 时期是否开通铁路的虚拟变量,在开通当年和开通之后的所有年份取值为 1,开通之前取 0;D_t 为代表铁路开通的时间虚拟变量,2011 年后赋值为 1, 2011 年前赋值为 0;β_1 为交叉项 $RAIL_{it} \times D_t$ 的系数,代表铁路影响人均 GDP 增长率的平均处理效应。X_{it} 为其他控制变量向量,包括(社会零售总额比、固定资产投资率、政府支出比)[①],γ 为控制变量的参数向量;α_i 为个体固定效应;μ_t 为时间固定效应;ε_{it} 为经典误差项。为了衡量开通铁路的效果随时间演进的趋势,本研究还定义 RT_{it} 为铁

---

① 之所以不包括人口密度和人力资本的变量,是因为这两个变量相对变化不大,把其视为个体效应;为防止多重共线性,去掉了贷款余额比率。

路开通的第 T 年的虚拟变量,T 取值为 1、2、3、4、5、6,分别表示开通的第 1、2、3、4、5、6 年,RT_{it} 在铁路开通的第 T 年取值为 1,其他年份取 0。

样本除了上述 11 个城市外,为了获取更多的信息,还把宜万铁路途经的另一个城市——利川市纳入样本,并分别作为处理组进行了估计。估计结果如表 6.5 所示。

表 6.5 宜万铁路开通的人均 GDP 增长效应(DID 方法)

变 量	M(1)恩施	M(2)利川	M(3)恩施、利川	M(4)恩施	M(5)恩施、利川
交叉项	0.085 7* (0.048 8)	0.062 4* (0.039 5)	0.074 8* (0.038 5)		
开通第 1 年($R1$)				0.057 1* (0.030 2)	0.053 2 (0.045 8)
开通第 2 年($R2$)				0.058 9 (0.058 1)	0.056 5 (0.099 8)
开通第 3 年($R3$)				0.063 1 (0.051 6)	0.059 3 (0.125 9)
开通第 4 年($R4$)				0.082 6* (0.079 3)	0.062 5 (0.128 3)
开通第 5 年($R5$)				0.113** (0.053 4)	0.092 7** (0.043 3)
开通第 6 年($R6$)				0.125** (0.057 7)	0.112** (0.053 4)
零售额占 GDP 比例	0.024 7*** (0.006 9)	0.021 1*** (0.005 8)	0.023 8*** (0.061 5)	0.025 1*** (0.006 5)	0.024 1*** (0.006 0)
固定投资占 GDP 比例	0.023 9** (0.010 9)	0.021 3** (0.009 9)	0.022 5** (0.010 7)	0.024 8* (0.012 7)	0.023 7** (0.011 1)
财政支出占 GDP 比例	0.012 7 (0.013 8)	0.011 7 (0.011 2)	0.012 1 (0.012 0)	0.013 3 (0.012 3)	0.012 9 (0.013 6)
年度哑变量	是	是	是	是	是
样本容量	176	176	192	176	192
R^2	0.507	0.505	0.521	0.526	0.530

注:(1)括号中为标准误;(2) * $p < 0.1$, ** $p < 0.05$, *** $p < 0.01$。

从表 6.5 我们可以看到,在模型(1)中,估计了铁路开通后恩施市的处理效应,平均处理效应为提高了人均 GDP 的 8.57%,略高于采用合成控制法的 8.09%。DID 法均表明了铁路开通对恩施市人均 GDP 增长具有正向作用,与 SCM 法得到的结论一致。在模型(2)中,采用利川市作为处理组也得到了同样的结果,平均处理效应为 6.24%,比恩施市低一些,在一定程度上表明宜万铁路的开通对途经城市的人均 GDP 的影响具有异质性。在模型(3)中,把恩施市和利川市作为处理组,得到的平均处理效应为 7.48%。在模型(4)中,我们通过虚拟变量 RT 来考察铁路开通后平均处理效应随时间的演进趋势,表明随着时间推移,铁路开通的人均 GDP 增长效应愈加强烈。恩施市在宜万铁路开通的第一年,相对没有开通铁路时,人均 GDP 增长率提高了 5.7%,随着时间推移人均 GDP 增长幅度越来越大,特别是在开通的第 5 年和第 6 年,人均 GDP 增长效应达到了 11.3% 和 12.5%,并且在 5% 的显著性水平上显著。在模型(5)中,以恩施市和利川市作为处理组来估计平均处理效应随时间演进的趋势,也得到了相同的结论。这同样表明宜万铁路的开通促进了恩施市与外界交往能力的提高,降低了贸易成本,促进要素和商品合理流动,从而促进区域经济增长;并且,随着时间推移,恩施市可能利用了比较优势来深化分工,改变产业结构,获得了更大的经济增长效应。

DID 的估计结果与合成控制法的估计结果在符号上表现一致,且在数值上较接近,表明了铁路开通对恩施市确实存在经济增长效应,也证实了合成控制法的稳健性。DID 的估计结果高于合成控制法的估计结果,很有可能是因为 DID 方法在估计政策效应时,难以把时间趋势除净,因为处理组和对照组在目标事件冲击之前可能存在不同的时间趋势,并且这种时间趋势在双重差分之后依然存在,这就使得难以准确估计政策效果。

3. 稳健性检验三:排除扶贫政策的干扰

2011 年中国政府出台了《中国农村扶贫开发纲要(2011—2020 年)》(以下简称《扶贫纲要》),中央把集中连片特殊困难地区作为新阶段扶贫攻坚主战场的战略部署,并率先启动武陵山片区区域发展与扶贫攻坚试点工作,为全国其他连片特困地区提供示范;2014 年 1 月,中共中央办公厅落实习近平的"精准扶贫"指示,推动了"精准扶贫"政策的实施,政策重心由"片区扶贫"向"精准扶贫"转变。恩施市也是受到这些扶贫政策影响的地区之一。那么,扶贫政策在恩施市的实施是否影响到铁路对人均 GDP 的处理效应呢?本研究认为由于以下两个理由,扶贫政策的实施并不会影响到铁路开通对恩施市经济增长的效应。

首先,无论是《扶贫纲要》里的措施,还是精准扶贫的手段——安居扶贫、产业扶贫、智力扶贫、保障扶贫、金融扶贫,主要均落实在财政补贴、居民转移支付、外部投资、金融机构贷款等方式,这些措施与手段最终演变为政府财政支出、居民消费、固定资产投资、金融机构贷款余额甚至是中学生人数变化上。如通过捐赠来保障贫困户生活,贫困户利用捐赠款来增加消费,导致社会零售总额增大,因此,扶贫政策对 GDP 增长的影响最终通过预测变量来反应,也即反应在合成恩施市的人均 GDP 上。因此,合成控制法能在一定程度上剔除扶贫效果,并且由于政策的相似性,DID 方法也可以有效地剔除了个体在新阶段因一些扶贫政策所带来的影响,如 2011 年后的扶贫政策和 2014 年后精准扶贫政策对人均 GDP 的影响。

其次,本研究所选择的对照组城市中,只有吴忠市不属于扶贫地区,合成权重的 4 个城市均为扶贫地区。而早在 2001 年,中国政府同样出台了《中国农村扶贫开发纲要(2001—2010 年)》,与之相比,2011 年的《扶贫纲要》中,相关的政策变动不大,主要是增加了连片特困地区的提法。因此,在合成恩施市时纳入了扶贫的因素。如果把政策变动视为共同冲击,那么合成控制法的原理,如式(6.2)所示,SCM 在合成控制城市时,已通过共同因子来反应各个地区所面临的一些共同冲击,即使扶贫政策变化所产生的冲击也在合成时体现出来。本研究在合成恩施市时增加了预测变量是否是扶贫地区的虚拟变量,处理效应依然稳健。

因此,认为无论是采用 SCM 还是 DID 都已在一定程度上排除了扶贫政策对人均 GDP 增长的影响,获得了较干净的处理效应。这种处理效应单纯地表现为由于铁路开通后,贸易成本的降低带来生产要素合理流动、贸易流提高、资源配置效率提高等效应来获得的。

综上,本研究利用排列检验来检验宜万铁路的开通对恩施市的人均 GDP 增长效应是否是随机现象,结果显示我们有很大的概率来否定这种处理效应是偶然

的;通过 DID 方法的结果对比,得到了与合成控制法基本一致的结论,证实 SCM
方法的估计结果是可靠的;通过对扶贫政策的性质及基于 SCM 合成原理,指出扶
贫政策并不会影响到铁路对人均 GDP 的处理效应,排除了干扰。因此,SCM 估计
结果具有稳健性和有效性。

6.5 恩施市为何能受益于宜万铁路

许多研究表明交通基础设施可能产生负的空间溢出效应(如 Boarnet,1998)。
因此,交通基础设施通过集聚效应,使生产要素更方便地流向经济发达地区,在这
种情况下,一个区域的经济增长可能会以其他区域的经济衰退为代价(张学良,
2012)。交通基础设施会改变所在地区的可达性和吸引力,降低贸易成本,加快生
产要素的流动,但欠发达地区通过交通基础设施连接到相对发达地区,由于发达
地区高回报率和较高的工资水平,可能导致欠发达地区的生产要素流出,长期如
此还可能导致产业转移,从而导致经济衰退,因此产生负溢出效应。

本研究采用合成控制法显示宜万铁路的开通对恩施市人均 GDP 增长具有正
向处理效应,铁路开通后恩施市的人均 GDP 相比没有铁路开通的合成恩施市在
2011—2016 年间平均每年提高了 1 440 元,平均提高了 8% 的人均 GDP。在稳健
性检验时,采用恩施市作为处理组的检验是稳健的,支持了合成控制法的结果,并
且显示宜万铁路经过的另一个县级市利川市也受益于铁路的开通。但本研究仅
仅是针对特定城市来展开经验研究的,并不意味着任何城市就必定能从交通基础
设施的发展中获益,比如对于宜万铁路上的其他县城(建始县或者巴东县)是否同
样具有正向的平均处理效应仍存疑。2010—2016 年,巴东县的 GDP 年均增长率
为 11.7%,低于恩施市 GDP 的年均增长率 13.7%,也低于恩施州 GDP 的年均增长
率 13.1%,甚至低于湖北省 GDP 的年均增长率 12.6%。因此,本研究认为必须持
谨慎的态度来推断巴东是否同样受益于宜万铁路的开通,是否获得正向的处理

效应,需要进行具有针对性的研究设计来甄别。正如部分文献指出的,可达性的改善导致区域经济是否能实现收敛具有区域异质性(Fujita, et al., 2001; Cheng, et al., 2015)。一个地区是否受益于铁路的开通或某项基础设施的建设需要对该地区所具备的条件进行甄别,本研究从恩施市的特性及2011—2016年的社会经济发展历程中挖掘相关的信息进行探索性研究,以期得到一些有益的启示。

首先,恩施市是恩施州的政治、经济、文化中心和交通枢纽,能保持一定的相对吸引力。宜万铁路的开通,把恩施州与更发达的东部地区连接起来,使交易成本降低,导致劳动力等生产要素发生转移。如果没有开通铁路,恩施州与武冈市在人口增长率上应该保持相同的变化趋势(比值应相同),但恩施州在铁路开通前后一段时期的人口增长率相比没有开通铁路的武冈市的人口增长率发生变化的程度更大,在一定程度上说明这是由于恩施州的劳动力发生转移的后果。但相对于恩施州的其他县市而言,恩施市作为州政府所在地,具有更高的吸引力,宜万铁路的开通更强化了恩施市的相对吸引力,恩施州州内生产要素流动成本的降低,促进了劳动要素在州内的集聚,因此即使在恩施市的劳动力也向州外转移的情况下,州内其他县市向恩施市集聚使得其人口增长率变动没有其他县市的变动程度大。从表6.6中可以看到,在铁路开通前6年,巴东县、恩施市和恩施州总体的人口增长率均大于0,且巴东县的平均人口增长率大于恩施市的平均人口增长率。但铁路开通后,巴东县的平均人口增长率为−0.06%,恩施市平均人口增长率为0.06%,恩施州的平均人口增长率为0.11%,人口增长率均表现为下降,因此铁路开通后很有可能导致恩施州劳动力的加速转移,但巴东县的人口转移速度比恩施市的人口转移速度更快。鉴于恩施市与巴东县在人文地理、民族习俗、生育政策等方面基本同质,人口自然出生率几乎没有差别,在铁路开通前后,两者的人口增长率变动程度存在较大差异,这可能是铁路开通后,巴东县相比恩施市的劳动力发生了更大的转移。可见,当欠发达地区开通铁路后,交通成本的降低和可达性的提高导致了要素的快速流动,特别是劳动力流失,短期内由于欠发达地区存在劳动力剩余的情况,不一定能够提高欠发达地区的均衡工资,并且转移的往往是具有较高人力资本的劳动力,因此,可能对地区的经济增长不利。所以,一个地区是否能受益于交通基础设施的发展,需要具备一定的相对吸引力,保证生产要素的转移不会产生太大的变化。

表 6.6　宜万铁路开通前后相关地区人口增长率变化

时　　期	巴东县	恩施市	恩施州	武冈市
2005—2010 年	0.43%	0.35%	0.53%	1.31%
2011—2016 年	−0.06%	0.06%	0.11%	0.53%
比　　值	−0.13	0.19	0.2	0.4

注:平均增长率计算采用几何平均法。
资料来源:《恩施州统计年鉴》(2016)、武冈市相关年份的统计公报。

其次,恩施市通过宜万铁路释放和利用自身的特色资源和比较优势。恩施市具有某些独特的资源优势,如拥有世界上唯一发现的独立硒矿床,森林覆盖面积达 68%,享有"鄂西林海""世界硒都""华中药库""烟草王国"等美誉。因此,宜万铁路的开通降低了交通成本,提高了可达性,恩施市积极开发和利用旅游资源,以期建设成中国优秀旅游城市目的地。恩施市旅游资源丰富,拥有恩施大峡谷、土司城、土家女儿城、梭布垭石林等景区;并且处于武陵山区"恩施—张家界—黔江"的旅游金三角中,拥有区位优势。因此,铁路开通后,恩施市基于旅游资源,不断加大旅游景区的建设力度,2011 年在旅游开发和建设上的投资为 2.35 亿元,极大地促进了以恩施大峡谷景区为龙头的恩施旅游业高速发展。恩施市的这种优势随着铁路的开通得到了释放,旅游业得到了井喷式发展。2011 年其接待国内旅游总人数达 466.05 万人次,增长 68.7%;全年旅游直接收入 7.09 亿元,增长 76.1%;旅游外汇收入 249 万美元,增长 30.4%;旅游综合总收入 30.5 亿元,占 GDP 的28.9%。到 2016 年,接待国内旅游总人数 1 473.05 万人次,全年旅游综合收入114.14 亿元,旅游入境外汇收入 629 万美元。此外,恩施市利用硒资源构建了"硒+X"产业发展新模式,利用富硒的优势,带动种植、养殖、加工、贸易、流通、旅游、金融、信息、健康等产业发展,形成了具有核心竞争力的优势产业,如富硒蔬菜、富硒绿茶、富硒药材等。2016 年,恩施市富硒产业总产值已突破 50 亿元。从开通宜万铁路后,恩施市所采取的一系列产业发展政策来看,其战略定位很明确——充分利用自身的特色资源和比较优势,发展富硒农产品加工、旅游业、大健康产业等优势产业,因此在与其他中心城市、发达城市的竞争中,能发挥出恩施市的比较优势,这些产业的替代性弱而互补性较强,在一定程度上防止了本地的资金等资源流向回报较高的发达地区,并吸引到了其他地区的资金进入本地投资向优势产业。

再次,政府部门提供了高质量的服务和良好的发展环境。现有不少研究(Esfahani & Ramirez, 2002; Crescenzi, et al., 2015)指出,交通基础设施对经济增长的作用是否显著,一个重要的影响因素是政府机构的服务质量及相应的发展环境。恩施市作为恩施州的州政府所在地,在政府信息公开、服务意识、服务质量等方面均处于相对较高的水平,如开通了恩施网络问政平台,并切实保障民意得到良好反馈。发展环境的优良程度也在一定程度上决定着生产要素和产业的流向,如税收、工商、补贴、创新、人力等系列优惠措施会对能否成功承接产业转移、招商引资起到关键性作用。恩施市依托本地茶叶、生态、文化旅游等优质资源来进行招商引资。恩施市实行积极的招商引资政策,如制定《中共恩施市委 恩施市人民政府关于优化经济发展环境的十条规定》《恩施市人民政府关于推进招商引资工作的意见》《恩施市招商引资中介人奖励办法》《恩施市关于加快旅游产业发展的十条意见》《关于鼓励科技创新的十条意见》。相关政策的实施,优化了投资环境,并取得了良好的效果。2016 年恩施市新签招商引资合同(协议)16 个,合同(协议)金额 68.07 亿元,同比增长 91.8％;实际到位资金 41.19 亿元,比 2015 年增长 27.5％,其中当年新签项目到位资金 9.96 亿元,同比增长 56.7％;全年实际利用外资 700 万美元,同比增长3.6％。从表 6.7 来看,城镇化率、固定宽带普及率、信用环境评价指数、社会综合指数等指标所构成的社会指标,在一定程度上体现了一个地区的发展环境,恩施市在湖北省 31 个县市区中排名第 3 位,在 4 个恩施州的县市区中排名最高;而由固定资产投资、招商引资(省外境内资金和实际利用外资)等构成的后劲指标中,恩施市的后劲相比其他 3 个县市更高。自从宜万铁路开通后,恩施市在湖北省县域经济考核综合排位逐年上升,2012 年排第 4 位,2013 年、2014 年上升到第 3 位,2015 年、2016 年进位到第 1 位。可以说,恩施市改善发展环境的改革创新力度是较大的,优惠的政策、高效的服务、积极招商引资,在一定程度上促进了外部资金进入恩施市进行投资。

表 6.7　2016 年湖北省县域经济工作考核中恩施州 4 县市的部分指标

综合排序	县市区	排序	固定资产投资（亿元）	省外境内资金（亿元）	利用外资（万美元）	排序	城镇化率(%)	固定宽带普及率(%)	信用环境评价指数	社保综合指数
1	恩施市	12	174.14	23.10	700	3	53.32	16.62	89.23	93.73
10	利川市	17	110.21	24.60	645	12	41.46	11.83	90.48	90.95
20	巴东县	18	99.99	2.10	554	31	36.05	9.26	86.36	93.40
22	建始县	27	88.61	14.90	646	25	38.30	10.78	80.13	89.77

注:排序为湖北省 31 个县市区的排名。
资料来源:湖北省经信委。

6.6　本章主要结论

本研究以宜万铁路途经恩施这一随机冲击事件,采用合成控制法构建了一个合成恩施市,用实际恩施市的人均 GDP 与合成恩施市的人均 GDP 的差距来衡量宜万铁路途经恩施给恩施带来的经济效应。本章验证了宜万铁路的开通对恩施市经济增长的效应,及其影响程度。

本研究利用相关背景进行了分析,指出宜万铁路途经恩施市可被视为随机冲击事件。研究发现:(1)宜万铁路的开通对恩施市人均 GDP 具有正向处理效应,2011—2016 年间,相比没有开通铁路的情况,人均 GDP 平均提高了 1 422 元,平均提高了人均 GDP 的 8.09%;(2)并且,铁路开通后,处理效应随着时间的演进会更大且更显著,无论是采用合成控制法还是 DID 方法都证实了此点。因此,虽然在短期内由于要素流动的不均衡,贸易环境改善所带来的好处较低,但就长期而言,如果城市能充分利用比较优势,发展优势产业,因分工获得的专业化利益,铁路对经济增长的作用会更为明显。

虽然本研究利用宜万铁路的开通来分析其对特定城市——恩施市的经济增长效应的影响,并得到了正向的结果,但本研究指出这并不能推断出开通宜万铁路一定就能对所有途经的县市都具有相同的促进作用,这需要设计出适宜的因果推断方法。一个地区是否受益于铁路的开通或某项基础设施的建设,需要甄别该地区所具备的条件。笔者利用恩施市 2010—2016 年的社会经济发展历程挖掘相关的信息进行探索性研究,指出宜万铁路对恩施市人均 GDP 增长具有正向处理效应,主要以恩施市具有相对吸引力,具有特色资源和比较优势,有良好的投资环境等条件为前提。

为此,地方政府在加大交通等基础设施建设时,要甄别出本地区是否具有特色资源或具有拥有比较优势的产业,并努力提高当地的投资环境、政府部门服务质量、城市化程度、人力资本质量等配套条件,提高要素集聚的吸引力,创造出优势产业和承接产业转移的条件。只有这样,才能防止短期内劳动力与资本的外流导致的负面作用,并通过利用特色资源来发展具有比较优势的产业,这样交通基础设施项目可以长期促进地区经济发展。

第 7 章

中国区域经济的空间自相关性检验与分析

7.1 本章引言

Anselin(1988)指出:"在经济研究中出现不恰当的模型识别和设定所忽略的空间效应主要来源于空间依赖性(spatial dependence)和空间异质性(spatial heterogeneity)。"对于具有地理空间属性的数据,一般认为距离近的变量之间比在空间上距离远的变量之间具有更为紧密的关系(Anselin & Getis, 1992)。正如著名的Tobler 地理学第一定律所说(Tobler, 1979):"任何事物之间均相关,而离得较近的事物总比离得较远的事物相关性要高。"区域经济增长存在空间依赖是交通基础设施对经济增长产生空间溢出效应的前提,而空间自相关性为空间依赖性的重要特征。分析空间自相关性,一般采用探索性空间数据分析和确认性空间数据分析,即采用空间计量经济学来发现空间数据背后的重要信息与一般规律。

空间数据是进行探索性空间数据分析的前提和对象,它是指用来表示空间实体的位置、形状、大小及其分布特征诸多属性的数据,是一种用点、线、面以及实体等基本空间数据结构来表示人们赖以生存的自然世界的数据,以坐标和拓扑关系的形式存储。空间数据(spatial data)也可以称为地理数据,是以不同的方式和来源获得的数据,如地图、统计数据等,这些数据都具有能够确定空间位置的特点。探索性空间数据分析的核心是通过构建空间权重矩阵来检验全局自相关和局部自相关,从而识别出数据间的空间自相关关系。覃成林和张伟丽(2008)指出:"探索性空间数据分析得出的空间相关性的结果受到所分析的区域单元的选择和空间权重矩阵选择的影响,权重矩阵不同,得到的区域类型划分也可能不同。"

Anselin(1999)指出:"探索性空间数据分析(exploratory spatial data analysis, ESDA)是一系列空间数据分析方法和技术的集合,以空间关联测度为核心,通过对事物或现象空间分布格局的描述与可视化,发现空间集聚和空间异常,揭示研究对象之间的空间相互作用机制。"传统的统计方法只能处理地理区域或地带的离散化数据,无法获取这些数据的空间依赖性,而探索性空间数据分析的最大优点就是会考虑区域之间的相互联系。Cliff(1981)、Griffith(1984,1988)、Getis(1992)、Ord(1992)等将空间统计学引入社会经济研究领域,丰富并发展了空间统计的分析理论与方法,明确了探索性空间数据分析研究的两个主要方面,即全局空间自相关的度量和检验,以及局部空间相关的识别与检验,用来分析空间数据在整个系统中表现出来的分布特征和局部子系统所表现出来的分布特征。

国内已有不少研究采用探索性空间数据分析法来研究区域经济间的空间自相关性。何江和张馨之(2006)利用探索性空间数据分析方法,考察了1990—2004年中国341个地级市人均GDP增长速度的空间相关性和空间异质性,揭示了中国区域经济增长的空间模式及其变动特征。马晓熠和裴韬(2010)运用探索性空间数据分析方法,分析了北京市18个区(县)在2001—2007年间的人均GDP的空间格局及其变化规律,结果表明北京市人均GDP的空间分布自2005年后开始有向负的空间自相关性发展的趋势,暗示北京各区县的经济发展局部分异正在逐渐拉大,并由过去的南低北高的经济发展差异格局逐步转变为中心高、周边低的空间分布格局。侯光雷等(2010)利用探索性空间数据分析方法,对东北经济区36个地级市在2003—2005年的竞争力进行全局和局部空间相关分析,研究表明东北经济区36个城市之间的发展存在空间相关性,在整体上存在着明显的空间聚集现象。王晓丹和王伟龙(2011)运用探索性空间数据分析方法研究了广东省21个地级市在1990—2009年间人均GDP之间的空间相关性,结果表明各地市人均收入的空间相关性呈现逐年上升的趋势,并通过局部空间自相关验证了广东经济存在空间异质性。潘文卿(2012)利用中国1988—2009年各省人均GDP数据,通过测算 Moran's I 指数,发现在样本期内中国的区域经济发展存在全域范围的正空间自相关性,这种相关性随时间推移在不断增强,而且区域范围越小,空间关联性越大。袁冬梅等(2012)运用空间统计的 Moran 指数分析方法,分析了 1997—2008 年间我国 31 个省市区制造业和服务业空间集聚的结构特征与变化趋势,研究发现东部与中西部制造业和服务业空间集聚呈现出明显的两极化发展趋势。陈祖华和夏川(2013)运用探索性空间数据分析方法对江苏省地级市人均 GDP 数据进行了空间数据分析,实证结果表明江苏省区域经济具有显著的正空间自相关性,区域经济呈现稳定的空间集聚现象,相邻地区的经济增长相互影响。李敬等(2014)测度了 1978—2012 年中国区域经济增长的空间关联关系,并运用网络分析法和 QAP 方法,全新解构了区域经济增长的空间关联特征,发现中国区域经济增长空间网络具有稳定性和多重叠加性,共存在 179 个空间关联关系。邵燕斐和王小斌(2015)使用 1995—2012 年的中国省域面板数据研究发现,省际城乡收入差距具有显著的空间相关性,Moran 指数逐渐减小但仍十分显著。郭晓黎和李红昌(2017)利用探索性空间数据分析方法,发现 2000—2014 年我国区域经济发展存在显著的空间集群趋势以及正向空间自相关。

本研究将利用探索性空间数据分析的相关理论与方法,对我国 30 个省市 1978—2016 年间的实际人均 GDP 进行空间统计分析,对我国区域经济增长的空间集聚性和空间相关性进行验证,以期真实地反映我国区域经济差异的空间特点,并分析我国区域经济在省级层面是否存在显著差异,同时该验证结果也可作为构建空间计量经济学模型的基础。

7.2　探索性空间数据分析(ESDA)的理论基础

ESDA 利用统计学原理和图形、图表相结合对空间信息的性质进行分析、鉴别,用以引导确定性模型的结构和解法。空间自相关(spatial autocorrelation)是指一个变量的观测值之间因观测点在空间上邻近而形成的相关性。依据分析空间范围的大小,测度和检验空间依赖性的方法主要有全局空间自相关(global spatial autocorrelation)和局部空间自相关(local spatial autocorrelation)。全局空间自相关性检验的方法主要包括 Moran's Ⅰ、Geary's C、Global G 等,用来检验变量在整体上是否存在空间依赖性,但不能检验不同区域间空间依赖性的强弱。局部空间自相关检验的方法主要有 LISA、G 统计、Moran 散点图等,用于检验局部空间是否存在相关性,并能检验空间依赖性的强弱。

7.2.1　空间权重矩阵设置

地理变量的空间相互作用建立在它们之间的相互关系上,而空间权重矩阵则体现了它们之间的相互关系。空间权重矩阵是影响探索性空间数据分析得出的空间自相关性的结果的主要因素,所选择的权重矩阵不同,分析结果可能存在差异。因此,设定适宜的空间权重矩阵是进行探索性空间数据分析的基础和前提。

通常定义一个二元对称空间权重矩阵 $W_{n \times n}$ 来表达 n 个空间对象的空间邻近关系,一般有基于邻接关系的空间权重矩阵和基于地理距离的空间权重矩阵,还有根据属性值 x_j 和二元空间权重矩阵来定义一个加权空间邻近的度量方法。空间权重矩阵的表达形式为:

$$\begin{bmatrix} W_{11} & W_{12} & \cdots & W_{1n} \\ W_{21} & W_{22} & \cdots & W_{2n} \\ \cdots & \cdots & \cdots & \cdots \\ W_{n1} & W_{n2} & \cdots & W_{nn} \end{bmatrix} \tag{7.1}$$

基于相邻的空间权重矩阵,在权重值设置上,当地理单元 i 和地理单元 j 相邻时,二元空间权重矩阵的权重值 w_{ij} 为 1,当地理单元 i 和地理单元 j 不相邻时,权重值则为 0。可用如下的表达式来表示:

$$W_{ij} = \begin{cases} 1(i \ 与 \ j \ 相邻) \\ 0(i = j \ 或 \ i \ 与 \ j \ 不相邻) \end{cases} \tag{7.2}$$

表 7.1 中国省级区域的空间邻接权重矩阵

	北京	天津	河北	山西	内蒙古	辽宁	吉林	黑龙江	上海	江苏	浙江	安徽	福建	江西	山东	河南	湖北	湖南	广东	广西	海南	四川	贵州	云南	西藏	陕西	甘肃	青海	宁夏	新疆
北京	0	1	1	0	0	0	0	0	0	0	0	0	0	0	0	0	0	0	0	0	0	0	0	0	0	0	0	0	0	0
天津	1	0	1	0	0	0	0	0	0	0	0	0	0	0	0	0	0	0	0	0	0	0	0	0	0	0	0	0	0	0
河北	1	1	0	1	1	1	0	0	0	0	0	0	0	0	1	1	0	0	0	0	0	0	0	0	0	0	0	0	0	0
山西	0	0	1	0	1	0	0	0	0	0	0	0	0	0	0	1	0	0	0	0	0	0	0	0	0	1	0	0	0	0
内蒙古	0	0	1	1	0	1	1	1	0	0	0	0	0	0	0	0	0	0	0	0	0	0	0	0	0	1	1	0	1	0
辽宁	0	0	1	0	1	0	1	0	0	0	0	0	0	0	0	0	0	0	0	0	0	0	0	0	0	0	0	0	0	0
吉林	0	0	0	0	1	1	0	1	0	0	0	0	0	0	0	0	0	0	0	0	0	0	0	0	0	0	0	0	0	0
黑龙江	0	0	0	0	1	0	1	0	0	0	0	0	0	0	0	0	0	0	0	0	0	0	0	0	0	0	0	0	0	0
上海	0	0	0	0	0	0	0	0	0	1	1	0	0	0	0	0	0	0	0	0	0	0	0	0	0	0	0	0	0	0
江苏	0	0	0	0	0	0	0	0	1	0	1	1	0	0	1	0	0	0	0	0	0	0	0	0	0	0	0	0	0	0
浙江	0	0	0	0	0	0	0	0	1	1	0	1	1	1	0	0	0	0	0	0	0	0	0	0	0	0	0	0	0	0
安徽	0	0	0	0	0	0	0	0	0	1	1	0	0	1	1	1	1	0	0	0	0	0	0	0	0	0	0	0	0	0
福建	0	0	0	0	0	0	0	0	0	0	1	0	0	1	0	0	0	0	1	0	0	0	0	0	0	0	0	0	0	0
江西	0	0	0	0	0	0	0	0	0	0	1	1	1	0	0	0	1	1	1	0	0	0	0	0	0	0	0	0	0	0
山东	0	0	1	0	0	0	0	0	0	1	0	1	0	0	0	1	0	0	0	0	0	0	0	0	0	0	0	0	0	0
河南	0	0	1	1	0	0	0	0	0	0	0	1	0	0	1	0	1	0	0	0	0	0	0	0	0	1	0	0	0	0

续表

	北京	天津	河北	山西	内蒙古	辽宁	吉林	黑龙江	上海	江苏	浙江	安徽	福建	江西	山东	河南	湖北	湖南	广东	广西	海南	四川	贵州	云南	西藏	陕西	甘肃	青海	宁夏	新疆
湖北	0	0	0	0	0	0	0	0	0	0	0	1	0	1	0	1	0	1	0	0	0	0	0	0	0	1	0	0	0	0
湖南	0	0	0	0	0	0	0	0	0	0	0	0	0	1	0	0	1	0	1	1	0	0	1	0	0	0	0	0	0	0
广东	0	0	0	0	0	0	0	0	0	0	0	0	1	1	0	0	0	1	0	1	1	0	0	0	0	0	0	0	0	0
广西	0	0	0	0	0	0	0	0	0	0	0	0	0	0	0	0	0	1	1	0	0	0	1	1	0	0	0	0	0	0
海南	0	0	0	0	0	0	0	0	0	0	0	0	0	0	0	0	0	0	1	0	0	0	0	0	0	0	0	0	0	0
四川	0	0	0	0	0	0	0	0	0	0	0	0	0	0	0	0	0	0	0	0	0	0	1	1	1	1	1	1	0	0
贵州	0	0	0	0	0	0	0	0	0	0	0	0	0	0	0	0	0	1	0	1	0	1	0	1	0	0	0	0	0	0
云南	0	0	0	0	0	0	0	0	0	0	0	0	0	0	0	0	0	0	0	1	0	1	1	0	1	0	0	0	0	0
西藏	0	0	0	0	0	0	0	0	0	0	0	0	0	0	0	0	0	0	0	0	0	1	0	1	0	0	0	1	0	1
陕西	0	0	0	1	1	0	0	0	0	0	0	0	0	0	0	1	1	0	0	0	0	1	0	0	0	0	1	0	1	0
甘肃	0	0	0	0	1	0	0	0	0	0	0	0	0	0	0	0	0	0	0	0	0	1	0	0	0	1	0	1	1	1
青海	0	0	0	0	0	0	0	0	0	0	0	0	0	0	0	0	0	0	0	0	0	1	0	0	1	0	1	0	0	1
宁夏	0	0	0	0	1	0	0	0	0	0	0	0	0	0	0	0	0	0	0	0	0	0	0	0	0	1	1	0	0	0
新疆	0	0	0	0	0	0	0	0	0	0	0	0	0	0	0	0	0	0	0	0	0	0	0	0	1	0	1	1	0	0

本研究把重庆和四川合并在一起,由此得到我国 30 个省级行政区域间的邻近关系。研究设置二元空间权重矩阵如表 7.1 所示。

基于地理距离标准,当地理单元 i 和地理单元 j 之间的地理距离在给定距离 d 之内时,空间权重矩阵的权重值 w_{ij} 为 1;当地理单元 i 和地理单元 j 之间的地理距离大于给定距离 d 之内时,权重值 w_{ij} 为 0。可由下列表达式来表示:

$$W_{ij} = \begin{cases} 1(\text{对象 } i \text{ 与对象 } j \text{ 距离小于 } d \text{ 时}) \\ 0(\text{其他}) \end{cases} \tag{7.3}$$

基于地理距离的空间权重矩阵(distance based spatial weights)方法假定地理单元在空间上相互作用的强度取决于两者间的质心距离或者区域行政中心所在地之间的距离。如果采集的空间数据库中有地理单元的经纬度坐标数据,可以通过地理单元的坐标来计算任何两点(两个地区的质心)之间的距离而获得空间权重矩阵。坐标的度量有欧氏距离(euclidean distance)和弧度距离(arc distance)两种,度量坐标系上任意两点间的距离可以通过具有地理坐标(x 坐标、y 坐标)的变量的点来计算。

鉴于本研究通过中国的 shp 文件获得了中国各省份的质心,因此,通过计算两地的空间距离来形成标准化的空间权重矩阵。研究采用基于质心的距离来形成标准化的空间权重矩阵。

7.2.2　全局空间自相关分析方法

全局空间自相关指研究范围内邻近位置同一属性相关性的综合水平,表明了在一个总的空间范围内空间依赖的程度。依据空间自相关的性质,空间自相关可分为正空间自相关(positive spatial autocorrelation)、负空间自相关(negative spatial autocorrelation)和无空间自相关等三种自相关关系。根据空间自相关关系可识别出空间格局。以空间邻近位置属性的相似性为依据,空间格局一般分为集聚的(clustered)、离散的(dispersed)和随机的(random)等三种空间格局。空间集聚格局意味着相似属性在空间上邻近,空间离散格局则指被关注的位置与其邻近位置在属性上显著不同,其他情况归为随机空间格局。空间自相关与空间格局存在着对应的关系,正空间自相关对应于集聚格局、负空间自相关对应于离散格局,无空间自相关对应于随机空间格局。

根据空间计量经济学原理,全局空间相关性检验常用的方法有 Moran's I 系数检验和 Geary's C 比率检验。两种方法都能获得研究对象的全局空间自相关特性,并且在大多数情况下能相互替代。但是由于 Moran's I 系数检验不易受偏离正态分布的影响,大多数的全局空间相关性检验采用 Moran's I 系数,因此本研究也将主要采用 Moran's I 系数来对中国区域经济增长进行空间相关性检验。

1. Moran's I 系数

Moran's I 系数是分析全局空间自相关最为常用的方法。其计算公式(Cliff & Ord, 1981)如下所示:

$$I = \frac{\sum\limits_{i}^{n}\sum\limits_{j \neq i}^{n} w_{ij}(x_i - \bar{x})(x_j - \bar{x})}{S^2 \sum\limits_{i}^{n}\sum\limits_{j \neq i}^{n} w_{ij}} \tag{7.4}$$

式(7.4)中,x_i 表示第 i 个地理单元上的观测值,n 是观测值的样本数,$\bar{x} = \dfrac{\sum\limits_{i=1}^{n} x_i}{n}$,$w_{ij}$ 是空间权重矩阵 $W_{(n \times n)}$ 的权重值,$S^2 = \dfrac{1}{n}\sum\limits_{i}^{n}(x_i - \bar{x})^2$。对于局部位置 i 的空间自相关,Moran's I 系数的定义如下所示:

$$I_i(d) = Z_i \sum\limits_{j \neq i}^{n} w'_{ij} Z_j \tag{7.5}$$

其中,Z_i 是 x_i 的标准化变换,$Z_i = \dfrac{x_i - \bar{x}}{\sigma}$。$w'_{ij}$ 是按照行和归一化后的权重矩阵(每行的和为 1),是非对称的空间权重矩阵。

Moran's I 值介于 -1 到 1 之间,0 为不相关。全局 Moran's I 趋向于 1,意味着存在正空间自相关,地理单元间为集聚空间格局;全局 Moran's I 趋近于 -1,意味

着存在负空间自相关,地理单元间形成离散空间格局;全局 Moran's I$=\dfrac{-1}{n-1}$,意味

着空间随机分布。当全局 Moran's I 不等于 $\dfrac{-1}{n-1}$ 时,它们之间的差异存在两种可

能:显著不同或不存在显著不同,两者之间的差异是由于抽样的随机性所致。因此,基于全局 Moran's I 分析观测变量的空间格局时,需要进行显著性检验,以便在一定概率下保证推断结论的正确性。

按照设定的空间数据分布假设,可以计算 Moran's I 的期望值和方差。在正态分布假设下,Moran's I 的期望值和方差为:

$$E(I) = -\frac{1}{n-1} \tag{7.6}$$

$$\mathrm{Var}(I) = \frac{n^2 w_1 - n w_2 + 3 w_0^2}{w_0^2 (n^2 - 1)} \tag{7.7}$$

在随机分布假设下,Moran's I 的期望值和方差则为:

$$E(I) = -\frac{1}{n-1} \tag{7.8}$$

$$\mathrm{Var}(I) = \frac{n((n^2 - 3n + 3)w_1 - n w_2 + 3 w_0^2) - k_2((n^2 - n)w_1 - 2n w_2 + 6 w_0^2)}{w_0^2(n-1)(n-2)(n-3)} \tag{7.9}$$

其中, $w_0 = \sum\limits_{i}^{n} \sum\limits_{j}^{n} w_{ij}$, $w_1 = \dfrac{1}{2} \sum\limits_{i}^{n} \sum\limits_{j}^{n} (w_{ij} + w_{ji})^2$, $w_2 = \sum\limits_{i}^{n} (w_{i.} + w_{.i})^2$, $w_{i.}$ 是

第 i 行权重值之和, $w_{.i}$ 是第 i 列权重值之和; $k_2 = \dfrac{n \sum\limits_{i}^{n} (x_i - \bar{x})^4}{\left(\sum\limits_{i}^{n} (x_i - \bar{x})^2 \right)^2}$ 。

原假设是没有空间自相关。根据下面标准化统计量参照正态分布表可以进行假设检验。Z 的计算公式为:

$$Z_i = \frac{I - E(I)}{\mathrm{Var}(I)} \tag{7.10}$$

如果 Moran's I 指数为正且显著,表明具有正的空间自相关性,即在一定范围内各个地理单元的数据是相似的。如果 Moran's I 指数是负值而且显著,则具有负的空间相关性,各个地理单元的数据之间是存在差异的。如果 Moran's I 指数接近于 0,则表明地理单元的数据在空间上的分布是随机的,不存在空间自相关性。

2. Geary's C 比率

对于全局空间自相关,Geary's C 比率的计算公式如下所示:

$$C(d) = \frac{(n-1)\sum\limits_{i}^{n}\sum\limits_{j}^{n}w_{ij}(x_i - x_j)^2}{2nS^2\sum\limits_{i}^{n}\sum\limits_{j}^{n}w_{ij}} \tag{7.11}$$

对于局部地理单元 i 的空间自相关,Geary's C 比率的计算公式如下所示:

$$C_i(d) = \sum\limits_{j \neq i}^{n}w_{ij}(x_i - x_j)^2 \tag{7.12}$$

其中,W_{ij} 是空间权重矩阵。

由式(7.12)可知,Geary's C 比率的值一定是非负的。假设检验是如果没有空间自相关,Geary's C 比率的均值为 1。显著性的低值(0 和 1 之间)表明具有正的空间自相关,显著性的高值(大于 1)表明具有负的空间自相关。

7.2.3 局部空间自相关分析方法

全局 Moran's I 是一个总体统计指标,它只反映在所研究的地理范围内,相似属性的平均集聚度。当需要进一步识别不同类型的空间集聚模式时,即高值单元或者是低值单元的集聚;或者识别哪个地理单元对全局空间自相关的贡献更多;或者辨别出全局空间自相关在多大程度上掩盖了反常的局部状况或小范围的局部不稳定性,这必须采用局部空间自相关分析。局部空间自相关是指研究区地理单元与其相邻地理单元之间的同一属性之间的相关性。局部空间自相关分析描述了地理单元与其邻域之间的相似性,并可指示每个局部单元服从全局总体趋势

（包括方向和幅度）的程度。它反映了空间异质性，并展示了空间依赖性如何随地理位置变化。

局部空间自相关分析方法主要有空间联系的局部指标（local indicators of spatial association，LISA）、G 统计量和 Moran 散点图这三种方法。LISA 是最为常用的研究方法。它包括局部 Moran's I 指数（local Moran index）和局部 Geary 指数（local Geary index）两种。局部 Moran's I 指数和局部 Geary 指数均可用来识别不同空间位置上可能存在不同的空间集聚模式，从而允许观察不同空间位置上的局部不平稳性，发现数据之间的空间异质性，为分类或区划提供依据（Getis & Ord，1992，1996；Ord & Getis，1995；Anselin，1994，1995）。

1. 局部 Moran's I 指数

局部 Moran's I 指数被定义为如下：

$$I_i = \frac{(x_i - \bar{x})}{S^2} \sum_j w_{ij}(x_j - \bar{x}) \tag{7.13}$$

其中，x_i、$\bar{x}$、w_{ij}、S 的定义同上。式（7.14）可进一步改写成下式：

$$I_i = \frac{n(x_i - \bar{x}) \sum_j w_{ij}(x_j - \bar{x})}{\sum_i (x_i - \bar{x})^2} = \frac{nz_i \sum_j w_{ij}z_j}{z^T z} = z_i' \sum_j w_{ij}z_j' \tag{7.14}$$

式（7.15）中，z_i' 和 z_j' 是经过标准差标准化的观测值。

局部 Moran's I 指数也需要进行显著性检验，与全局 Moran's I 的检验方法相同，通过进行显著性检验得出是否接受原假设的结论。局部 Moran 指数检验的标准化统计量如下式所示：

$$Z(I_i) = \frac{I_i - E(I_i)}{\sqrt{\mathrm{Var}(I_i)}} \tag{7.15}$$

正的局部 Moran's I 指数，表示一个高值被高值所包围（高—高），或则是一个低值被低值所包围（低—低）。负的局部 Moran's I 指数，表示一个高值被低值所包围（高—低），或是一个低值被高值所包围（低—高）。

2. 局部 Geary's C 指数

地理单元 i 的局部 Geary's C 的统计量定义如下：

$$C_i = \sum_{j \neq i}^{n} w_{ij}(z_i - z_j)^2 \qquad (7.16)$$

其中，z_i 和 z_j 是观测值的标准化形式，空间权重矩阵中的元素 w_{ij} 采用行标准化。

全局 Geary's C 和局部 Geary's C_i 统计量之间的关系是：

$$C = \frac{(n-1)\sum_{i}^{n}\sum_{j}^{n} w_{ij}(z_i - z_j)^2}{2nS^2\sum_{i}^{n}\sum_{j}^{n} w_{ij}} = \frac{(n-1)\sum_{i}^{n}\sum_{j}^{n} w_{ij}(z_i - z_j)^2}{2n^2} = \frac{(n-1)}{2n^2}\sum_{i}^{n} C_i$$

$$(7.17)$$

在一个随机分布假设下，C_i 的期望值和方差分别为（Getis，et al.，1996）：

$$E(C_i) = w_i t_i^2 \left(\frac{n}{n-1}\right)$$

$$\mathrm{Var}(C_i) = \frac{[(n-1)S_{1i} - w_i^2](E_{2i} - F_i^2)}{n-2} \qquad (7.18)$$

式中：$w_i = \sum_{j}^{n} w_{ij}$，$S_{1i} = \sum_{i}^{n} w_{ij}^2$，$t_i^2 = \dfrac{\left[\sum_{j}^{n}(z_j - z_i)^2\right]}{n-1} = F_i$，

$$m_r = \frac{\sum_{i}^{n} z_i^r}{n},$$

$$E_{2i} = \frac{\sum_{j}^{n}(z_j - z_i)^4}{n-1} = \frac{n(m_4 - 4z_i m_3 + 6z_i^2 m_2 + z_i^4)}{n-1} 。$$

同理，局部 Geary's C_i 统计量的一个合理的检验形式为：

$$Z(C_i) = \frac{[C_i - E(C_i)]}{\sqrt{\mathrm{Var}(C_i)}} \qquad (7.19)$$

局部 Geary's C_i 统计量的伪显著水平 p 值的计算与局部 Moran's I_i 统计量类似。如果 p 值较大,比如常用的 $p > 0.95$,则意味着 C_i 值非常小,说明地理单元 i 的观测值与邻近地理单元的观测值之间的空间联系是正向的,观测值存在相似性。但如果 p 值比较小,比如常用的如 $p < 0.05$,则意味着 C_i 值比较大,说明地理单元 i 的观测值与邻近地理单元的观测值之间的空间联系是负向的,观测值之间的差异较大。

显著的正值表示在该地理单元周围,高观测值的地理单元趋于空间集聚,而显著的负值表示低观测值的地理单元趋于空间集聚。与 Moran 指数只能发现相似观测值(正向关联)或者非相似性观测值(负向关联)的空间集聚模式相比,局部 Geary's C 指数具有能够分辨出地理单元的空间分布模式是属于高值集聚还是低值集聚的特点。

7.3 中国区域经济增长的全局空间自相关检验

7.3.1 全局 Moran's I 指数

1. 全局 Moran's I 指数及其总体趋势

本研究采用了全局 Moran's I 指数对我国 30 个省级行政区[①]的实际人均 GDP 进行全局空间自相关性检验与分析。根据各省(直辖市、自治区)之间的质点距离,采用基于地理距离的空间权重矩阵,选用各省级行政区域 1978—2016 年的实际人均 GDP 的自然对数作为分析指标,利用 Geoda 软件得到全局 Moran's I 指数值及其显著性检验的标准化统计量 $Z(I)$。Moran's I 指数值和 Z 值的结果如表 7.2 所示。

---

① 不含港澳台地区,且把四川与重庆视为一个省级区域。

表 7.2　实际人均 GDP 的全局 Moran's I 指数及其检验结果

年份	Moran's I	Z值	结论	年份	Moran's I	Z值	结论
1978	0.140 8	2.121**	拒绝	1998	0.203 3	2.693 4**	拒绝
1979	0.144 9	2.158 2**	拒绝	1999	0.205 9	2.714 3	拒绝
1980	0.133 497	2.014 6**	拒绝	2000	0.221 6	2.886 7***	拒绝
1981	0.129 1	1.968 1**	拒绝	2001	0.221 3	2.877 0**	拒绝
1982	0.118 2	1.851 2*	拒绝	2002	0.222 2	2.883 3**	拒绝
1983	0.148 6	2.181 1**	拒绝	2003	0.227 1	2.931 0**	拒绝
1984	0.154 3	2.226 8**	拒绝	2004	0.234 4	3.001 7***	拒绝
1985	0.156 0	2.239 7**	拒绝	2005	0.247 5	3.135 5***	拒绝
1986	0.160 0	2.276 4**	拒绝	2006	0.255 9	3.215 8***	拒绝
1987	0.166 3	2.324 6**	拒绝	2007	0.261 7	3.272 7***	拒绝
1988	0.171 3	2.361 2**	拒绝	2008	0.274 2	3.398 4***	拒绝
1989	0.164 4	2.289 1**	拒绝	2009	0.279 4	3.439 6***	拒绝
1990	0.177 2	2.429 1**	拒绝	2010	0.280 5	3.446 8***	拒绝
1991	0.160 5	2.240 7**	拒绝	2011	0.281 9	3.459 3***	拒绝
1992	0.154 7	2.163 7**	拒绝	2012	0.282 6	3.465 9***	拒绝
1993	0.162 9	2.246 6**	拒绝	2013	0.277 0	3.404 8***	拒绝
1994	0.167 9	2.297 8**	拒绝	2014	0.270 5	3.339 4***	拒绝
1995	0.180 5	2.435 3**	拒绝	2015	0.262 5	3.256 4***	拒绝
1996	0.194 9	2.596 9**	拒绝	2016	0.256 0	3.198 1***	拒绝
1997	0.202 7	2.682 9**	拒绝	—	—	—	—

注:(1)二进制邻接权重矩阵;(2) * $p<0.1$, ** $p<0.05$, *** $p<0.01$。

表 7.2 显示的是我国 30 个省级行政区域 1978—2016 年实际人均 GDP 的全局 Moran's I 指数值及其检验情况。由表 7.2 可知,1978—2016 年间我国省级实际人均 GDP 的全局 Moran's I 指数均为正值且保持较为稳定的增长趋势;且在正态分布假设下,对应的标准化统计量 $Z(I)$ 均为正值,除了 1982 年以外,其值均大

于 1.96，说明均在 5%的显著性水平下显著。这表明在 1978—2016 年期间，我国的 30 个省级行政区的人均 GDP 存在着显著的正向空间自相关，也就是说各省级行政区的实际人均 GDP 水平的空间格局表现出相似值之间的空间集聚。因此，这意味着实际人均 GDP 较高的省级行政区相对地趋于和人均 GDP 水平较高的省级行政区距离接近，或者人均 GDP 较低水平的省级行政区相对地趋于和较低人均 GDP 水平的省级行政区距离较近。这意味着，我国整体经济增长水平在空间上并非完全随机分布的，而是呈现出一定规律的，即表现出较为明显的空间聚集趋势。

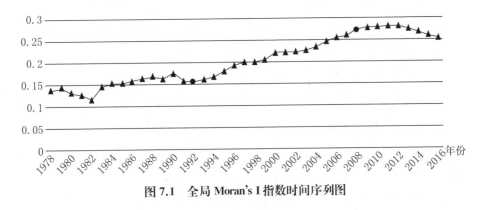

图 7.1　全局 Moran's I 指数时间序列图

本研究根据计算所得 1978—2016 年的全局 Moran's I 指数，绘制了时间序列图，如图 7.1 所示。且中国省级行政区域间实际人均 GDP 的空间自相关性随着时间推移愈加显著，全局 Moran's I 指数存在一个比较明显的上升趋势。据此，本研究把中国区域经济间的空间自相关关系分为三个阶段：(1)第一阶段为 1978—1993 年，实际人均 GDP 的全局 Moran's I 指数先下降然后缓慢上升，且变化微小，区域间的空间自相关关系为平稳阶段。这正好对应中国改革开放初始阶段，在此阶段各行政区域间的贫富差距并不显著，区域经济的空间集聚程度变化不大，进而说明了整体经济发展的均衡态势。(2)第二阶段为 1994—2008 年，全局 Moran's I 指数处于快速上升阶段，各行政区域人均 GDP 出现了较强的空间依赖性，富裕与贫穷的地方存在空间集聚性。这正好对应中国深化改革阶段，在此阶段，政策上优先发展东部地区，导致贫富差距开始体现，东部地区得到了高速发展,而西部地区则发展较慢。(3)第三阶段为 2009—2016 年,全局 Moran's I 指数处于下降的阶段,2008 年,中国前期实施的一系列区域经济协调发展战略开始起到缩小地区间贫富差距的作用,加上国际环境的变化,如国际金融危机的影响,导致东部沿海地区实施产业转移,因此,中西部地区的经济增长速度得到了较大的提升,地区间的贫富差距得到缓解。

2. Moran 散点图

本研究以 (W_z, z) 为坐标绘制出 Moran 散点图。Moran 散点图用散点图的形式,描述变量 z(本研究为实际人均 GDP 的对数值)与其空间滞后(即该观测值周围邻居的加权平均)向量 W_z 间的相关关系。Moran 散点图的横轴为对应变量,纵轴对应空间滞后向量。横轴和纵轴构成了四个象限,每一个象限分别识别一个区域及其与邻近区域的关系。第一象限为高—高类(HH),表示高人均 GDP 的区域被高人均 GDP 的其他区域所包围;第二象限为低—高类(LH),表示低人均 GDP 的区域被高人均 GDP 的其他区域所包围;第三象限为低—低类(LL),表示低人均 GDP 的区域被低人均 GDP 的其他区域包围;第四象限为高—低类(HL),表示高人均 GDP 水平的区域被低人均 GDP 的其他区域所包围。其中,第一、第三象限代表正的空间自相关关系表示相似观测值之间的空间联系,表明相似值的集聚,而第二、第四象限负的空间自相关关系表示不同观测值之间的空间联系,暗示着空间异常(spatial outliers)。如果观测值均匀地分布在四个象限,则表明地区之间不存在空间自相关性。

本研究列出了 1978 年、1983 年、1988 年、1993 年、1998 年、2003 年、2008 年、2012—2016 年的 Moran 散点图,如图 7.2 所示。

1978 年时,可以发现大部分省份的分布围绕在原点周围,表明这时候的区域经济基本相差不大。大部分的省份位于第一象限和第三象限内,为正的空间联系,属于高—高和低—低正相关;而且位于第三象限内的低—低集聚类型的省级行政区域比位于第一象限内的高—高集聚类型的省级行政区域相对更多,表明此时期我国的区域经济以低值集聚为主。但也有不少省份位于第二象限内,为低—高负相关;只有 1 个省份位于第四象限内,表现为高—低负相关。这两个象限内的

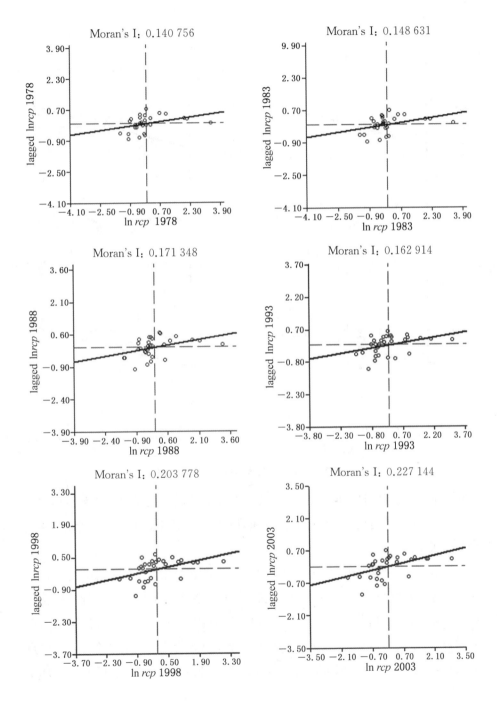

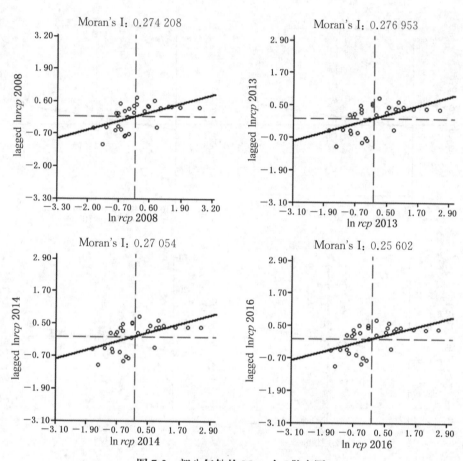

图 7.2　部分年份的 Moran's I 散点图

省份为非典型地区,HL 类型和 LH 类型的省份为偏离全局空间自相关总体趋势的地区,但这两种类型的省级行政区域相对较少。总体上,30 个省级区域存在空间集聚关系。

　　1983 年时的情况相对 1978 年并没有发生显著变化。依然大部分的省份位于第一象限和第三象限内,总体上表现为正相关关系。但也有不少的省份位于第二象限内。不过,位于第二象限的省份开始减少,且有一个省份位于第四象限内,出现了高—低负相关关系。并且省份以原点为中心存在扩散、远离原点的趋势,这表明 1993 年时,在经过 15 年的改革开放后,区域经济间开始出现了分化,差异性开始体现。大部分的省份依然位于第一象限和第三象限内,总体上表现为正相关关系。但位于第二象限的省份开始减少,而第四象限的省份也增加到了 2 个。

可以发现,相对 1993 年,1998 年时并没有太大显著变化,大部分的省份依旧在第一象限和第三象限内,总体上表现为正相关关系。可以发现,相对 1998 年,2003 年时,大部分省份更加远离原点,说明省份之间的差异开始体现出显著差异的特征,但大部分的省份依旧在第一象限和第三象限内,总体上表现为正相关关系。2008 年时,相对 1998 年,离散的情况更为显著,说明省份之间的差异进一步扩大,但大部分的省份依旧在第一象限和第三象限内,总体上表现为正相关关系。2012—2016 年时,显著表现出,大部分的省份位于第一象限和第三象限内,更多的省份位于第一象限 HH 类型,从 1978 年的 5 个提高到 1998 年的 9 个,再提高到 2016 年的 11 个。位于第二象限的 LH 和第四象限 HL 的省份数量由 1978 年的 10 个减少为 2016 年的 9 个。位于 HH 象限的省份个数增多,省级区域发展的总体空间差异就越小,省份之间的空间异质性就越来越不明显,区域间发展趋于均衡。

因此,1978—2016 年间,我国的 30 个省级行政区域大多数落入第一象限和第三象限内,表明我国区域经济间主要为正向空间联系,属于低—低集聚和高—高集聚类型。而且位于第三象限内的低—低集聚类型的省级行政区域比位于第一象限内的高—高集聚类型的省级行政区域更多一些,表明我国整体经济仍大多处于较低水平。

7.3.2　全局 Moran's I 指数的时空演化

根据散点图可以获得各个省市所对应的象限,得到了分地区所处的象限的情况。表 7.3 给出了代表性年份(1978 年、1993 年、2008 年和 2016 年)的对应情况,从中可以看出四类象限内的省份的变迁情况。

表7.3　代表性年份全局散点图对应省份

象限	1978 年	1993 年	2008 年	2016 年
HH	北京、天津、辽宁、吉林、黑龙江、上海、江苏	北京、天津、辽宁、黑龙江、上海、江苏、山东、浙江、福建	北京、天津、辽宁、上海、江苏、山东、浙江、福建、吉林、河北、内蒙古	北京、天津、辽宁、上海、江苏、山东、浙江、福建、吉林、内蒙古、湖北
LH	河北、山西、内蒙古、安徽、山东、河南、湖北、宁夏	吉林、河北、山西、内蒙古、安徽、河南、湖北、江西	黑龙江、山西、安徽、河南、湖北、江西、宁夏、湖南	河北、黑龙江、山西、安徽、河南、江西、宁夏、湖南
LL	浙江、福建、江西、湖南、广东、广西、海南、四川、贵州、云南、西藏、陕西、甘肃、新疆	宁夏、湖南、广西、四川、贵州、云南、西藏、陕西、甘肃、新疆、青海	广西、四川、贵州、云南、西藏、陕西、甘肃、新疆、青海、海南	广西、四川、贵州、云南、西藏、陕西、甘肃、新疆、青海、海南
HL	青海	广东、海南	广东	广东

HH 聚集区的变迁情况:1978 年,有 7 个省市在第一象限高—高聚集区 (HH),分别为北京、天津、辽宁、吉林、黑龙江、上海、江苏。1993 年时,山东、浙江、福建进入了第一象限,吉林被移出,进入 LH 象限。2008 年时,吉林、河北、内蒙古进入了第一象限,黑龙江被移出 HH 象限,进入 LH 象限。2016 年时,湖北进入了第一象限,河北被移出 HH 象限,进入了 LH 象限,说明中部崛起战略对湖北的经济发展起到了较大的促进作用,但对河北整体的影响则不大。

LH 集聚区的变迁情况:1978 年,有 8 个省份即河北、山西、内蒙古、安徽、山东、河南、湖北、宁夏距离高值省份较近。1993 年时,吉林省被从 HH 象限移出,进入 LH 象限,意味着此时吉林的经济发展落后于辽宁等省份。2008 年时,吉林重新进入 HH 象限,但黑龙江从 HH 象限进入 LH 象限,河北和内蒙古进入 HH 象限,说明此段时间内两省经济发展快速;宁夏和湖南从 LL 象限进入 LH 象限,主要是因宁夏距离内蒙古较近。2016 年河北重新回到了 LH 象限,说明河北的经济发展在此段时间落后于周围的省份,而湖北则从 LH 象限进入了 HH 象限。

LL 集聚区的变迁情况:1978 年时,有浙江、福建、江西、湖南、广东、广西、海南、四川、贵州、云南、西藏、陕西、甘肃、新疆这 14 个省级行政区落入 LL 象限,特别是西南地区呈显著集聚。1993 年时,浙江和福建进入了 HH 象限,广东和海南进入了 HL 象限,说明改革开放促进了这四个省份的经济快速发展,因江西相比更靠近高值板块,进入 LH 象限,宁夏进入 LL 象限。2008 年时,湖南和宁夏进入 LH 象限,海南从 HL 象限进入 LL 象限,说明此段时间海南省经济发展没有维持较高的增速;2016 年相比 2008 年没有发生变化。

　　HL 集聚区的变迁情况:1978 年时,青海的人均 GDP 较高,被低值省份所包围,成为唯一的异常情况。1993 年,青海由于人均 GDP 较低,进入 LL 象限,而广东和海南作为沿海开发地区,经济增长较快,成为了高值省份,但距离广东和海南较近的省份如广西、湖南、江西等省人均 GDP 较低,成为异常情况。2008 年和 2016 年,海南省从 HL 象限进入 LL 象限,海南省的人均 GDP 在 2016 年全国排名第 17 位。广东从 1993 年以后,一直处于 HL 集聚区,说明广东省对周边省份形成了较大的空间极化作用。

　　综上,我国处于 HH 象限的省级行政区域从 1978 年的 7 个,增加到了 2016 年的 11 个,处于 LL 象限的省级行政区域从 1978 年的 14 个,减少到 2016 年的 10 个,说明我国的区域经济在总体上得到了发展,更多的省份进入了高人均收入的层级。

7.4　中国区域经济增长的局部空间自相关检验

7.4.1　局部 Moran's I 指数

　　Moran 散点图虽然能直观地反映各个地区局部分布特征,但无法检验空间分布的显著性,而 LISA 可以在地图中显示出显著的 LISA 区域。本书以地理距离标准为权重,在 5% 的显著性水平下,得到了 30 个省级区域 1978—2016 年的 LISA 聚

类地图和 LISA 显著性地图[①]。本研究对 1978 年、1983 年、1988 年、1993 年、1998
年、2003 年、2008 年、2012—2016 年的 LISA 聚类地图和 LISA 显著性地图进行分析。

1978 年的 LISA 聚类地图和显著性地图显示：高值与高值距离较近的高—高
集聚省级行政区域有北京、天津、吉林、辽宁这 4 个省市；低值被低值包围的低—
低集聚省级行政区域有四川、云南、贵州、广西、广东、海南这 6 个省份；距离高值
较近的低值省级行政区域有河北和山东 2 个省份。检验结果表明，四川、云南、贵
州、广西、广东、海南等 6 个省级行政区域的 Z 值在 1% 的显著性水平下显著。该 6
个省级行政区域在空间上分布上距离较近，因此在统计学意义上表明，与该区域
距离较近的省区，趋于被同样是人均 GDP 较低的省区所包围。由此形成人均
GDP 低值与低值的空间集聚，据此可知西南地区落后省区趋于呈现空间集聚的分
布特征。北京、天津、吉林、辽宁这 4 个省级行政区域的 Z 值在 5% 的显著性水平
下显著，环渤海地区的空间集聚分布特征也显现出来。而河北和山东则由于靠近
高值板块，在 5% 显著水平下形成了空间离群，表明资本、劳动力、技术等要素由于
收益差异而导致由外围向中心的流动，造成周边省份发展落后，使区域间发展差
距不断扩大。

1983 年的 LISA 聚类地图和显著性地图显示：高—高集聚省级行政区域依然
为北京、天津、吉林、辽宁这 4 个省市；低值距离较近的低—低集聚的省级行政区
域有：四川、云南、贵州、广西、海南这 5 个省份；距低值包围的高值省份有：广东；
距离高值较近的低值省份有河北和山东 2 个省份。相比 1978 年，最大的变化是
广东省从低值变为了高值，表明改革开放对广东的经济增长产生了显著的促进作
用。显著性检验结果表明，四川、云南、贵州、广西、海南这 5 个省级行政区域的 Z
值在 1% 的显著性水平下显著，且这 5 省区在空间上分布上距离较近，因此在统计
学意义上表明，与该区域相邻的省区趋于被同样是人均 GDP 较低的省区所包围。
由此形成人均 GDP 低值与低值的空间集聚，据此认为西南地区落后省区趋于空
间集聚的分布特征。北京、天津、吉林、辽宁等 4 个省份的 Z 值在 5% 的显著性水

---

① 作者采用 GeoDa 软件制作了 1978—2016 年的 LISA 聚类地图和 LISA 显著性地图，其中不含台湾省。

平下显著,环渤海地区的呈现出高—高空间集聚分布特征。

1988 年的 LISA 聚类地图和显著性地图显示:高值被高值包围的高—高集聚省级行政区域有北京、天津、吉林、辽宁、浙江这 5 个省市,相比 1983 年增加了浙江;低值被低值包围的低—低集聚省级行政区域有:四川、云南、贵州、广西、海南这 5 个省份;被低值包围的高值省级行政区域有:广东;被高值包围的低值省份有河北、山东和安徽 3 个省份,由于浙江进入了高—高集聚区,距离浙江较近的安徽省进入了低—高类型。相比 1978 年,最大的变化是广东省从低值变为了高值,表明改革开放对广东产生了显著的作用。显著性检验结果表明,四川、云南、贵州、广西这 5 个省级行政区域的 Z 值在 1% 的显著性水平下显著,西南地区落后省区趋于空间集聚的分布特征仍然保持不变。北京、天津、吉林、辽宁这 4 个省级行政区域的 Z 值在 5% 的显著性水平下显著,环渤海地区仍体现为空间集聚的分布特征。

1993 年的 LISA 聚类地图和显著性地图显示:高值被高值包围的高—高集聚省级行政区域有北京、天津、山东、浙江这 4 个省市;低值被低值包围的低—低集聚省级行政区域有:四川、云南、贵州、广西、海南这 5 个省份;被低值包围的高值省级行政区域有:广东;被高值包围的低值省份有河北和山东 2 个省份。相比 1978 年,最大的变化是广东省从低值变为了高值,暗示其经济增长开始高于周围地区,表明改革开放对广东产生了显著的作用。显著性检验结果表明,

1998 年的 LISA 聚类地图和显著性地图表明:高值被高值包围的高—高集聚省级行政区域有北京、天津、河北、山东、浙江、上海这 6 个省市;低值被低值包围的低—低集聚省级行政区域有:四川、云南、贵州、广西这 4 个省份;距离高值较近的低值省份有吉林和安徽 2 个省份。

2003 年的 LISA 聚类地图和显著性地图表明:高值被高值包围的高—高集聚省级行政区域有北京、天津、辽宁、河北、山东、浙江、上海这 7 个省市;低值被低值距离较近的低—低集聚省级行政区域有:四川(含重庆)、云南、贵州、广西、海南这 5 个省份;距离高值较近的低值省份有吉林和安徽 2 个省份。

2008 年的 LISA 聚类地图和显著性地图表明:高值被高值包围的高—高集聚省级行政区域有北京、天津、辽宁、河北、山东、浙江、上海、吉林这 8 个省市;低值

被低值包围的低—低集聚省级行政区域有：四川、云南、贵州、广西、海南这 5 个省份；被高值包围的低值省份有安徽 1 个省份。

2013—2016 年的 LISA 聚类地图和显著性地图显示，2013 年时，高值被高值包围的高—高集聚省级行政区域有北京、天津、吉林、辽宁、山东、浙江、上海这 7 个省市，形成了显著的空间集聚；低值被低值包围的低—低集聚省级行政区域有：四川、云南、贵州、广西、海南这 5 个省份；被高值包围的低值省份有河北和安徽 2 个省份。2014—2016 年与 2013 年相比，几乎没有发生太大的变化，主要是海南省由于人均 GDP 的提高脱离了低值，从低—低集聚中移出。检验结果表明，贵州、四川、云南、广西、海南 5 省（区）的 Z 值在 5% 的显著性水平下显著，西南落后省区仍呈现空间集聚的分布特征。东部的江苏、上海、浙江三省市的 Z 值在 5% 的显著性水平下显著，天津的 Z 值在 0.1 的显著性水平下显著。而东部上海、江浙等发达省市趋于为一些相邻经济发展水平相对较高的省份所包围，东部发达地区的空间集聚分布特征也显现出来。

7.4.2　局部 Geary's C 指数

本研究在 5% 的显著性水平下得到了局部 Geary's C 指数形成的聚类地图。下面分析部分年份的局部 Geary 聚类地图①。

1978 年时，黑龙江、辽宁、天津、北京形成了高—高集聚区的热点，说明这几个省份的人均 GDP 与周围省份的人均 GDP 之间存在正的空间联系；甘肃、贵州、广西形成了低—低集聚区的热点，青海形成了低—高集聚区的热点，说明青海的观测值与周围邻居的观测值之间是负的空间联系。1983 年时，黑龙江、辽宁、天津、北京形成了高—高集聚区的热点，青海、贵州、广西形成了低—低集聚区的热点。说明这几个省份的人均 GDP 与周围省份的人均 GDP 之间存在正的空间联系。1988 年时，北京、天津和辽宁形成了高—高集聚区的热点，青海、甘肃、贵州、广西

---

① 作者采用 GeoDa 软件制作了 1978—2016 年的局部 Geary 聚类地图，其中不含台湾省。

形成了低—低集聚区的热点。1993 年时,北京、天津和辽宁形成了高—高集聚区的热点;云南、贵州、四川、青海、甘肃形成低—低集聚区的热点,相比 1988 年时,低—低集聚区增加了四川和云南省。湖北与安徽形成了低—高集聚区,说明这 2个省份的人均 GDP 与周围省份的人均 GDP 之间存在负的空间联系,主要是距离较近省份如山东、浙江的省份经济发展较快,致使这两省成为空间异质。

1998 年,辽宁、北京、天津、上海和浙江形成了高—高集聚区的热点,贵州、四川、甘肃和青海形成低—低集聚区的热点,湖北与安徽形成了低—高集聚区的热点。2003 年时,辽宁、北京、天津、上海和浙江依旧是高—高集聚区的热点,湖北与安徽依然是形成了低—高集聚区的热点,云南、贵州、四川、甘肃和青海形成低—低集聚区的热点。2008 年时,辽宁、北京、天津、上海、浙江和内蒙古形成了高—高集聚区的热点,相比 2003 年,增加了内蒙古;广西、云南、贵州、四川、甘肃和青海形成低—低集聚区的热点,安徽形成了低—高集聚区的热点。2013 年时,辽宁、北京、天津、上海、浙江形成了高—高集聚区的热点;广西、云南、贵州、四川、甘肃和青海形成低—低集聚区的热点,安徽形成了低—高集聚区的热点,被高值省份所包围。2016 年时,辽宁、北京、天津、上海、浙江和内蒙古形成了高—高集聚区的热点;云南、贵州、甘肃和青海形成低—低集聚区的热点,安徽形成了低—高集聚区的热点,被高值省份所包围。

1978—2016 年的局部 Geary 聚类地图同样表明,我国的省份人均 GDP 之间主要是存在正向的空间联系;在某段时期内,部分省份如中部地区的安徽和湖北与距离较近的高值省份构成了负向的空间联系。因此,中国区域经济的空间格局主要以空间集聚为主。

7.5　本章主要结论

本章以全局 Moran's I 指数、Moran 散点图、LISA 聚类图和显著性图等方法对我国省级行政区域经济的全局和局部空间自相关性进行了检验和分析，并得出如下结论：

（1）在1978—2016年间，我国30个省级行政区的人均GDP存在着显著的正向空间自相关，空间格局表现为相似值之间的空间集聚，实际人均GDP较高的省级行政区相对趋于和人均GDP较高的省级行政区距离接近，或者较低人均GDP水平的省级行政区相对趋于和较低人均GDP水平的省级行政区距离较近。

（2）中国区域经济间的空间自相关关系分为三个阶段：第一阶段为1978—1993年，实际人均GDP的全局Moran's I指数变化微小，区域间的空间自相关关系为平稳阶段。第二阶段为1994—2008年，全局Moran's I指数处于快速上升阶段，各行政区域人均GDP出现了较强的空间依赖性，富裕与贫穷的地方存在空间集聚性。第三阶段为2009—2016年，全局Moran's I指数处于下降的阶段，中国实施的一系列的区域经济协调发展战略开始起到缩小地区间贫富差距的作用。

（3）1978—2016年间，我国的30个省级行政区域大多数落入Moran散点图的高—高象限和低—低象限内，表明我国区域经济间主要为正的空间联系，属于低—低集聚和高—高集聚类型；而且位于第三象限内的低—低集聚类型的省级行政区域比位于第一象限内的高—高集聚类型的省级行政区域更多一些，表明我国经济整体上仍处于较低水平。但我国处于第一象限的省级行政区域从1978年的7个，增加到了2016年的11个；处于第四象限的行政区域从1978年的14个，减少到2016年的10个，说明我国的区域经济总体上得到了发展。

（4）无论是局部Moran's I指数还是局部Geary指数的LISA聚类图和显著性图均表明：我国的高—高集聚区主要在东部沿海地区，而低—低集聚区主要在西部地区，低—高集聚区主要是中部地区。总体而言，我国的区域经济主要以正向的空间联系为主，负向的空间联系并不显著。因此，中国区域经济的空间格局主要以空间集聚为主，并具有趋于强化的趋势。

综上，中国区域经济增长存在较强的空间自相关性，因此在分析处理含有空间特性的数据时必须考虑其空间自相关性。

第 8 章

中国交通运输对区域经济增长的溢出效应实证研究

8.1 本章引言

在第 7 章中,本研究利用探索性空间数据分析方法检验了我国区域经济的空间相关性,表明我国区域经济增长存在空间自相关。因此,可以进一步采用空间计量模型来验证我国交通运输与区域经济增长的关系,验证是否存在空间溢出效应。

交通基础设施具有很强的跨区域网络性,尤其在贸易自由化和区域经济一体化程度越来越高的背景下,本地区的交通基础设施不仅会对当地经济活动产生直接影响,还会对相邻区域的经济活动存在跨空间作用,产生空间溢出效应(spatial spillover effects)。理论上而言,交通基础设施的空间网络特性,使得相连接的区域的经济联系更加紧密,一个地区交通运输的改善往往能够降低其与周围区域之间的运输成本,促进劳动力等生产要素和产品的流动,产生知识溢出,通过生产要素的扩散影响相邻地区的经济增长,产生正向空间溢出效应。但交通基础设施的改善会提高本地区的可达性和吸引力,提升该区域的区位优势,加快生产要素向其集聚,使相邻地区间的生产要素和经济活动重新配置,因此交通基础设施的发展将提升该地区的竞争优势,并导致相邻地区由于要素流失和产业迁移而产生经济衰退。因此,本地区的交通基础设施也可能产生负向溢出效应。

张学良(2012)指出:"在分析交通基础设施对区域经济增长的总效应时,需要考虑其空间溢出效应,否则就有可能高估或低估交通基础设施对区域经济增长的作用。"传统的计量模型建立在独立观测值等严格假设的基础上,未考虑空间单元之间的空间依赖性,一般适合于企业或产业部门时间序列层面的经验研究。但在现实世界中,当数据具有空间属性时,独立观测值等假设将无法保证(Fischer & Getis,1997)。而大部分经济数据均具有空间属性,正如 Tobler(1979)指出的,"任何事物之间均相关,而离得较近的事物总比离得较远的事物的相关性要高"。因此,地区之间的经济行为之间一般都存在一定程度的空间相互作用、空间依赖与空间自相关。特别是分析中涉及的空间单元越小,距离近的单元越有可能在空间上密切关联(Anselin & Getis,1992)。如果忽略了变量间的空间依赖性,得到的估计结果将是不精准的,其参数估计和检验结果也是不可靠的(Anselin & Griffin,1988)。由于空间溢出效应涉及空间数据,采用传统的计量模型将无法得到溢出效应的有效估计,这需要采用空间计量模型,把空间因素纳入模型。

费德(Feder)于 1983 年构建了空间计量模型,将交通基础设施对本地区经济增长的直接效应和间接效应剥离开来,来实证检验交通基础设施的溢出效应。随后,空间计量经济学得到了快速发展,许多学者(如 Anselin, et al.,1995)提出了大量的空间计量经济学方法论,推动了空间计量的发展,形成了空间计量经济学这门学科。Lee 和 Yu(2010)强调:"空间因素已经成为自然或者经济研究的一个性质,空间计量经济学就是用计量技术处理空间里的经济单元的交互性(interaction)。"

空间计量经济学模型有多种类型,从数据类型的角度可分为空间横截面模型和空间面板模型。在空间横截面模型方面,Anselin(1988b)给出了一个一般性的空间计量模型,模型中包括了空间滞后项、误差自相关、误差移动平均项和异方差。Anselin(1988b)在此模型的基础上添加限制条件,发展了空间滞后模型(spatial lag model,SLM)、空间误差模型(spatial errors model,SEM)、杜宾空间模型(Dubin spatial model,DSM)等。在误差移动平均模型的基础上,Anselin(2003)提出了空间 MA(1)模型和空间 ARMA(1,1)模型。在空间面板模型方面,在 Zellner(1962)提出似不相关回归模型(seemingly unrelated regression,SUR)的基础上,Arora 和 Brown(1977),Hordijk 和 Nijkamp(1977,1978),Anselin(1988b)和

Fik(1988)把空间效应加入了 SUR 模型,提出了空间似不相关回归模型(spatial seemingly unrelated regression, SSUR);Lee(2001a, 2001b, 2004)和 Kelejian 和 Prucha(1999, 2002, 2004)讨论了空间固定效应模型的设定以及空间矩阵的约束条件。Elhorst(2003)及 Baltagi 和 Li(2004)研究了空间随机效应模型,空间随机效应模型包括空间自相关随机效应模型和空间残差自回归随机效应模型;Baltagi 等(2004)、Elhorst(2005)和 Yu 等(2006)考虑了变量的时间滞后项,给出了空间动态面板数据的设定方法,并讨论了参数估计问题。此外,Anselin(1988b)讨论了误差组合模型在面板数据中的应用,提出了空间误差组合模型。Kapoor 等(2007)在此基础上分析了更一般意义上的空间面板误差组合模型,并且将矩分析方法应用到模型的估计中。

随着空间计量经济学的快速发展和经济地理数据的完善,关于交通基础设施空间溢出效应的实证研究得到了快速发展,国内外学者展开了大量的研究。在国外研究方面,Munnell(1992)较早通过实证表明交通基础设施能产生正向溢出效应,后续的一些研究支持了这一观点,如 Hulten 和 Schwab(1995),Cohen(2004),Cohen 和 Morrison(2004),Hulten 等(2004),Berechman 等(2006),Cantos 等(2005),Bronzini 和 Piselli(2009),Cohen(2010),Chiara 和 Florio(2012)等基于不同的空间计量模型和不同的数据证实交通运输溢出效应的存在。而产生溢出效应的根源在于交通基础设施的改善能有效降低区域间的贸易成本(Cohen, 2004)。另一方面,Boarnet(1995)则认为,相邻地区的交通基础设施促进本地经济活动和生产要素发生转移,溢出效应方向为负。Holtz-Eakin 和 Schwartz(1995),Boarnet(1996, 1998),Ozhay(2007),Sloboda 和 Yao(2008)、Jiwattanakulpaisarn(2010),Gómez-Antonio 和 Fingleton(2012)等的实证结果发现了交通基础设施存在负向空间溢出效应的证据。产生负向溢出效应主要是因为本地区交通基础设施的完善将加大对相邻地区的生产要素和企业的吸引力,导致相邻地区的企业迁出(Boarnet, 1998)。但部分研究则认为交通运输的溢出效应并不显著或者具有区域异质性。如 Doughlad 和 Schwartz(1995)采用美国州际面板数据对交通基础设施的外溢效应进行了检验,发现交通基础设施对生产率没有显著的溢出效应。

Holtz-Eakin 和 Schwartz(1995)、Holtz-Eaking 和 Lovely(1996)的研究也指出几乎找不到有关任何交通基础设施溢出效应的证据。Joseph 和 Ozbay(2006)认为结论存在差异的主要因素是空间数据的尺度,如果地理单元的空间尺度较小,产生溢出效应的可能性就越高。Maria 等(2007)则指出相邻的区域之间的交通基础设施溢出效应的体现可能与社会人口特征和政府规模等相关。

近期,国内学者对我国交通基础设施的空间溢出效应进行了大量实证研究,大部分研究认为我国交通基础设施存在正向的空间溢出效应。如 Long(2003,2010)认为中国存在着"内核地区对外围地区"的空间溢出效应,我国区域经济增长存在着较强的相互影响。张学良和孙海鸣(2008)指出中国的交通基础设施与经济增长表现出很强的空间聚集特征。胡鞍钢和刘生龙(2009)运用空间计量方法估计了交通运输的空间溢出效应,结果表明交通运输的确存在正外部性。刘秉镰等(2010)采用空间面板计量模型研究了我国交通基础设施与全要素生产率增长之间的关系以及交通基础设施的空间溢出效应,霍旭领和敬莉(2014)的研究也得出了类似结论。刘生龙和郑世林(2013)的研究指出,相邻省份的交通基础设施改善对本地的经济增长产生显著的正向影响。王刚(2013)指出,我国交通基础设施的空间溢出效应对经济增长的产出弹性为 0.13。刘荷和王健(2014)的研究表明交通基础设施对我国制造业产业集聚产生外溢作用,且此种外溢作用存在地区差异和行业差异。

但上述相关文献并没有考虑到区域数据之间存在的空间相关性,没有加入空间权重矩阵。因此,部分文献引入权重矩阵结合空间计量模型来估算我国交通运输的溢出效应。张学良(2012)构建了交通基础设施对区域经济增长的空间溢出模型,研究表明中国交通基础设施对区域经济增长的空间溢出效应非常显著,且空间溢出效应主要为正向。Yu 等(2013)应用空间杜宾模型估计了 1978—2009年间我国交通基础设施存量的区域溢出效应,结果表明国家层面的交通基础设施在各时段均存在正溢出效应,但在区域层面上,四个经济板块的溢出效应的方向存在差异性。童光荣和李先玲(2014)利用面板空间杜宾模型估计了公路和铁路里程数对城乡收入差距的空间溢出效应,指出空间溢出效应高度显著。邵燕斐和王小斌(2015)也得到了类似的结论。王晓东等(2014)通过 Feder 模型研究了交通基础设施对经济增长的影响,结果表明交通基础设施从总体上对经济增长产生正向溢出效应,但各地强弱不一。胡艳和朱文霞(2015)的研究发现,交通基础设施对于区域经济增长具有显著的空间溢出效应,且通过经济联系发生的空间溢出效应大于简单相邻关系产生的空间溢出效应。胡煜和李红昌(2015)采用空间杜宾模型估计交通枢纽城市的空间溢出效应,结果表明东、中部地区的交通枢纽均存在显著正向的空间溢出效应,而西部地区只有区域性交通枢纽存在显著正向的空间溢出效应。董亚宁(2016)利用空间杜宾模型发现区内交通基础设施的改善具有很强的正空间溢出效应,但区际交通基础设施的空间溢出效应不明显。边啸(2016)的研究表明我国铁路基础设施和公路基础设施均对区域全要素增长有促进作用。李祯琪等(2016)的研究发现,中国区域经济发展存在较强的空间溢出效应,快速公路和普通公路均会对经济发展产生正向的空间溢出效应。

　　上述研究均表明我国交通基础设施存在溢出效应,但也有部分研究指出我国交通基础设施的溢出效应并不显著。如赵雪阳(2016)采用面板 SDM 模型,发现交通基础设施对浙江省 TFP 的提升起到负向作用,但阻碍作用并不大。李一花等(2018)选用我国 1996—2015 年的省际动态面板数据,运用系统 GMM 方法和一阶差分 GMM 方法,实证研究了交通基础设施对经济增长的溢出效应,并指出交通基础设施对经济增长并没有产生正向影响,这可能与交通基础设施的过度饱和有关。

8.2　变量与数据来源

　　由于中国香港、澳门和台湾地区的数据难以获得,因此研究采用全国 31 个省级行政区域(27 个省份和 4 个直辖市)在 1978—2016 年的变量构成面板数据。由于重庆在 1997 年才被设为直辖市,1978—1996 年的数据缺失较多,故研究把重庆 1997 年的数据合并到四川。因此,实际的省级行政区域为 30 个(27 个省份和 3 个直辖市)。研究采用的变量主要有:

(1) 实际 GDP(单位:亿元)。各省份实际 GDP 的计算,采用国内 GDP 生产指数(上一年＝100)对名义 GDP 进行平减处理,得到各个省份的实际 GDP。该指标用 gdp 来表示,主要数据来源包括:1993 年以前的数据来自《新中国 60 年统计资料汇编》,1993 年后的数据来源于国家统计局数据库和分省统计年鉴。

(2) 资本存量(单位:亿元)。该指标反映了各省级行政区域在一定时期内投入经济生产的实物资本量,是影响地区 GDP 的重要因素,因此本研究采用其作为主要控制变量之一。研究计算各省份的资本存量时,采用单豪杰(2008)的方法,折旧率为 10.96%。该指标用 K 来表示,计算的原始数据来源包括:《中国国内生产总值核算历史资料 1952—1995》《中国国内生产总值历史资料 1952—2004》《中国统计年鉴(1979—2017)》《新中国 60 年统计资料汇编》。

(3) 劳动力投入变量(单位:万人)。该指标反映了各省级行政区域在一定时期里投入经济生产的劳动力人数,其与地区 GDP 增长之间存在显著相关关系,因此本研究将其作为控制变量之一。各个省级行政区域的劳动投入采用各地区按三次产业就业人员年末数来测度劳动力要素投入。该指标用 L 来表示。所需数据均来源于历年《中国统计年鉴》和分省统计年鉴。

(4) 进出口总额(单位:亿美元)。本研究采用进出口总额作为衡量地区开放程度的指标。一个地区的贸易开放度越高,越有利于引进并吸收先进的技术与管理经验,在推动地区经济发展的同时,对地区交通基础设施也产生较强的需求。该指标用 $trade$ 来表示。所需数据均来源于《新中国 60 年统计资料汇编》、历年《中国统计年鉴》和分省统计年鉴。

(5) 城镇化率(单位:%)。本研究采用城镇化率来度量各地区的城市化程度,以非农业人口在总人口中所占的比重作为城镇化率的指标。城市化与工业化一直是中国经济增长的两大重要引擎,进入 21 世纪后,城市化进入相对独立的大发展阶段,土地要素被重估,政府的"土地财政"扩张了公共基础设施的建设,推动了土地财政和区域经济增长,城市化在区域经济增长中发挥着重要作用。该指标用 *urban* 表示。所需原始数据来源于《新中国 60 年统计资料汇编》、历年《中国统计年鉴》和分省统计年鉴。

本研究选取"实物形态"的铁路营业里程(单位:万公里)、公路营运里程(单位:万公里),作为衡量区域交通基础设施投入水平的变量。为了反映各省交通运输的发展,研究还采用了旅客周转量和货运周转量两个变量作为交通运输水平的变量。

(6)铁路营业里程(单位:万公里),是反映交通运输基础设施发展水平的重要指标,也是衡量交通基础设施资源禀赋的代理变量指标之一。该指标代表在一定时期内开展客货运输业务的铁路正线总长度。该指标用 *rail* 表示。所需数据均来源于历年《中国统计年鉴》和分省统计年鉴。

(7)公路里程(单位:万公里),是反映交通运输基础设施发展水平的重要指标,也是衡量交通基础设施资源禀赋的代理变量指标之一。公路里程指在一定时期内实际达到技术标准的等级公路,并经公路主管部门正式验收交付使用的公路里程数。该指标用 *road* 表示。所需数据均来源于历年《中国统计年鉴》和分省统计年鉴。

(8)旅客周转量(单位:亿人公里),是反映一定时期内旅客运输工作总量的指标,是运送旅客人数与运送距离的乘积。该指标用 *PT* 来表示。数据主要来源于分省统计年鉴和《新中国 60 年统计资料汇编》,部分缺失值采用线性插值法进行修补。

(9)货物周转量(单位:亿吨公里)。货物周转量是运输企业所运货物吨数与其运送距离的乘积,是货物运输产品数量的实物指标,综合反映一定时期内国民经济各部门对货物运输的需要以及运输部门为社会提供的货物运输工作总量。该指标用 *FT* 来表示。数据主要来源于各省统计年鉴和《新中国 60 年统计资料汇编》,部分缺失值采用线性插值法进行修补。

(10)空间权重矩阵。本研究采用了两种空间权重指标,基于邻接关系和基于距离关系的空间权重矩阵,具体的定义见本书第 7 章。其中基于邻接关系的空间

权重矩阵用 W 表示,基于距离关系的空间权重矩阵用 M 表示。两者均采用中国行政区划矢量图(shp 格式)在 Stata 15 中直接生成,并进行了标准化处理。鉴于交通基础设施在于降低地理单元之间的距离,因此本研究的实证检验主要采用基于邻接关系的空间权重矩阵。

8.3 空间效应检验与模型设定

8.3.1 空间效应检验

在 Stata 15 中定义好空间权重矩阵后,即可进行初步的空间效应检验。基本方法就是计算 Moran's I 指数,然后考察其显著性,检验是否存在空间自相关性。Moran's I 统计量检验的原假设是模型不存在空间自相关性。如果原假设成立,可以利用 OLS 方法估计模型,得到一个估计残差 e,通过对残差的检验来判断是否存在空间自相关。

本研究利用实际人均 GDP 的对数值对资本投入的对数值和劳动投入的对数值进行回归,得到残差,同时采用 W 和 M 作为权重,采用 Stata 15.2 得到 Moran's I 统计量,进一步进行自相关检验。检验结果如表 8.1 所示。

表 8.1 Moran 检验结果

年份	卡方值	P 值	结论	年份	卡方值	P 值	结论
1978	5.53	0.062 9	拒绝	1983	6.21	0.044 8	拒绝
1979	3.23	0.072 4	拒绝	1984	6.37	0.041 5	拒绝
1980	5.37	0.068 2	拒绝	1985	6.23	0.044 3	拒绝
1981	6.30	0.042 8	拒绝	1986	5.98	0.050 2	拒绝
1982	6.39	0.040 9	拒绝	1987	5.96	0.050 7	拒绝

续表

年份	卡方值	P 值	结论	年份	卡方值	P 值	结论
1988	5.73	0.056 8	拒绝	2003	6.86	0.032 4	拒绝
1989	5.61	0.060 6	拒绝	2004	6.90	0.031 7	拒绝
1990	5.13	0.077 1	拒绝	2005	6.92	0.031 5	拒绝
1991	4.86	0.088 0	拒绝	2006	6.99	0.030 4	拒绝
1992	5.27	0.071 7	拒绝	2007	7.05	0.029 5	拒绝
1993	5.76	0.056 1	拒绝	2008	7.11	0.028 5	拒绝
1994	5.94	0.049 4	拒绝	2009	7.09	0.028 9	拒绝
1995	6.17	0.045 6	拒绝	2010	7.13	0.028 2	拒绝
1996	6.43	0.040 1	拒绝	2011	6.97	0.030 7	拒绝
1997	6.62	0.036 5	拒绝	2012	6.77	0.034 0	拒绝
1998	6.65	0.036 0	拒绝	2013	6.60	0.036 9	拒绝
1999	6.78	0.033 7	拒绝	2014	6.49	0.039 0	拒绝
2000	6.78	0.033 7	拒绝	2015	6.41	0.040 6	拒绝
2001	6.81	0.033 3	拒绝	2016	6.45	0.039 8	拒绝
2002	6.87	0.032 3	拒绝				

注:(1)通过人均 GDP 对 K 和 L 进行回归得到残差;(2)同时采用两种权重 W 和 M。

检验结果表明:(1)1978—2016 年间,在 10% 的显著性水平下,我国区域经济存在显著的空间效应,其中,1978—1993 年时,我国区域经济在 10% 的显著性水平下显著存在空间效应;1994—2016 年,我国区域经济在 5% 的显著性水平下存在空间效应。(2)从 P 值来看,我国区域经济在显著性水平整体上处于下降趋势,特别是 1994—2008 年间存在一个明显的下降趋势,但在 2009—2016 年存在一个上升的趋势。检验的结果与在第 7 章采用 Geoda 软件进行的全局 Moran's I 指数的检验结果基本一致。

检验结果表明 1978—2016 年间我国区域经济存在显著的空间效应,因此,可进一步采用空间计量进行分析。

8.3.2　实证模型的设定

空间经济计量模型主要解决回归模型中复杂的空间相互作用与空间依存性结构问题(Anselin,1988)。主流计量经济学理论假设了空间事物无关联及均质性,导致经济学研究得出的各种结果和推论不尽可靠。空间计量经济学(Anselin,1988)理论认为一个地区空间单元上的某种经济地理现象或某一属性值与邻近地区空间单元上同一现象或属性值是相关的。上述的 Moran's I 检验已表明数据受到空间自相关的影响,因此需要采用空间计量模型来进行估计。

关于交通基础设施的影响的主题,大多数先前的研究都是在柯布—道格拉斯(C-D)生产函数的框架内进行的(Boarnet,1996,1998;Holtz-Eakin & Schwartz,1995;胡鞍钢等,2009;Del Bo & Florio,2012)。因此,本研究构建的空间面板计量模型依然在柯布—道格拉斯生产函数的框架下进行设置。

如前所述,空间计量模型在建模之前,强调区分空间计量的三种不同的空间交互效应(interaction effects)(Elhorst,2014),即:(1)因变量 Y 之间的内生性交互效应(endogenous interaction effects),意味着 A 单元的因变量受到相邻 B 单元的因变量的影响,这种模型为空间滞后模型,其目的是反映由于各种空间溢出产生的空间自相关,如技术扩散等产生的扩散和溢出效应,假定因变量依赖于邻近单元的该变量的观测值以及一组观测到的局部特性。(2)自变量 X 与因变量 Y 之间的外生性交互效应(exogenous interaction effects)(WX),意味着 A 单元的某个因变量受到 B 单元的自变量的影响。(3)误差项(ε)之间的交互效应($W\varepsilon$),意味着 A 单元的误差项受到 B 单元的误差项的影响。一个空间计量模型可以包含任何两种效应,如包含内生性交互效应和外生性交互效应,构成了空间杜宾滞后模型(spatial Durbin lag model),包含若外生性交互效应和误差项交互效应,形成了空间杜宾误差模型(spatial Durbin error model)。若三者都包含,则是更为一般的空间计量模型。

从理论上来看,区域经济增长之间存在三种效应,一个地区的经济增长会影响到邻近区域的经济增长,从而产生了内生性交互效应;一个地区的交通基础设施不仅会对本地区产生影响,而且因导致了邻近区域的要素流动,所以存在外生性交互效应;由于遗漏了一些解释变量,如人力资本,导致了误差项(ε)之间的交互效应($W\varepsilon$)。由此可知,研究区域经济增长的空间计量模型更适宜于先采用一般的空间面板模型,在此基础上通过相关的检验来判断存在何种效应,然后再确定适宜的模型。因此,本研究首先采用一般的空间面板模型,考虑到空间单元的个体差异,以及本研究的时间跨度较长,再考虑到个体效应和时间效应,同时也考虑交通基础设施主要是弱化区域之间距离的影响,本研究主要采用基于距离关系的空间权重矩阵 M。所构建的模型如下所示:

$$Y_{it} = \rho M Y_{it} + X_{it}\alpha + M X_{it}\beta + \mu_i + \gamma_t + \varepsilon_{it}$$
$$\varepsilon_{it} = \lambda M_i \varepsilon_t + \upsilon_{it}, \ \upsilon_{it} \sim N(0, \sigma^2 I_n) \tag{8.1}$$

式(8.1)中,Y 为被解释变量;X 为解释变量矩阵;M 为权重矩阵;μ_i 为个体空间效应,γ_t 表示时间效应,时间效应和空间效应均表现为固定效应或随机效应;V_{it} 是均值为 0 且独立同分布的随机误差项,其方差为 σ^2;i、t 分别表示第 i 个省和第 t 年;ρ、α、β、λ 为待估参数;MY_{it} 可视为邻近被解释变量的空间滞后变量,MX_{it} 可视为邻近解释变量的空间滞后变量,$M_i\varepsilon_t$ 可视为邻近误差项的空间滞后误差。

在模型式(8.1)中,可以通过检验相关系数是否显著为 0 来判断应该采用何种形式的空间计量模型。例如:(1)如果 $\lambda = 0$,则模型式(8.1)转化为空间杜宾模型(SDM)。空间杜宾模型综合考虑了被解释变量和解释变量的空间效应,但不考虑误差项的交互效应。(2)如果 $\lambda = 0$ 且 $\beta = 0$,则模型式(8.1)转化为空间自回归模型(spatial autoregression model,SAR)。(3)如果 $\rho = 0$ 且 $\beta = 0$,则模型式(8.1)转化为空间误差模型(spatial error model,SEM)。(4)如果 $\beta = 0$ 且 $\beta + \alpha\rho = 0$,则模型式(8.1)转化为空间自相关模型(spatial autocorrelation model,SAC)。同时,为了确定空间个体效应是随机效应还是固定效应,需要进行豪斯曼检验。

空间面板模型中解释变量 X 对被解释变量 Y 的偏效应除了体现在其系数 α 上外,还体现在空间外部性上,即除了 i 地区的 X_i 对 Y_i 产生的直接影响外,来自邻近地区 j 的 X_j 也对 Y_i 产生间接影响。这种外部性可能与地区间的距离成反比。因此,应用空间计量做实证研究最主要的一个原因就是检验是否存在空间溢出效应。Le Sage 和 Pace(2009)就采用偏导的形式给出了更加有效的检验空间溢出效用的方法。Le Sage 和 Pace(2009)给出了空间面板数据模型的直接效应(direct effects)、间接效应(indirect effects)和总效应的推导公式,分别如式(8.2)至式(8.4)所示:

$$\text{直接效应} = \frac{1}{nT} \sum_{t=1}^{T} \sum_{i=1}^{n} \frac{\partial E(Y_{it} \mid X_{nt}, W)}{\partial x_{it}} \tag{8.2}$$

$$\text{间接效应} = \frac{1}{nT(n-1)} \sum_{t=1}^{T} \sum_{i=1}^{n} \sum_{i=1, j \neq i}^{n} \frac{\partial E(Y_{it} \mid X_{nt}, W)}{\partial x_{jt}} \tag{8.3}$$

$$\text{总效应} = \frac{1}{n^2 T} \sum_{t=1}^{T} \sum_{i=1}^{n} \sum_{j=1}^{n} \frac{\partial E(Y_{it} \mid X_{nt}, W)}{\partial x_{jt}} \tag{8.4}$$

8.4　以实物基础设施为解释变量的实证

8.4.1　具体的实证模型

在第 5 章时,本研究证明了我国基础设施建设的外生性,鉴于本研究仅关注交通基础设施的溢出效应,因此,为了减少自由度的损失,研究在解释变量滞后项设定时仅分析铁路营业里程和公路里程。因此研究首先以实际人均 GDP 为被解释变量,以铁路营业里程和公路里程为解释变量,以资本投入、劳动投入、城镇化

率、进出口总额为控制变量,具体的实证模型如下所示:

$$\ln rgdp = \alpha_0 + \rho MY_{it} + \alpha_1 \ln K_{it} + \alpha_2 \ln L_{it} + \alpha_3 \ln urban_{it} + \alpha_4 \ln trade_{it} +$$

$$a_5 \ln road_{it} + \alpha_6 \ln rail_{it} + M \ln road_{it}\beta_1 + M \ln rail_{it}\beta_2 + \mu_i + \gamma_t + \varepsilon_{it}$$

$$\varepsilon_{it} = \lambda M_i \varepsilon_t + \upsilon_{it}, \upsilon_{it} \sim N(0, \sigma^2 I_n) \qquad (8.5)$$

式(8.5)中,$rgdp$ 为被解释变量,为各省级行政区域的实际人均 GDP;K 为资本投入,L 为劳动投入,$urban$ 为城镇化率,$trade$ 为进出口总额,$rail$ 为铁路营业里程,$road$ 为公路里程,其余参数的含义如同式(8.1)。i 代表 30 个省级行政区域,t 代表从 1978—2016 年的年份。

8.4.2　模型估计和检验

以一般空间计量模型为基准,对一般模型进行固定效应和随机效应的估计,判断模型是固定效应还是随机效应。在权重选择上,本研究认为一个地区交通基础设施的发展,将会对距离较近的省份产生影响,因此选择的权重矩阵为距离矩阵。全样本的估计结果如表 8.2 所示。

表 8.2　以交通基础设施为解释变量的估计结果

$\ln rgdp$	(1) $\ln rgdp$ 固定效应 (全样本)	(2) $\ln rgdp$ 随机效应 (全样本)	(3) $\ln rgdp$ 1978—1993	(4) $\ln rgdp$ 1994—2008	(5) $\ln rgdp$ 2009—2016
$\ln K$	0 (.)	0.287*** (0.012 8)	0.186*** (0.018 6)	0.511*** (0.020 2)	0.230*** (0.033 6)
$\ln L$	0.589*** (0.052 2)	0.650*** (0.034 0)	0.954*** (0.067 6)	0.304*** (0.039 9)	0.349*** (0.064 2)
$\ln urban$	1.770*** (0.091 2)	0.835*** (0.084 9)	−0.156 (0.190)	0.134* (0.070 1)	1.451*** (0.240)

续表

ln *rgdp*	(1) ln *rgdp* 固定效应 （全样本）	(2) ln *rgdp* 随机效应 （全样本）	(3) ln *rgdp* 1978—1993	(4) ln *rgdp* 1994—2008	(5) ln *rgdp* 2009—2016
ln *trade*	0.125*** (0.007 45)	0.098 2*** (0.006 45)	0.041 4*** (0.006 83)	0.040 4*** (0.008 29)	0.071 1*** (0.010 9)
ln *road*	0.282*** (0.021 9)	0.143*** (0.019 1)	0.279*** (0.075 5)	0.001 85 (0.014 7)	0.055 0 (0.061 4)
ln *rail*	0.004 59 (0.014 9)	0.009 81 (0.012 5)	0.010 6 (0.045 7)	0.061 6*** (0.010 3)	0.107*** (0.031 9)
cons		−2.215*** (0.298)	−4.170*** (0.696)	−0.432 (0.326)	1.897*** (0.636)
M×ln *rail*	0.419*** (0.055 8)	0.269*** (0.046 0)	0.409** (0.170)	0.165*** (0.034 4)	0.323*** (0.073 7)
M×ln *road*	−0.134** (0.062 7)	−0.110** (0.050 7)	1.879*** (0.438)	0.075 4** (0.032 1)	0.108 (0.326)
M×ln *rgdp*	0.388*** (0.031 9)	0.258*** (0.025 5)	0.057 4 (0.084 1)	0.207*** (0.029 1)	0.042 3 (0.100)
M×e.ln *rgdp*	0.547*** (0.061 2)	0.498*** (0.065 8)	0.520*** (0.098 0)	0.085 1 (0.170)	0.272 (0.211)
sigma_u_cons	0.140*** (0.002 96)	0.118*** (0.002 50)	0.089 6*** (0.003 11)	0.047 2*** (0.001 66)	0.033 5*** (0.001 81)
sigma_e_cons		0.293*** (0.042 0)	0.541*** (0.094 8)	0.422*** (0.067 6)	0.371*** (0.074 1)
N	1 170	1 170	480	450	240
对数似然函数值	603.242 2	742.293 1	376.160 8	616.757 4	628.027 7
伪 R^2	0.841 9	0.954 9	0.774 2	0.907 0	0.879 3

注：(1)括号内标准误；(2) * $p<0.1$，** $p<0.05$，*** $p<0.01$。

在估计结果的基础上,进行相关的模型设定检验:一是使用似然比(likelihood rate,LR)检验对空间或时间效应的联合显著性进行检验。该检验基于未考虑空间交互效应的 OLS 回归,可判别是存在空间固定效应还是时间固定效应,或存在空间和时间双固定效应。二是在确定存在空间固定效应后,还需采用 LM 检验(Burridge,1980)确定各省经济增长数据是存在空间滞后相关还是空间误差相关,拒绝原假设意味着有必要进行空间交互效应检验。Elhorst(2010)、LeSage 和 Pace(2009)认为如果使用 LM 检验,其不存在空间滞后相关和不存在空间误差相关的两个原假设都被拒绝,则可使用 SDM。三是使用 Wald 检验进一步确认 SDM 是否比空间自相关模型(SAR)和空间误差修正模型(SEM)更适合,其原假设分别为:$\beta=0$ 和 $\beta+\alpha\rho=0$。该检验结果可判别 SDM 模型是否可退化为空间滞后相关模型 SAR 或空间误差相关模型 SEM。如果 Wald 检验的两个原假设都被拒绝了,则 SDM 比 SAR 和 SEM 更合适。如果 Wald 检验的结果与前面 LM 检验的结果矛盾,仍然可采用 SDM,因为 SDM 是一个更一般性的模型(Elhorst,2010)。四是使用 Hausman 检验判别模型形式是采用固定效应还是随机效应,如果接受原假设,则意味着采用随机效应更适合,而如果拒绝原假设,则应采用固定效应。

表 8.2 的列 2 为固定效应的估计结果,表 8.2 的列 3 为随机效应的估计结果。通过 Hausman 检验显示,卡方值 $\chi^2(5)=6.09$,对应的 p 值为 0.412 9,因此,接受随机效应的假设。同时,无论是伪 R^2 还是 $\log L$,随机效应模型的结果均高于固定效应模型的结果。因此,本研究主要采用随机效应空间计量模型来分析交通基础设施的溢出效应。

在模型式(8.5)中,可以通过检验相关系数是否显著为 0 来判断应该采用何种形式的空间计量模型。(1)如果 $\lambda=0$,则模型式(8.5)转化为空间杜宾模型。(2)如果 $\lambda=0$ 且 $\beta=0$,则模型式(8.5)转化为空间自回归模型。(3)如果 $\rho=0$ 且 $\beta=0$,则模型式(8.5)转化为空间误差模型。(4)如果 $\beta=0$ 和 $\beta+\alpha\rho=0$,则模型式(8.5)转化为空间自相关模型。本研究采用 LM 或 Wald 检验法进行了检验,检验的结果如表 8.3 所示。

表 8.3　模型选择假设检验结果

零假设 H_0	检验统计量	临界值	结论
$\lambda=0$	113.10	10.50	拒绝
$\lambda=\beta=0$	92.20	6.63	拒绝
$\rho=\beta=0$	104.15	13.28	拒绝
$\beta=0$ 且 $\beta+\alpha\rho=0$	193.97	9.21	拒绝

注:(1)临界值为 5% 的显著性水平统计量;(2)自由度为约束条件的数量。前 3 个检验采用 LM 检验法,最后一个检验采用 Wald 检验法。

检验结果表明,均在 5% 的显著性水平上拒绝了原假设,也就没有理由采用转化成空间杜宾模型、空间自回归模型、空间误差模型、空间自相关模型,表明采用一般空间面板计量模型是适宜的。

通过上述的检验,本研究认为采用具有随机效应的一般空间面板计量模型是最优的模型。表 8.2 的列(2)全样本的随机效应的估计结果,结果表明:总体上除了铁路营业里程的系数不显著外,所有的系数均在 5% 的显著性水平下显著,这表明铁路里程对区域经济增长的直接作用并不显著。相关系数的经济意义都合理,表明采用随机效应的估计结果较好地反映出了变量间的经济关系。从估计的系数来看,省域实际 GDP 空间滞后项的系数 ρ 的估计值为 0.258,且在 1% 的水平下显著,这表明各省域之间在一定程度上能实现协调发展;$M\times\ln rail$ 的系数的估计值为 0.269,且在 1% 的水平下显著,这说明省域内铁路基础设施具有显著的正外部性,对邻近省份的经济增长产生了正向的溢出效应;$M\times\ln road$ 的系数估计值为 -0.11,且在 5% 的显著性水平下显著,这说明省域内公路基础设施具有显著的负外部性,对邻近省份的经济增长产生了负向的溢出效应。

8.4.3　分时间段的估计结果与溢出效应分析

依据第 7 章的分析,1978—2016 年可分为三个时期:(1)1978—1993 年,区域间的空间自相关关系为平稳阶段,以改革开放为开端,以邓小平"南方讲话"为结尾,对应中国改革开放初始阶段。(2)1994—2008年,区域间的空间自相关关系处于上升阶段,这时为中国改革的深化阶段。(3)2009—2016年,区域间的空间自相关关系处于下降阶段。三个时期的估计结果见表8.2列(3)、列(4)和列(6)。

表8.4第4列显示第1阶段(1978—1993年)的估计结果,结果显示:在直接影响方面,所有解释变量的系数除了铁路里程和城镇化率的系数外,都在1%的显著性水平下显著。这也跟前面的论证相一致,铁路对本地经济增长的作用并不明显。城镇化率对经济增长影响不显著的原因可能在于此阶段的城镇化率主要依靠政策来推动。在间接影响方面,除了实际GDP的溢出效应的系数不显著外,其余系数均在5%的显著性水平下显著。

表8.4　直接效应和空间效应的估计

变量	效应	1978—2016年	1978—1993年	1994—2008年	2009—2016年
	直接效应	0.015 041 (1.19)	0.012 08 (0.27)	0.066 994*** (6.93)	0.107 457*** (3.34)
ln rail	间接效应	0.340 671*** (6.02)	0.409 536** (2.54)	0.171 868*** (4.61)	0.323 014*** (3.81)
	总效应	0.355 712*** (5.69)	0.421 616** (3.34)	0.238 862*** (5.9)	0.430 471*** (4.39)
	直接效应	0.141 823*** (7.53)	0.286 144*** (4.03)	−0.010 46 (−0.75)	0.055 257 (0.9)
ln road	间接效应	−0.091 48 (−1.52)	1.896 676*** (6.54)	0.097 123*** (2.92)	0.108 847 (0.35)
	总效应	0.050 348 (0.85)	2.182 82*** (6.67)	0.086 659*** (2.76)	0.164 104 (0.48)

注:(1)括号中的值为t值;(2) $*$ $p<0.1$, $**$ $p<0.05$, $***$ $p<0.01$。

表8.4的第5列显示了第2阶段(1994—2008年)30个省市的估计结果,结果显示:在直接影响方面,除了公路里程的直接影响系数不显著外,其余系数均在10%的显著性水平下显著。在间接影响方面,除了误差滞后项的系数不显著外,

其余系数均在5%的显著性水平下显著。

表8.4的第6列显示了第3阶段(2009—2016年)的估计结果,结果表明:在直接影响方面,除了公路里程的系数不显著外,其余系数均在1%的显著性水平下显著。在间接影响方面,公路里程、实际GDP和误差滞后项间接影响的系数均不显著。

本研究主要关注交通基础设施对区域经济增长的影响,因此主要分析交通运输对区域经济增长的直接效应和间接效应(即空间溢出效应),特别是空间溢出效应。交通基础设施的效应估计见表8.4。表8.4中显示的是总体的均值,依据式(8.2)—式(8.4)的方法计算所得。

在全样本时期,即1978—2016年间,研究发现铁路和公路交通基础设施对区域经济增长的总效应存在显著差异,铁路基础设施对区域经济增长的总效应为0.356,且在1%的显著性水平下显著,但公路对区域经济增长的总效应并不显著。铁路的直接效应并不显著,溢出效应显著存在,整体均值为0.341。整体而言,铁路基础设施由于投资的外生性,对本地经济增长不一定产生明显的直接作用,但邻近区域的铁路基础设施的发展,降低了区域间的交通运输成本,导致要素和产品流动,因此,从整体上看,铁路基础设施存在较强的空间溢出效应。但公路的直接效应在1%的显著性水平下显著,但溢出效应为负且不显著。这很可能是因为铁路基础设施大多时候起到沟通省份之间的作用,而公路主要沟通省内各地,因此,公路基础设施在省份之间的溢出效应并不显著。

有关分阶段的铁路基础设施的溢出效应的分析如下:在第1阶段(1978—1993年)时,铁路基础设施的直接效应为0.015 0,值较小且不显著,铁路基础设施的溢出效应为0.409,在1%的显著性水平下显著,铁路基础设施的总效应为0.422,且在1%的显著性水平下显著。第2阶段(1994—2008年)时,铁路基础设施的直接效应为0.067,溢出效应为0.172,总效应为0.239,均在1%的显著性水平下显著。第3阶段(2009—2016年)时,铁路基础实施的直接效应为0.107,溢出效应为0.323,总效应为0.430,均在1%的显著性水平下显著。分阶段的溢出效应显示,铁路基础设施在三个阶段的空间溢出效应均为正值,且在1%的显

著性水平下显著。铁路的溢出效应形成了先下降后提高的趋势,1978—1993
年我国铁路存在较高的溢出效应,可能是因为此时交通基础设施较落后,铁路
的修建有利于区域之间的生产要素流动和商品流动,因此产生显著的溢出效
应,但随着东部地区的交通开始完善,边际效益递减,产生的溢出效应下降,但
2008 年后我国的基础设施建设主要转向了西部落后地区,因此溢出效应得到
了提高。

有关分阶段的公路基础设施的溢出效应的分析如下:在第 1 阶段(1978—
1993 年)时,公路基础设施的直接效应为 0.286,溢出效应为 1.897,总效应为
2.182,均在 1% 的显著性水平下显著。第 2 阶段(1994—2008 年)时,公路基础设
施的直接效应为 −0.010 4,但不显著,间接效应为 0.097 1,在 1% 的显著性水平下
显著,总效应为 0.086 7,在 1% 的显著性水平下显著,说明此阶段大部分区域的公
路基础设施已基本能满足本地的需求,因此没有产生显著的直接效应,但仍然受
到其他区域公路基础设施发展的影响。在第 3 阶段(2009—2016 年)时,公路基础
设施的直接效应、溢出效应和总效应均不显著,这表明在此阶段,公路基础设施已
处于较饱和的状态,增加的公路基础设施已无法对要素和产品的流动产生明显的
促进作用,因此,溢出效应并不显著。

由此,本研究得到了以下的结论:(1)总体而言,铁路交通基础设施对我国区
域经济增长具有显著的正向空间溢出效应,但由于不同时期铁路基础设施的发展
情况,三个时期的溢出效应有所差异。在铁路基础设施发展较落后的时期,溢出
效应较高;随后,溢出效应减弱;但 2009 年以后,随着中国主要转向建设西部地区
的铁路网和发展高速铁路,溢出效应得到了提高。(2)公路基础设施的溢出效应
在全时期的溢出效应并不显著,但在第 1 阶段,公路的溢出效应非常大,主要是
1978—1993 年间,中国的公路基础设施的供给能力远落后于需求,因此,公路
基础设施的发展能对邻近的省份产生较大的促进作用。在第 2 阶段,可以发现
溢出效应已大为减弱但仍然显著,主要是因为此阶段我国的公路基础设施基本
能满足需求,因此,溢出作用不再明显。在第 3 阶段,公路基础设施的溢出效应
已不显著。因此,总体而言,省际间交通基础设施带来的空间溢出效应明显。

（3）总体上，全时期的铁路基础设施的溢出效应大于直接效应，且更为显著；分时期而言，公路基础设施在第1阶段的溢出效应大于铁路基础设施的溢出效应，这是因为在改革开放初期，主要的交通运输手段是公路，距离较近的省份之间的贸易活动相比距离较远的省份之间的贸易活动更加频繁，因此，增加的公路基础设施可以产生非常大的溢出效应。但第2阶段、第3阶段时，公路基础设施的溢出效应小于铁路基础设施的溢出效应，这是因为这两个阶段，距离更远的省份之间的贸易活动和人员流动更加频繁，比如中西部地区的劳动力更倾向于乘坐火车到东部地区来打工，因此铁路基础设施的发展产生了更大的溢出效应。

8.4.4 分区域的回归结果与溢出效应

我国东中西部三大地区在交通基础设施建设和区域经济发展水平上均存在较大的差距，那么交通基础设施对区域经济增长的空间溢出效应在不同区域是否会表现出不同的特征？为此，本研究在地理距离权重矩阵下进一步分区域估计了交通基础设施溢出效应的一般空间随机效应模型。这里把我国分为三大经济板块：东部、西部和中部，之所以分为三大经济板块而不是四大经济板块，主要是因为东北地区成为一个独立经济板块是在2008年后才被提出的，而且东北地区只包括三个省份，构建面板空间计量模型的估计结果受到了样本数量较少的影响。分区域的空间计量模型的估计结果见表8.5。

表8.5列（2）显示了东部地区1978—2016年的估计结果，结果显示：在直接影响方面，除了城镇化率的系数外，其余系数均在1％的显著性水平下显著，在间接影响方面，所有系数均在1％的显著性水平下显著，其中铁路和公路基础设施的系数均为正值，表明产生了正的直接效应，但铁路和公路基础设施的滞后系数均为负值且显著，表明产生了负的间接影响。表8.5列（3）显示了中部地区1978—2016年的估计结果，中部地区的估计系数除了铁路的直接影响的系数不显著外，均在10％的显著性水平下显著，相比东部地区，中部地区的直接效应并不显著。

表 8.5　分区域估计结果(1978—2016 年)

$\ln rgdp$	(1) $\ln rgdp$ (全样本)	(2) $\ln rgdp$ 东部	(3) $\ln rgdp$ 中部	(4) $\ln rgdp$ 西部
$\ln k$	0.287*** (0.012 8)	0.373*** (0.018 9)	0.540*** (0.028 0)	0.310*** (0.021 2)
$\ln l$	0.650*** (0.034 0)	0.581*** (0.053 6)	0.558*** (0.085 5)	0.562*** (0.046 1)
$city$	0.835*** (0.084 9)	0.030 7 (0.102)	0.780*** (0.227)	1.139*** (0.172)
$\ln jck$	0.098 2*** (0.006 45)	0.027 1*** (0.006 29)	0.025 0* (0.014 4)	0.178*** (0.012 1)
$\ln road$	0.143*** (0.019 1)	0.190*** (0.025 6)	0.112** (0.046 4)	0.167*** (0.033 8)
$\ln rail$	0.009 81 (0.012 5)	0.132*** (0.031 3)	−0.054 4 (0.052 0)	−0.029 9** (0.014 9)
cons	−2.215*** (0.298)	−3.684*** (0.443)	−3.862*** (0.613)	−1.415*** (0.366)
$M \times \ln rail$	0.269*** (0.046 0)	−0.326*** (0.042 7)	−0.409*** (0.133)	0.308*** (0.054 6)
$M \times \ln road$	−0.110** (0.050 7)	−0.128*** (0.034 9)	−0.154*** (0.050 5)	−0.202*** (0.072 0)
$M \times \ln rgdp$	0.258*** (0.025 5)	0.431*** (0.023 8)	0.259*** (0.037 5)	0.167*** (0.030 3)
$M \times e.\ln rgdp$	0.498*** (0.065 8)	−1.187*** (0.166)	−0.222 (0.176)	0.269** (0.108)
sigma_u_cons	0.293*** (0.042 0)	0.607*** (0.134)	0.442*** (0.141)	0.164*** (0.041 6)
sigma_e_cons	0.118*** (0.002 50)	0.093 2*** (0.003 58)	0.095 9*** (0.004 05)	0.126*** (0.004 43)
N	1 170	429	312	429
对数似然函数值	742.293 1	335.971 6	258.720 1	251.357 8
伪 R^2	0.954 9	0.852 4	0.848 8	0.981 8

注:(1)括号中的值为标准误;(2) * $p<0.1$, ** $p<0.05$, *** $p<0.01$。

表 8.5 的第(4)列显示了西部地区 1978—2016 年的估计结果,结果表明:所有的系数均在 5% 的显著性水平下显著,其中,铁路基础设施的直接影响系数为负,公路基础设施的直接影响系数为正,但铁路基础设施的间接影响系数为正,公路基础设施的间接影响系数为负。

由估计结果可得到三大经济板块 1978—2016 年的交通基础设施的直接效应、间接效应(空间溢出效应)和总效应。具体结果见表 8.6。

表 8.6　三大经济板块 1978—2016 年的直接效应和溢出效应

变量	效应类型	东部	中部	西部
ln *rail*	直接效应	0.109 450 4 *** (3.66)	−0.077 678 2 (−1.58)	−0.020 723 (−1.37)
	间接效应	−0.441 145 4 *** (−7.57)	−0.488 530 9 *** (−3.0)	0.289 754 3 *** (5.56)
	总效应	−0.331 695 *** (−6.19)	−0.566 209 1 *** (−3.44)	0.269 031 3 *** (4.5)
ln *road*	直接效应	0.186 245 8 *** (7.57)	0.105 274 ** (2.38)	0.161 708 4 *** (4.91)
	间接效应	−0.075 995 5 * (−1.71)	−0.144 563 9 *** (−2.95)	−0.166 316 9 ** (−2.49)
	总效应	0.110 250 3 *** (2.59)	−0.039 289 9 (−1.0)	−0.004 608 5 (−0.07)

注:(1)括号中的值为 t 值;(2) * $p<0.1$,** $p<0.05$,*** $p<0.01$;(3)三类效应均为平均值。

东部地区交通基础设施的影响如下:东部省份铁路交通基础设施的发展对本省份具有直接的促进作用,东部省份铁路基础设施的间接效应为负,由于间接效应的绝对值较大,导致总效应为负。东部地区的公路基础设施的直接效应为0.186,在 1% 的显著性水平下显著,间接效应为−0.076,在 10% 的显著性水平下显著,总效应为 0.110,在 1% 的显著性水平下显著。可见,东部地区的交通基础设施虽倾向于产生直接效应,但产生了负的间接效应。

有关中部地区交通基础设施的溢出效应的分析如下：中部地区的铁路基础设施的直接效应并不显著，但间接效应在 1% 的显著性水平下显著，溢出效应为 −0.489，交通基础设施对东部省份总效应的均值为 −0.566，在 1% 的显著性水平下显著。中部省份的公路交通基础设施的直接效应为 0.105，在 5% 的显著性水平下显著；溢出效应为 −0.145，在 1% 的显著性水平下显著；总效应为 −0.039 3，但不显著。

有关西部地区交通基础设施的溢出效应的分析如下：西部地区铁路基础设施的直接效应为 −0.020 7，但不显著，溢出效应为 0.290，在 1% 的显著性水平显著，总效应为 0.269，在 1% 的显著性水平下显著。西部地区的公路交通基础设施的直接效应为 0.162，在 1% 的显著性水平下显著，溢出效应为 −0.166，在 5% 的显著性水平下显著，总效应为 −0.004 6，但并不显著。

综上，本研究得到了以下结论：(1)由于区域间的交通基础设施和经济发展水平存在差异，交通基础设施在三大区域的溢出效应方向和强弱存在显著的差异，所以表现形式也存在较大差异。东部地区的铁路和公路交通基础设施地的溢出效应显著为负，中部地区的铁路和公路基础设施的溢出效应为负，西部地区的铁路基础设施的溢出效应为正，但公路基础设施的溢出效应为负。(2)相比较而言，西部地区的铁路基础设施的溢出效应最大，而中部地区和东部地区的溢出效应为负，这说明在西部省份，相比东中部省份，其交通基础设施的改善更有利于邻近省份的经济增长。

8.4.5　分区域和阶段的回归结果与溢出效应

为了进一步分析不同区域在不同时段的交通基础设施对区域经济增长的直接效应和溢出效应(间接效应)，寻求其在空间与时间上的差异，需要对三个经济板块分阶段来进行估计。估计结果如表 8.7 所示。

表 8.7 中，第 2 列为东部地区第 1 阶段(1978—1993 年)的估计结果，估计结果显示：在直接影响方面，除了城镇化率的系数不显著外，其余参数均在 1% 的显

表8.7 分区域和分阶段的回归结果

ln rgdp	东部地区			中部地区			西部地区		
	阶段 1	阶段 2	阶段 3	阶段 1	阶段 2	阶段 3	阶段 1	阶段 2	阶段 3
ln K	0.080 1***	0.364***	0.181***	0.097 0	0.394***	0.502***	0.127***	0.700***	0.239***
	(0.026)	(0.031 0)	(0.046 1)	(0.067 2)	(0.024 2)	(0.052 6)	(0.030 3)	(0.022 1)	(0.033 5)
ln L	1.167***	0.149***	0.148***	1.112***	0.029 6	0.089 1	0.606***	0.367***	0.389***
	(0.102)	(0.053 5)	(0.053 6)	(0.141)	(0.050 1)	(0.081 4)	(0.064 9)	(0.042 7)	(0.058 0)
ln urban	−0.292	−0.506***	1.478***	0.219	0.315**	0.136	−0.074 1	−0.342***	2.728***
	(0.247)	(0.077 2)	(0.295)	(0.534)	(0.126)	(0.247)	(0.240)	(0.125)	(0.298)
ln trade	0.026 1***	0.068 4***	−0.000 329	0.002 02	0.089 2***	0.024 5*	0.144***	0.013 5	0.063 3***
	(0.006 37)	(0.017 8)	(0.008 45)	(0.020 3)	(0.017 0)	(0.013 4)	(0.013 6)	(0.010 1)	(0.009 85)
ln road	0.392***	0.039 8*	−0.231*	0.958***	0.047 5**	0.374***	0.443***	0.007 19	0.331***
	(0.112)	(0.018 5)	(0.125)	(0.303)	(0.021 9)	(0.077 3)	(0.090 6)	(0.019 7)	(0.089 7)
ln rail	−0.147**	0.089 0***	−0.045 8	0.272***	0.126***	0.102*	−0.029 3	0.038 1***	0.120***
	(0.069 9)	(0.021 6)	(0.041 4)	(0.091 9)	(0.041 9)	(0.061 7)	(0.043 3)	(0.010 5)	(0.036 5)
cons	−5.468***	0.643	0.757	−3.793***	3.788***	1.732**	−1.224**	−1.228***	0.204
	(1.356)	(0.646)	(0.645)	(1.143)	(0.578)	(0.861)	(0.509)	(0.315)	(0.430)
M×ln rail	−0.152	0.002 72	0.140*	1.739***	1.008***	0.459***	0.498***	0.091 4**	−0.143***
	(0.299)	(0.109)	(0.073 5)	(0.460)	(0.187)	(0.149)	(0.081 8)	(0.036 6)	(0.052 9)
M×ln road	3.644***	0.020 9	0.391	1.931**	−0.023 0	1.634***	−0.163	0.058 3	0.044 5
	(0.613)	(0.042 7)	(0.253)	(0.883)	(0.050 0)	(0.385)	(0.241)	(0.042 0)	(0.204)

续表

$\ln rgdp$	东部地区			中部地区			西部地区		
	阶段 1	阶段 2	阶段 3	阶段 1	阶段 2	阶段 3	阶段 1	阶段 2	阶段 3
$M \times \ln rgdp$	-0.138	0.479***	0.463***	-0.151	0.194***	-0.519***	0.345***	0.018 8	-0.040 2
	(0.118)	(0.049 1)	(0.081 0)	(0.149)	(0.047 7)	(0.130)	(0.045 4)	(0.024 7)	(0.075 5)
$M \times e.\ln rgdp$	0.626***	0.042 0	-1.710***	0.143	1.365***	1.428***	-0.028 0	-0.152	-0.350
	(0.102)	(0.311)	(0.534)	(0.217)	(0.092 8)	(0.207)	(0.192)	(0.170)	(0.345)
sigma_u_cons	0.556***	0.687***	1.267***	0.504***	0.267***	0.176***	0.168***	0.152***	0.220***
	(0.136)	(0.164)	(0.303)	(0.152)	(0.074 9)	(0.049 4)	(0.045 7)	(0.037 8)	(0.050 3)
sigma_e_cons	0.066 2***	0.034 5***	0.019 1***	0.073 3***	0.031 1***	0.019 2***	0.078 7***	0.042 2***	0.024 2***
	(0.003 93)	(0.002 00)	(0.002 21)	(0.004 92)	(0.002 37)	(0.002 42)	(0.004 41)	(0.002 44)	(0.002 02)
N	176	165	88	128	120	64	176	165	88
对数似然函数数值	179.431 9	270.516 4	154.571 2	125.898 2	218.906 4	136.884 2	171.967 6	258.669 5	166.095 7
伪 R^2	0.650 7	0.512 7	0.503 8	0.605 0	0.764 5	0.761 4	0.971 8	0.981 7	0.958 5

注：(1) 括号中的值为标准误；(2) * $p < 0.1$，** $p < 0.05$，*** $p < 0.01$。

著性水平下显著异于零；在溢出影响方面，相邻省份的铁路和 GDP 的溢出影响不显著，但公路和滞后项的溢出影响均显著。第 3 列为东部地区第 2 阶段（1994—2008 年）的估计结果，估计结果表明：除了铁路基础设施、公路基础设施和 GDP 的间接影响系数不显著外，其余解释变量的系数均在 5％的显著性水平下显著。第 4 列为东部地区第 3 阶段（2009—2016 年）的估计结果，结果表明：除了进出口总额、铁路基础设施的直接影响系数和公路基础设施的间接影响系数不显著外，其余系数均在 10％的显著性水平下显著。第 5 列为中部地区第 1 阶段（1978—1993 年）的估计结果，结果表明：除了资本投入、城镇化率的直接影响系数，实际 GDP 和误差滞后项的间接影响系数不显著外，其余系数均在 1％的显著性水平下显著。第 6 列为中部地区第 2 阶段（1994—2008 年）的估计结果，结果表明：除了劳动投入的直接影响系数和公路基础设施的间接影响系数不显著外，其余系数均在 5％的显著性水平下显著。第 7 列为中部地区第 3 阶段（2009—2016 年）的估计结果，结果表明：劳动投入和城镇化率的直接影响系数不显著外，其余系数均在 10％的显著性水平下显著。第 8 列为西部地区第 1 阶段（1978—1993 年）的估计结果，结果显示：除了城镇化率、铁路基础设施的直接影响系数及公路基础设施间接影响的系数不显著外，其余系数均在 5％的显著性水平下对实际 GDP 起到显著作用。第 9 列为西部地区第 2 阶段（1994—2008 年）的估计结果，结果显示：进出口总额、公路基础设施的直接影响系数，及公路基础设施、实际 GDP 滞后项和误差滞后项的间接影响系数不显著。第 10 列为西部地区第 3 阶段（2009—2016 年）的估计结果，结果表明：除了公路基础设施、实际 GDP 滞后项和误差滞后项的间接影响系数不显著外，其余系数均在 1％的显著性水平下显著。估计结果都较好地体现了经济意义。

但与分区域全样本估计结果的比较来看，相比而言，分区域分阶段估计结果参数的显著性要略低些。不显著的参数更多，特别是部分滞后项的参数并不显著，主要原因可能是受到样本数量大大减少的影响。

由估计结果，本研究得到了三大经济板块分阶段的交通基础设施的直接效应、间接效应（空间溢出效应）和总效应。具体结果见表 8.8。

表 8.8　三大区域分阶段的溢出效应

阶　　段	变量	效应类型	东部	中部	西部
1978—1993 年	ln rail	直接效应	−0.144 716 8 ** (−2.1)	0.231 202 8 *** (2.65)	0.005 861 (0.13)
		间接效应	−0.115 621 5 (−0.44)	1.372 84 *** (5.23)	0.569 080 8 *** (5.09)
		总效应	−0.260 338 3 (−0.9)	1.604 043 *** (5.51)	0.574 941 8 *** (4.41)
	ln road	直接效应	0.335 692 5 *** (4.34)	0.915 675 2 *** (3.22)	0.442 655 *** (4.63)
		间接效应	3.145 487 *** (10.83)	1.444 454 *** (3.07)	−0.011 082 5 (−0.04)
		总效应	3.481 179 *** (10.28)	2.360 13 *** (3.96)	0.431 572 5 (1.36)
1994—2008 年	ln rail	直接效应	0.093 465 1 *** (3.74)	0.165 993 6 *** (3.5)	0.038 390 4 *** (3.67)
		间接效应	0.080 823 9 (0.43)	1.110 431 *** (5.18)	0.077 784 6 ** (2.55)
		总效应	0.174 289 1 (0.87)	1.276 425 *** (5.15)	0.116 175 *** (3.53)
	ln road	直接效应	0.043 765 94 ** (2.22)	0.046 987 ** (2.1)	0.007 381 4 (0.37)
		间接效应	0.071 193 3 (1.0)	−0.014 793 5 (−0.28)	0.049 305 9 (1.42)
		总效应	0.114 959 3 (1.42)	0.032 193 5 (0.51)	0.056 687 3 * (1.67)
2008—2016 年	ln rail	直接效应	−0.034 794 6 (−0.85)	0.072 185 1 (1.29)	0.121 422 8 *** (3.32)
		间接效应	0.205 081 5 ** (1.75)	0.272 599 2 *** (3.67)	−0.119 499 1 *** (−2.78)
		总效应	0.170 287 (1.36)	0.344 784 2 *** (3.27)	0.001 923 7 (0.04)

阶　　段	变量	效应类型	东部	中部	西部
2008—2016 年	ln road	直接效应	−0.204 538 2* （−1.69）	0.269 308 2*** （3.5）	0.330 413 9*** （3.67）
		间接效应	0.492 429 （1.26）	0.965 46*** （5.64）	0.025 279 6 （0.17）
		总效应	0.287 890 8 （0.7）	1.234 768*** （7.73）	0.355 693 5** （2.37）

注：(1)括号中的值为 Z 值；(2)* $p<0.1$，** $p<0.05$，*** $p<0.01$。

有关东部地区的分阶段交通基础设施经济效应的分析结果如下：东部地区铁路基础设施的直接效应在三个阶段均显著，但第一阶段的直接效应为负。东部地区第 1 阶段和第 2 阶段铁路基础设施的溢出效应并不显著，在第 3 阶段时的溢出效应为 0.205，在 5%的显著性水平下显著。从总效应来看，东部地区的铁路基础设施第 1 阶段的总效应不显著，但第 2 阶段和第 3 阶段的总效应在 1%的显著性水平上显著，且为正向。东部地区的公路基础设施在三个阶段的直接效应均在 1%的显著性水平上显著，且为正向，反映了公路基础设施对本地经济具有较强的正向作用，溢出效应在第 1 阶段为 3.145，但第 2 阶段和第 3 段的溢出效应并不显著，表明了东部地区的公路基础设施从无法满足需求到饱和的过程。

有关中部地区的分阶段交通基础设施经济效应的分析结果如下：中部地区的铁路基础设施在第 1 阶段和第 2 阶段的直接效应均为正，且在 1%的显著性水平下显著，但在第 3 阶段的直接效应不显著，说明随着交通基础设施建设的完善，其对本地经济增长的推动作用已日趋降低。中部地区的铁路基础设施第 1 阶段的溢出效应为 1.37，第 2 阶段的溢出效应为 1.11，第 3 阶段的溢出效应为 0.273，均在 1%的显著性水平下显著，表明中部地区的经济增长受到了周边省份铁路交通基础设施的正向影响。中部地区铁路基础设施的总效应在三个阶段均为正且在 1%的显著性水平下显著。中部地区公路基础设施的直接效应在三个阶段均为正值且在 5% 的显著性水平下显著,表明公路基础设施的增加对中部地区省份的经济增长具有较强的促进作用;中部地区公路基础设施的溢出效应在第 1 阶段为 1.444,第 2 阶段的溢出效应为负且不显著,第 3 阶段的溢出效应为 0.956,在 1% 的显著性水平下显著。中部地区公路基础设施的总效应在第 1 阶段和第 3 阶段显著,但在第 2 阶段不显著。

　　有关西部地区的分阶段交通基础设施经济效应的分析结果如下:西部地区铁路基础设施的直接效应不显著,第 2 阶段和第 3 阶段的直接效应为正且在 1% 的显著性水平下显著。西部地区铁路基础设施的溢出效应在第 1 阶段为 0.569,在 1% 的显著性水平下显著,第 2 阶段的溢出效应为 0.077 8,第 3 阶段的溢出效应为 −0.119,均在 1% 的显著性水平下显著。西部地区铁路基础设施的总效应在第 1 阶段和第 3 阶段均为正向且在 1% 的显著性水平下显著。西部地区公路基础设施的直接效应在第 1 阶段和第 3 阶段的均为正值且显著,但在 3 个阶段的溢出效应均不显著,总效应在第 1 阶段不显著,但第 2 阶段在 10% 的显著性水平下显著且为正值,第 3 阶段的总效应在 5% 的显著性水平下显著。

　　由此,围绕溢出效应,本书研究得到以下的结论:不同地区、不同阶段和不同类型的交通基础设施的溢出效应存在显著差异。东部地区的铁路基础设施只在第 3 阶段存在显著的正向溢出效应,公路基础设施在第 1 阶段存在显著的正向溢出效应。中部地区的铁路基础设施在 3 个阶段均存在显著的正向溢出效应,公路基础设施在第 1 阶段和第 3 阶段产生了显著的正向溢出效应。西部地区的铁路基础设施均产生了显著的溢出效应,但在第 3 阶段的溢出效应为负,公路基础设施的溢出效应在 3 个阶段均没有产生显著的溢出效应。由此可见,交通基础设施是否产生溢出效应,与区域的经济水平、交通基础设施类型和交通基础设施的供给情况存在较大的关系,这与理论分析的结果基本一致。

8.5　以交通运输变量为解释变量的实证

8.5.1　具体的实证模型

本节采用旅客周转量和货物周转量作为衡量交通运输发展的指标来分析交通运输的溢出效应。旅客周转量记为 PT，货物周转量记为 FT，所构建的具体的一般空间计量模型如下所示：

$$\ln rgdp_{it} = \alpha_0 + \rho WY_{it} + \alpha_1 \ln K_{it} + \alpha_2 \ln L_{it} + \alpha_3 \ln urban_{it} + \alpha_4 \ln trade_{it} + a_5 \ln PT_{it}$$

$$\alpha_6 \ln FT_{it} + W \ln PT_{it} r_1 + W \ln FT_{it} r_2 + \mu_i + \gamma_t + \varepsilon_{it}$$

$$\varepsilon_{it} = \lambda W_i \varepsilon_t + \upsilon_{it}, \ \upsilon_{it} \ \square \ N(0, \sigma^2 I_n) \tag{8.6}$$

式(8.6)中，$rgdp$ 为被解释变量，为各省级行政区域的实际人均 GDP；K 为资本投入，L 为劳动投入，$urban$ 为城镇化率，$trade$ 为进出口总额，$rail$ 为铁路营业里程，$road$ 为公路里程，其余参数的含义如同式(8.1)。i 代表 30 个省级行政区域，t 代表从 1978—2016 年的年份。

8.5.2　分阶段的回归和溢出效应

研究采用周转量作为解释变量，得到的估计结果如表 8.9 所示。

表 8.9 的列 2 为 1978—2016 年的估计结果，估计结果表明：在直接影响方面，所有系数均在 1% 的显著性水平下显著，且经济意义符合预期，在间接影响方面，旅客周转量和货物周转量的系数不显著。表 8.9 的列 3 为 1978—1993 年的估计结果，结果显示：在直接影响方面，城镇化率和货物周转量的系数不显著，其余系数均在 1% 的显著性水平下显著；在间接影响方面，误差滞后项的系数不显著。表

表 8.9　以交通运输为解释变量的估计结果

变量 $\ln rgdp$	全样本(1) 1978—2016 年	第 1 阶段(2) 1978—1993 年	第 2 阶段(3) 1994—2008 年	第 3 阶段(4) 2009—2016 年
$\ln K$	0.305 *** (0.012 4)	0.189 *** (0.016 3)	0.471 *** (0.022 7)	0.323 *** (0.029 7)
$\ln L$	0.472 *** (0.034 5)	0.914 *** (0.073 7)	0.202 *** (0.044 7)	0.507 *** (0.047 5)
$urban$	0.711 *** (0.077 1)	0.186 (0.174)	0.030 0 (0.067 5)	1.841 *** (0.215)
$trade$	0.084 7 *** (0.006 29)	0.038 3 *** (0.006 41)	0.040 7 *** (0.008 41)	0.048 0 *** (0.010 8)
$\ln PT$	0.150 *** (0.013 9)	0.250 *** (0.021 1)	0.054 2 *** (0.019 5)	0.068 7 *** (0.025 3)
$\ln FT$	0.068 8 *** (0.009 24)	0.015 9 (0.014 0)	0.049 4 *** (0.008 88)	0.017 9 (0.013 0)
_cons	−2.306 *** (0.235)	−4.931 *** (0.469)	−0.610 * (0.312)	−1.026 *** (0.304)
$M \times \ln PT$	0.006 72 (0.045 0)	−0.231 *** (0.055 3)	0.045 1 (0.122)	−0.012 7 (0.043 8)
$M \times \ln FT$	0.052 2 (0.063 1)	0.095 0 * (0.050 8)	0.022 7 (0.079 2)	−0.141 *** (0.052 9)
$M \times \ln rgdp$	0.154 ** (0.062 1)	0.349 *** (0.065 6)	0.190 (0.131)	0.206 *** (0.041 2)
$M \times e.\ln rgdp$	0.518 *** (0.083 8)	0.242 (0.156)	0.353 (0.269)	−0.783 ** (0.313)
sigma_u_cons	0.259 *** (0.041 1)	0.490 *** (0.086 0)	0.467 *** (0.083 1)	0.200 *** (0.037 4)
sigma_e_cons	0.113 *** (0.002 45)	0.079 6 *** (0.002 72)	0.047 0 *** (0.001 73)	0.038 0 *** (0.002 01)
N	1 170	480	450	240
对数似然函数值	796.606 6	434.523 3	625.065 3	359.505 6
伪 R^2	0.963 7	0.882 5	0.842 7	0.968 3

注:(1)括号内为标准误差;(2) * $p<0.1$, ** $p<0.05$, *** $p<0.01$。

8.9 的列 4 为 1994—2008 年的估计结果,结果显示:在直接影响方面,除城镇化率的系数不显著外,其余系数均在 1% 的显著性水平下显著;间接影响方面,所有系数均不显著。表 8.9 的列 5 为 2009—2016 年的估计结果,结果显示:在直接影响方面,除了货物周转量的系数不显著外,其余系数均在 1% 的显著性水平下显著;在间接影响方面,除了旅客周转量的系数不显著外,其余系数均在 5% 的显著性水平下显著。

由此,研究得到了旅客周转量和货物周转量的直接效应、间接效应和总效应,如表 8.10 所示。

表 8.10　直接效应和空间效应的估计

变量	效应	1978—2016 年	1978—1993 年	1994—2008 年	2009—2016 年
	直接效应	0.150 528*** (10.78)	0.246 153 4*** (11.74)	0.054 956 8*** (2.76)	0.068 683 1*** (2.74)
ln PT	间接效应	0.033 152 2 (0.76)	−0.204 032 3*** (−2.76)	0.063 940 6 (0.5)	0.001 682 7 (0.03)
	总效应	0.183 680 2*** (3.86)	0.042 121 2 (0.55)	0.118 897 4 (0.85)	0.070 365 8 (1.47)
	直接效应	0.069 47*** (7.43)	0.018 749 (1.34)	0.049 79*** (5.37)	0.015 911 6 (1.21)
ln FT	间接效应	0.069 650 9 (1.11)	0.142 679 1** (2.18)	0.036 973 8 (0.45)	−0.161 620 8** (−2.4)
	总效应	0.139 120 9** (2.1)	0.161 428 2** (2.38)	0.086 763 8 (098)	−0.145 709 1** (−2.06)

注:(1)括号中的值为 Z 值;(2)* $p<0.1$,** $p<0.05$,*** $p<0.01$。

有关旅客周转量的溢出效应的分析结果如下:在全样本期间,旅客周转量的溢出效应并不显著。在第 1 阶段(1978—1993 年),旅客周转量的直接效应为 0.246,间接效应为 −0.204,均在 1% 的显著性水平下显著。在第 2 阶段(1994—2008 年),旅客周转量的直接效应为 0.055,但间接效应不显著。在第 3 阶段

(2009—2016 年),旅客周转量的直接效应为 0.0687,但间接效应不显著。

有关货物周转量的溢出效应的分析结果如下:在全样本阶段(1978—2016 年),货物周转量的直接效应为 0.069 5 且在 1% 的显著性水平下显著,间接效应为 0.069 7 但不显著,总效应为 0.139 且在 5% 的显著性水平下显著。在第 1 阶段 (1978—1993 年),货物周转量的直接效应为 0.018 7 但不显著,溢出效应为 0.143 且在 5% 的显著性水平下显著,总效应为 0.161 且在 5% 的显著性水平下显著。在第 2 阶段(1994—2008 年),货物周转量的直接效应为 0.049 8 且在 1% 的显著性水平下显著,间接效应和总效应均不显著。在第 3 阶段(2009—2016 年),货物周转量的直接效应为 0.015 9 但不显著,间接效应为 −0.162 且在 5% 的显著性水平下显著,总效应为 −0.146 且在 5% 的显著性水平下显著。

由此,本书研究得到了以下的结论:(1)整体上,交通运输的发展具有较强且显著的直接效应,但旅客周转量和货物周转量的溢出效应均不显著。(2)交通运输的溢出效应在不同阶段的表现具有显著差异。在第 1 阶段,旅客周转量的溢出效应显著为负,表明一个省份的人流量的增加是以相邻省份的劳动要素流出为代价,因此,会导致相邻区域的人口资源和人力资本的流失,导致对相邻省份的经济增长影响为负。但货物周转量的溢出效应显著为正向,表明此阶段的产品流动加速可以促进各个区域的发展。在第 2 阶段,旅客周转量和货物周转量的溢出效应虽然为正但均不显著。在第 3 阶段,旅客周转量的溢出效应为正但不显著,货物周转量的溢出效应为负且显著。

8.5.3　分区域的回归结果与溢出效应

本书进一步分三个区域板块进行了估计,估计结果如表 8.11 所示。

表 8.11 列(2)为东部地区 1978—2016 年的空间计量模型的估计结果。估计结果显示:除了直接影响中的城镇化率和间接影响中的货物周转量的系数不显著外,其余系数均在 5% 的显著性水平下显著。表 8.11 列(3)为中部地区 1978—2016 年的估计结果,结果表明:除了直接影响中的货物周转量系数和间接影响中的旅客

表 8.11 分区域的估计结果(1978—2016 年)

变量 ln $rgdp$	(1) 全国	(2) 东部	(3) 中部	(4) 西部
ln K	0.305 *** (0.012 4)	0.405 *** (0.020 4)	0.481 *** (0.020 7)	0.345 *** (0.016 9)
ln L	0.472 *** (0.034 5)	0.429 *** (0.053 2)	0.324 *** (0.060 0)	0.405 *** (0.058 8)
$urban$	0.711 *** (0.077 1)	0.056 6 (0.100)	0.355 * (0.194)	0.986 *** (0.155)
ln $trade$	0.084 7 *** (0.006 29)	0.041 5 *** (0.008 15)	0.044 5 *** (0.012 7)	0.131 *** (0.011 0)
ln PT	0.150 *** (0.013 9)	0.099 3 *** (0.025 5)	0.219 *** (0.035 3)	0.149 *** (0.023 6)
ln FT	0.068 8 *** (0.009 24)	0.041 0 *** (0.011 1)	0.005 57 (0.027 0)	0.119 *** (0.024 4)
cons	−2.306 *** (0.235)	−2.072 *** (0.342)	−1.175 *** (0.426)	−1.451 *** (0.369)
$M \times$ ln PT	0.006 72 (0.045 0)	−0.068 2 ** (0.031 9)	−0.027 4 (0.049 3)	0.241 *** (0.045 8)
$M \times$ ln FT	0.052 2 (0.063 1)	−0.033 6 (0.021 8)	−0.222 *** (0.036 2)	−0.217 *** (0.065 1)
$M \times$ ln $rgdp$	0.154 ** (0.062 1)	0.347 *** (0.029 3)	0.306 *** (0.030 8)	0.038 2 (0.073 1)
$M \times$ e. ln $rgdp$	0.518 *** (0.083 8)	−0.891 *** (0.161)	−0.259 ** (0.126)	0.074 2 (0.137)
sigma_u_cons	0.259 *** (0.041 1)	0.274 *** (0.064 0)	0.115 *** (0.030 6)	0.258 *** (0.060 3)
sigma_e_cons	0.113 *** (0.002 45)	0.106 *** (0.003 93)	0.084 3 *** (0.003 45)	0.114 *** (0.003 94)
N	1 170	429	312	429
对数似然函数值	796.606 6	304.150 7	307.283 4	294.641 6
伪 R^2	0.963 7	0.960 0	0.985 4	0.971 1

注:(1)括号内为标准误差;(2) * $p<0.1$, ** $p<0.05$, *** $p<0.01$。

周转量系数不显著外,其余系数均在10％的显著性水平下显著。表8.11列(4)为西部地区1978—2016年的估计结果,结果显示:除了间接影响中的实际GDP滞后项和误差滞后项的系数不显著外,其余系数均在1％的显著性水平下显著。

根据估计结果,本研究得到了三大经济板块1978—2016年的直接效应、溢出效应和总效应,如表8.12所示。

表8.12 三大经济板块的直接效应和溢出效应(1978—2016年)

变量	效应类型	东部	中部	西部
$\ln PT$	直接效应	0.097 315 7*** (3.91)	0.221 805 8*** (6.54)	0.150 998 4*** (6.4)
	间接效应	−0.048 639 7 (−1.27)	0.048 408 1 (1.04)	0.211 582 9*** (6.77)
	总效应	0.048 676 (1.29)	0.270 213 9*** (6.64)	0.362 581 3*** (11.37)
$\ln FT$	直接效应	0.039 899 6** (3.67)	−0.009 514 (−0.37)	0.118 103 4*** (4.87)
	间接效应	−0.027 947 2 (−0.95)	−0.269 798 8*** (−6.28)	−0.181 672 3*** (−3.13)
	总效应	0.011 952 4 (0.4)	−0.279 312 8*** (−6.66)	−0.063 569 (−1.04)

注:(1)括号中的值为 Z 值;(2) * $p<0.1$, ** $p<0.05$, *** $p<0.01$。

有关旅客周转量的经济效应的分析结果如下。东部、中部和西部地区的直接效应均为正,且在1％的显著性水平下显著,表明本地旅客周转量的提升有助于促进当地经济增长。东部地区和中部地区旅客周转量的溢出效应均不显著,但西部地区的溢出效应为0.212,且在1％的显著性水平下显著,这是因为西部地区的交通基础设施相对落后,受到交通基础设施供给的抑制,随着交通基础设施的改善,将促进旅客周转量增长,从而对经济增长起到影响。旅客周转量的总效应在东部地区并不显著,但在中部和西部地区为正,且在1％的显著性水平下显著。这是因为,东部地区经济较发达和交通基础设施较完善,旅客周转量相对而言更加体现为是经济增长的结果而非原因。

有关货物周转量的经济效应的分析结果如下：东部地区和西部地区货运周转量的直接效应为正，且在5%的显著性水平下显著。东部地区的货物周转量的溢出效应不显著，但中部地区的货物周转量的溢出效应为－0.270，且在1%的显著性水平下显著，西部地区的货物周转量的溢出效应为－0.182，且在1%的显著性水平下显著。这说明货运周转量产生溢出效应主要发生在经济落后的地区，周边省份的货运周转量增大，意味着将对本地产生挤出作用和替代作用，因此，本地的经济增长将受到影响。在总效应上，东部地区和西部地区的总效应不显著，中部地区的总效应在1%的显著性水平下显著且为负。

由此，本书研究得到以下结论：(1)东部地区的旅客周转量和货物周转量的溢出效应均为负但不显著。(2)中部地区旅客周转量的溢出效应为正但不显著，货物周转量的溢出效应为负且显著，表明中部省份之间的产品存在同质化和竞争性的现象，因此，当周边省份的贸易流增大时，本省的贸易将可能受到抑制，因此会产生负的溢出效应。(3)西部地区旅客周转量的溢出效应为正且显著，货物周转量的溢出效应为负且显著。

8.5.4 分区域和阶段的回归结果与溢出效应

本研究进一步分阶段和分区域估计了模型式(8.6)，估计结果如表8.13所示。

表8.13列2为东部地区第1阶段(1978—1993年)的估计结果，结果显示：在直接影响方面，除了城镇化率和货物周转量的系数不显著，其余系数均在1%的显著性水平显著；在间接影响方面，除了误差滞后项的系数不显著外，其余系数均在1%的显著性水平下显著。表8.13列3为东部地区第2阶段(1994—2008年)的估计结果，结果显示：在直接影响方面，除货物周转量的系数不显著外，其余系数均在5%的显著性水平下显著；在间接影响方面，旅客周转量和货物周转量的系数均不显著。表8.13列4为东部地区第3阶段(2009—2016年)的估计结果，结果显示：在直接影响方面，除了旅客周转量的系数不显著外，其余系数均在5%的显著性水平下显著；在间接影响方面，除了旅客周转量的系数不显著外，其余系数均在1%的显著性水平下显著。

表 8.13　分区域和分阶段的估计结果

变量 (ln rgdp)	东部 阶段 1	东部 阶段 2	东部 阶段 3	中部 阶段 1	中部 阶段 2	中部 阶段 3	西部 阶段 1	西部 阶段 2	西部 阶段 3
$\ln K$	0.105*** (0.026 2)	0.365*** (0.028 3)	0.151*** (0.037 6)	0.139*** (0.042 0)	0.377*** (0.026 7)	0.529*** (0.046 8)	0.180*** (0.033 3)	0.661*** (0.027 6)	0.236*** (0.039 6)
$\ln L$	1.249*** (0.111)	−0.012 8 (0.053 7)	0.088 3* (0.052 7)	0.949*** (0.116)	−0.034 9 (0.047 1)	0.180** (0.076 5)	0.945*** (0.110)	0.260*** (0.085 3)	0.482*** (0.061 1)
$urban$	0.295 (0.237)	−0.437*** (0.080 0)	1.298*** (0.263)	0.097 1 (0.381)	0.277* (0.142)	0.466* (0.240)	−0.108 (0.206)	−0.070 7 (0.124)	3.173*** (0.305)
$\ln trade$	0.022 1*** (0.006 50)	0.080 1*** (0.014 7)	−0.013 4** (0.005 96)	0.025 7 (0.016 2)	0.096 2*** (0.015 9)	0.024 4* (0.014 7)	0.080 9*** (0.014 2)	0.026 3** (0.010 8)	0.067 4*** (0.010 7)
$\ln PT$	0.192*** (0.030 3)	0.058 6*** (0.021 6)	−0.017 0 (0.023 1)	0.374*** (0.042 2)	0.119*** (0.045 3)	0.005 84 (0.035 5)	0.178*** (0.028 7)	−0.009 68 (0.031 0)	−0.023 9 (0.031 5)
$\ln FT$	−0.009 78 (0.014 1)	−0.000 282 (0.008 39)	−0.030 4*** (0.009 47)	0.007 92 (0.042 9)	0.000 159 (0.026 2)	0.093 3*** (0.028 2)	0.054 3** (0.025 5)	0.068 6*** (0.020 8)	0.057 5*** (0.019 7)
_cons	−7.149*** (0.699)	0.482 (0.404)	0.347 (0.485)	−4.827*** (0.742)	0.887* (0.534)	0.536 (0.744)	−4.675*** (0.756)	−0.803 (0.534)	−0.029 6 (0.382)
$M \times \ln PT$	−0.272*** (0.048 5)	0.053 7 (0.057 8)	−0.026 9 (0.035 0)	−0.303*** (0.076 2)	0.541*** (0.126)	−0.558*** (0.153)	−0.118** (0.054 3)	0.167 (0.105)	0.032 1 (0.043 4)
$M \times \ln FT$	0.111*** (0.033 3)	0.023 4 (0.021 7)	0.075 6*** (0.024 5)	−0.020 7 (0.079 4)	−0.140* (0.053 1)	0.670*** (0.101)	0.096 7 (0.059 1)	−0.090 5* (0.053 7)	−0.103* (0.058 1)

续表

变量	东 部			中 部			西 部		
	阶段 1	阶段 2	阶段 3	阶段 1	阶段 2	阶段 3	阶段 1	阶段 2	阶段 3
$\ln rgdp$	0.509 *** (0.054 6)	0.419 *** (0.050 6)	0.631 *** (0.036 5)	0.376 *** (0.079 3)	0.046 5 (0.082 7)	−0.178 * (0.102)	0.252 *** (0.076 7)	−0.026 9 (0.083 3)	0.046 4 (0.055 6)
$M \times \ln rgdp$	−0.034 0 (0.198)	−0.158 (0.277)	−1.947 *** (0.434)	−0.189 (0.235)	1.430 *** (0.115)	0.869 *** (0.048 0)	−0.151 (0.202)	0.230 (0.149)	−0.166 (0.283)
$M \times e.\ln rgdp$									
sigma_u	0.685 *** (0.166)	0.743 *** (0.173)	1.255 *** (0.278)	0.332 *** (0.102)	0.718 *** (0.201)	0.175 *** (0.049 6)	0.604 *** (0.162)	0.228 *** (0.080 4)	0.288 *** (0.078 2)
sigma_e	0.065 5 *** (0.003 65)	0.035 5 *** (0.002 06)	0.017 2 *** (0.001 92)	0.055 2 *** (0.003 66)	0.029 6 *** (0.002 39)	0.017 3 *** (0.001 81)	0.067 8 *** (0.003 83)	0.041 4 *** (0.002 52)	0.025 7 *** (0.002 16)
N	176	165	88	128	120	64	176	165	88
对数似然函数值	185.055 6	265.887 9	158.271 3	132.731 7	219.616 8	132.731 7	183.163 0	256.899 5	159.122 5
伪 R^2	0.726 8	0.440 4	0.799 5	0.789 6	0.250 4	0.789 6	0.905 0	0.965 9	0.933 9

注：(1) 括号内为标准误差；(2) $*p<0.1$，$**p<0.05$，$***p<0.01$。

表8.13列5为中部地区第1阶段(1978—1993年)的估计结果,结果显示:在直接影响方面,城镇化率、进出口总额和货物周转量的系数均不显著,在间接影响方面,货物周转量和误差滞后项的系数不显著。表8.13列6为中部地区第2阶段(1994—2008年)的估计结果,结果显示:在直接影响方面,除了货物周转量的系数不显著外,其余系数均在10%的显著性水平下显著;在间接影响方面,除了实际GDP滞后项不显著外,其余系数均在1%的显著性水平下显著。表8.13列7为中部地区第3阶段(2009—2016年)的估计结果,结果表明:除了旅客周转量的系数不显著外,其余系数均在10%的显著性水平下显著。

表8.13列8为西部地区第1阶段(1978—1993年)的估计结果,结果显示:在直接影响方面,除了城镇化率的系数不显著外,其余系数均在5%的显著性水平下显著;在间接影响方面,除了货物周转量和误差滞后项的系数不显著外,其余系数均在5%的显著性水平下显著。表8.13列9为西部地区第2阶段(1994—2008年)的估计结果,结果显示:在直接影响方面,除了城镇化率和旅客周转量的系数不显著外,其余系数均在5%的显著性水平下显著;在间接影响方面,旅客周转量、实际GDP和误差滞后项的系数均不显著。表8.13列10为西部地区第3阶段(2009—2016年)的估计结果,结果显示:在直接影响方面,除了旅客周转量的系数不显著外,其余系数均在1%的显著性水平下显著;在间接影响方面,旅客周转量、实际GDP和误差滞后项的系数均不显著。

由此,本研究得到了三大经济板块三个阶段的旅客周转量和货物周转量的直接效应、间接效应(溢出效应)和总效应,如表8.14所示。

表8.14 旅客周转量和货物周转量的经济效应

阶　段	变量	效应类型	东　部	中　部	西　部
		直接效应	0.172 89 *** (5.76)	0.358 984 9 *** (8.92)	0.174 282 5 *** (6.22)
1978—1993 年	$\ln PT$	间接效应	−0.328 973 *** (−3.58)	−0.218 540 7 ** (−2.45)	−0.076 021 5 (−1.56)
		总效应	−0.156 083 1 (−1.58)	0.140 444 2 (1.53)	0.098 261 ** (1.97)

续表

阶　　段	变量	效应类型	东　部	中　部	西　部
1978—1993 年	ln TF	直接效应	0.001 866 4 (0.13)	0.006 305 1 (0.14)	0.059 63 ** (2.38)
		间接效应	0.199 706 5 *** (3.41)	−0.023 760 5 (−2.22)	0.115 106 2 ** (2.11)
		总效应	0.201 572 9 *** (3.15)	−0.017 455 4 (−0.13)	0.174 736 2 *** (3.15)
1994—2008 年	ln PT	直接效应	0.064 782 7 *** (2.86)	0.123 491 6 *** (3.0)	−0.010 436 1 (−0.34)
		间接效应	0.125 733 6 (1.48)	0.511 395 9 *** (6.16)	0.136 966 3 * (1.71)
		总效应	0.190 516 3 ** (2.01)	0.634 887 5 *** (5.83)	0.126 530 2 (1.39)
	ln TF	直接效应	0.001 542 8 (0.18)	−0.001 002 3 (−0.04)	0.069 008 8 *** (3.32)
		间接效应	0.037 353 3 (1.14)	−0.131 256 1 ** (−2.49)	−0.075 437 4 * (−1.72)
		总效应	0.038 896 1 (1.11)	−0.132 258 4 ** (−2.23)	−0.006 428 6 (−0.13)
2008—2016 年	ln PT	直接效应	−0.023 526 (−1.09)	0.021 393 6 (0.59)	−0.023 678 3 (−0.75)
		间接效应	−0.093 143 1 (−1.58)	−0.444 335 7 *** (−3.22)	0.026 704 6 (0.72)
		总效应	−0.116 669 1 ** (−2.07)	−0.422 942 1 *** (−2.77)	0.003 026 3 (0.04)
	ln TF	直接效应	−0.020 526 ** (−2.09)	0.075 063 6 *** (2.63)	0.056 72 *** (2.83)
		间接效应	0.139 851 6 *** (2.59)	0.519 621 2 *** (6.60)	−0.086 607 7 * (−1.7)
		总效应	0.119 325 6 ** (2.07)	0.594 684 8 *** (6.61)	−0.029 887 8 (−0.49)

注:(1)括号中的值为 Z 值;(2) * $p<0.1$, ** $p<0.05$, *** $p<0.01$。

有关东部地区交通运输分阶段的经济效应的分析结果如下：东部地区旅客周转量在第1阶段和第2阶段的直接效应为正且在1%的显著性水平下显著。东部地区旅客周转量在第1阶段的溢出效应为−0.329且在1%的显著性水平下显著，在第2阶段的溢出效应并不显著，第3阶段的溢出效应也不显著。东部地区旅客周转量的总效应在第1阶段不显著，第2阶段的总效应为正且在5%的显著性水平下显著，第3阶段的总效应为负且在5%的显著性水平下显著，表明随着我国东部地区经济一体化和同质化趋势，地区间的竞争开始产生，一个地区的旅客吸引力变大，会对周边省份的经济增长产生负面作用。东部地区货物周转量的直接效应在第1阶段和第2阶段不显著，但在第3阶段的直接效应为负且在5%的显著性水平下显著。东部地区货物周转量的溢出效应在第1阶段时为0.199，在1%的显著性水平下显著；第2阶段的溢出效应为0.037 4，但不显著；第3阶段的溢出效应为0.140且在1%的显著性水平下显著。东部地区货物周转量的总效应在第1阶段和第3阶段显著为正，但在第2阶段不显著。

有关中部地区交通运输分阶段经济效应的分析结果如下：中部地区旅客周转量的直接效应在第1阶段和第2阶段显著为正，但在第3阶段不显著，表明中部地区随着交通基础设施完善，交通运输对经济增长的作用开始不明显。旅客周转量在第1阶段的溢出效应为−0.218且在5%的显著性水平下显著；第2阶段的溢出效应为0.511，且在1%的显著性水平下显著；第3阶段的溢出效应为−0.444，且在1%的显著性水平显著。中部地区的旅客周转量的总效应在第1阶段不显著，在第2阶段显著为正，在第3阶段显著为负。中部地区货物周转量的直接效应在第1阶段和第2阶段不显著，但在第3阶段的直接效应为正且在1%的显著性水平下显著。中部地区货物周转量在第1阶段的溢出效应为−0.023 8但不显著，在第2阶段的溢出效应为−0.131且在5%的显著性水平下显著；第3阶段的溢出效应为0.520，且在1%的显著性水平下显著。中部地区货物周转量的总效应在第1阶段不显著，但第2阶段在5%的显著性水平下显著为负，第3阶段则在1%的显著性水平下显著为正。

有关西部地区交通运输分阶段的经济效应的分析结果如下：西部地区旅客周

转量的直接效应在第1阶段为正且在1%的显著性水平下显著,但第2阶段和第3阶段的直接效应为负但不显著。西部地区旅客周转量的溢出效应在第1阶段时为−0.076,但并不显著;第2阶段的溢出效应为0.137,且在10%的显著性水平下显著,第3阶段的溢出效应为0.0267,但并不显著。西部地区旅客周转量的总效应在第1阶段为正且在5%的显著性水平下显著,但第2阶段和第3阶段的总效应并不显著。西部地区旅客周转量的直接效应在3个阶段均为正,且在5%的显著性水平下显著,表明货运量的提高能够较好地促进西部地区的经济增长。西部地区货物周转量的溢出效应在第1阶段时为0.115,且在5%的显著性水平下显著,在第2阶段时溢出效应为−0.0754,在10%的显著性水平下显著,在第3阶段时溢出效应为−0.0866,在10%的显著性水平下显著,表明西部地区的货物周转量主要产生负向作用,这很可能是因为西部地区的产业比较同质化,产业之间存在较大的竞争性。西部地区货物周转量的总效应只有在第1阶段时在1%的显著性水平下显著,但另外2个阶段的总效应并不显著。

综上,本研究围绕交通运输的溢出效应凝练出以下的结论:(1)无论从旅客周转量还是货物周转量来看,是否产生溢出及其溢出效应的大小和方向均具有区域异质性和时间异质性。(2)研究认为产生溢出效应的条件是本区域的省份的经济结构是否存在较大的关联,如果两个相邻区域的经济结构没有太大的关联,那么交通运输不能产生溢出效应,但是如果相邻区域间在经济结构和产业结构上存在较强的关联,则可能产生溢出效应。溢出效应的方向与两者的经济结构和产业结构的关系相关,如果是竞争性的关系,则起到负向作用,如果是互补性的关系,则起到正向作用。

8.6　本章主要结论

本章利用面板空间计量模型对我国交通基础设施和交通运输的溢出效应进

行了检验。并且,利用Stata15.2软件进行了模型的估计、检验,并计算溢出效应。

通过对空间面板计量模型进行相关检验的,结果显示,采用具有随机效应的空间面板计量模型是最优的模型,表明我国区域经济增长之间存在三种效应:内生性交互效应、外生性交互效应和误差项之间的交互效应。并且通过豪斯曼检验,表明个体和时间效应采用随机效应模型比固定效应模型更优。

本章采用公路里程和铁路里程作为解释变量来估计交通基础设施的溢出效应,并分阶段、分区域和分阶段分区域进行了模型的估计并测算溢出效应。主要结论如下。

分时期的估计结果表明:铁路交通基础设施总体上对我国经济增长具有正向的溢出效应,但由于不同时期铁路基础设施的发展情况,三个时期的溢出效应有所差异,在铁路基础设施发展较落后的时期,其具有较高的溢出效应。公路基础设施的溢出效应在全时期的溢出效应并不显著,但在第1阶段,公路的溢出效应非常大,但随着公路里程的增加,溢出效应已大为减弱但仍然显著,如果公路基本上已能满足人们的短途交通需求,那么公路基础设施的溢出效应就不显著了。因此,总体而言,交通基础设施的空间溢出效应明显。全时期铁路基础设施的溢出效应大于直接效应,且更为显著;分时期而言,公路基础设施只有在第1阶段的溢出效应大于了铁路基础设施。

分区域的估计结果表明:由于区域间的交通基础设施和经济发展水平存在差异,交通基础设施在三大区域的溢出效应方向和强弱存在显著的差异,所以表现形式也存在较大差异。东部地区的铁路和公路交通基础设施的溢出效应显著为负,中部地区的铁路和公路基础设施的溢出效应为负,西部地区的铁路基础设施的溢出效应为正,但公路基础设施的溢出效应为负。相比较而言,西部地区铁路基础设施的溢出效应最大,而中部地区和东部地区的溢出效应为负,这说明在西部省份增加交通设施规模比在东中部更有利于周边省份的经济增长。

不同地区、不同阶段和不同类型的交通基础设施的溢出效应存在显著差异。东部地区的铁路基础设施只在第3阶段存在显著的正向溢出效应,公路基础设施在第1阶段存在显著的正向溢出效应。中部地区的铁路基础设施在3个阶段均存在显著的正向溢出效应,公路基础设施在第1阶段和第3阶段产生了显著的正向溢出效应。西部地区的铁路基础设施均产生了显著的溢出效应,但在第3阶段的溢出效应为负,公路基础设施的溢出效应在3个阶段均没有产生显著的溢出效应。由此可见,交通基础设施是否产生溢出效应与区域的经济水平、交通基础设施类型和交通基础设施的供给情况存在着较大的关系,与理论分析的结果基本一致。

采用旅客周转量和货物周转量作为解释变量来估计运输的溢出效应,并分阶段、分区域和分阶段分区域进行了模型的估计并测算溢出效应。主要结论如下。

整体上,交通运输具有较强且显著的直接效应,但旅客周转量和货物周转量的溢出效应均不显著。而交通运输的溢出效应在不同阶段的表现具有显著差异,具有阶段异质性。在第1阶段,旅客周转量的溢出效应显著为负,但货物周转量的溢出效应显著为正。在第2阶段,旅客周转量和货物周转量的溢出效应虽然为正,但均不显著。在第3阶段,旅客周转量的溢出效应为正,但不显著,货物周转量的溢出效应为负且显著。

交通运输的溢出效应具有区域异质性。东部地区旅客周转量和货物周转量的溢出效应均为负但不显著。中部地区旅客周转量的溢出效应为正,但不显著,货物周转量的溢出效应为负且显著,表明中部省份之间的产品存在同质化和竞争性的现象,因此,当周边省份的贸易流增大时,本省的贸易可能将受到抑制,以致产生了负的溢出效应。西部地区旅客周转量的溢出效应为正且显著,货物周转量的溢出效应为负且显著。

产生溢出效应的条件是本区域的省份的经济结构是否存在较大的关联,如果两个相邻区域的经济结构没有太大的关联,那么交通运输不能产生溢出效应,但是如果相邻区域间在经济结构和产业结构上存在较强的关联,则可能产生溢出效应。溢出效应的方向与两者的经济结构和产业结构的关系相关,如果是竞争性的关系,则起到负向作用,如果是互补性的关系,则起到正向作用。

因此,本书的实证研究结论证实了第3章理论分析的基本结论之一。即,落后地区交通基础设施的改善可以提高落后地区的总产出,存在直接效应和间接效应,直接效应的边际收益随着交通基础设施的改善而增强,间接效应的边际收益随着交通基础设施的改善而降低。

同时,随着时间推移,交通基础设施对区域经济增长的直接影响和间接影响有所提升,但其对区域经济增长的直接效应占总效应的比例趋于下降,而正向空间溢出效应是显著存在的,并且这种积极的影响随时间推移表现得更为强烈,而未考虑到空间溢出效应则可能低估交通基础设施对我国经济增长的影响。同时,铁路基础设施相比公路基础设施对经济增长的溢出效应更加明显。这为我们制定政策建议提供了一个可供参考的方向,在当前我国人均交通基础设施仍落后于发达国家,部分落后地区的经济增长仍受制于交通运输瓶颈的情形下,保持交通基础设施有一定的投资规模是必要的。但在制定交通基础设施建设规划时,必须要充分考虑空间因素和溢出效应。并且从整体而言,建设铁路比建设公路的总效应更大,因此,可进一步扩大铁路基础设施的建设,特别是高速铁路的建设。

第 9 章

结论与政策建议

9.1　主要结论

本研究采用理论分析与实证研究相结合的方法,对我国交通运输与区域经济增长的关系展开了系统研究,特别对交通运输的空间溢出效应进行了深入研究。在理论研究方面,通过交通基础设施的网络性与外部性属性特征,构建了2个理论模型分析交通基础设施对经济增长的直接效应和空间溢出效应。在实证研究方面,研究采用向量误差修正模型和面板向量自回归模型对我国交通运输和经济增长间的动态关系展开了研究;采用合成控制法和双重差分法研究宜万铁路对恩施市的经济增长效应,实现了因果推断;利用探索性空间数据分析方法对我国经济经济增长的空间格局进行了描述性统计,验证了区域经济增长的空间相关性;利用面板空间计量一般模型实证研究了我国交通基础设施及交通运输对区域经济增长的空间溢出效应。重要研究结论包括以下几个方面。

9.1.1　区域间和区域内的交通基础设施改善所导致的产出变化存在差异

为了描述交通运输的发展对一个大国区域经济增长的作用,本研究首先构建了一个简单的两区域模型来进行理论分析,包含2个地区和2个部门。研究分析了区域间交通基础设施的改善对两个区域经济增长的影响,在柯布—道格拉斯生产函数下展开研究,发现由于交通运输的发展首先促进了生产要素流动,导致两个区域的经济增长率均得到了提高,并且由于区域间发生了产品交易,而产品上存在差异且生产产品优势不同,会造成区域内生产要素的重新配置及利用。由于能把剩余的生产要素释放出来投入生产中,减少资源的闲置浪费,使有限的资源有可能得到充分利用,各个区域的产出比没有交通的情况更高,也证明了交通的发展对经济增长是有间接效应的。同时,在产品交易的过程中,两个区域都发现了自己的比较优势所在,两种产品销售市场的扩大吸引了更多的投入,导致发达地区投入更多的要素生产制造品,落后地区则投入更多的要素生产农产品,产生规模经济及专业化利益,深化了区域间和区域内的分工,区域间的分工导致了区域产业结构的变化。

本研究使用新经济地理学理论来拓展了简单的两区域模型,在标准自由资本模型下构建了一个 $2 \times 3 \times 3$ 经济系统来分析区域内和区域间的交通基础设施对区域经济增长的影响,分析交通基础设施的溢出效应。理论分析表明:

交通基础设施改善会导致区域间的产出差距发生变化。落后地区的交通基础设施得到改善,在其他条件不变的情况下,导致两个地区实际 GDP 的差距得到缩小;而发达地区的交通运输条件得到改善,在其他条件不变的情况下,进一步扩大区域间的产业差距,导致两个地区实际 GDP 的差距进一步扩大。如果改进地区间的交通运输条件,在其他条件不变的情况下,会降低两区域的运输成本,如果发达地区在资本份额和交通基础设施上都具有初始相对优势,那么产业从落后地区向发达地区转移,导致地区间产业差距扩大,地区间的实际 GDP 差距也扩大;如果落后地区在初始的资本份额和交通基础设施上都具有优势,则产业从发达地区转移到落后地区,导致地区间的产业差距缩小,地区间的实际 GDP 差距也会缩小。

交通基础设施的改善会导致两个区域的产出发生变化。落后地区的交通运输条件得到改善,其地区总产出得到提高,总产出包含直接产出和间接产出,落后地区获得的"间接产出",也意味着发达地区由于产业转移,经济增长受到了抑制,因此发达地区由于交通运输改善而产出降低,意味着交通基础设施存在间接效应,也即存在空间溢出效应。保持其他条件不变,区域间交通基础设施的改善,落后地区的总产出将降低,但发达地区和整个经济系统的总产出水平将提高。如果发达地区相比落后地区在初始经济规模和运输成本上具有优势,那么改善区域间交通基础设施会导致地区差距扩大;但如果发达地区仅在初始规模上具有优势,而落后地区在交通成本上具有优势,区域间交通基础设施的改善则可缩小差距。

综上,区域内和区域间交通基础设施的改善会对区域间的产出产生不同的影响,其直接效应和间接效应可能存在差异;并且与本地区和相邻地区的经济优势及交通基础设施优势对比相关。因此,交通基础设施是否会产生空间溢出效应需其方向区域间满足一定的条件。

9.1.2 我国区域经济与交通基础设施具有相似的时空演进和空间布局

研究对我国区域经济增长和交通运输的时空变迁和发展现状进行了分析。主要得到了以下的结论:

(1) 本研究依据国家的区域发展战略把 1978—2016 年间我国区域经济的时空变迁分为三个阶段:以经济效益为重心的发展阶段(1978—1991 年),注重效率、兼顾公平的发展阶段(1992—1999 年)和区域经济协调发展阶段(2000—今)。第一阶段的发展战略取得了较为显著的结果,导致期末人均 GDP 较高的省份基本已集中在东部地区,而人均 GDP 较低的省份主要集中在中西部地区。第二阶段,由于市场经济的极化效应,中西部地区的区域经济增长日渐失衡,人均 GDP 之间的差距相比上一阶段并没有缩小反而扩大,相关的政策没有起到作用。第三阶段的发展战略取得了一定的成效,中西部部分省份获得了较高速的发展,并跨入了高收入层次,但东北地区没能阻止衰落的局面。

(2) 当前,我国的区域经济现状体现为东部地区总量较大,中西部地区经济增长速率较高,而东北地区则处于停滞状态,经济总量占全国 GDP 总量的比重处于下降趋势且经济增长率较低。区域之间和省份之间的人均 GDP 差异较大,而且呈现出明显的集聚状态,人均 GDP 高的省份集中在东部地区,人均 GDP 低的省份集中在西部地区。区域经济增长格局呈现出了"西快东慢"的分化态势,经济增长率同样表现出了较高的空间集聚特征。2008 年后,区域间贫富差距扩大的趋势得到了遏制,区域经济发展的均衡性、协调性得到显著增强。

(3) 从交通网络密度(按面积)来分析我国的铁路和公路基础设施的时空演变。无论是铁路还是公路密度,2016 年的密度相比 1978 年的密度得到了较大的提高。从区域分布来看,铁路密度一直以来都是东部地区较高而西部地区较低,并且呈现出非常明显的集聚状态,密度高的地区为环渤海地区及其周边的省份,而铁路密度较低的省份则为广袤的西部地区,铁路密度与当时的经济发展水平基本呈正相关。而公路密度的时空分布则存在较显著的变化,1978 年时,中西部地区的密度与东部相比较,并没有显著差异,但到 2016 年,东部地区相比中西部地区的密度更高。公路密度呈现出显著的集聚性,公路密度较高的省份集聚在东部地区,特别是在长三角地区,而公路密度较低的省份集聚在西部地区。

(4) 我国的现代综合交通运输规划体系基本形成。这主要体现在:铁路营业里程和路网结构不断优化,铁路网络质量不断提高,但区域间仍存在较大差距,在人均里程等指标上与发达国家仍有差距。我国公路网络虽然已经基本形成,但区域间差距较大,且存在着人均量不足和结构矛盾等突出问题。我国水路基础设施规模继续扩大,内河航道通航里程呈现出平稳的增长态势,港口货物吞吐量呈现快速增长的态势。民航机场数量和航线里程快速增加,各项运输指标增长快速。

通过对我国区域经济和交通运输的时空演进和发展现状分析,可以发现我国区域经济与交通基础设施具有相似的时空演进和空间布局。人均 GDP 较高的地区,其交通网络密度也较高。而且随着人均 GDP 的空间格局的变迁,交通网络密度的空间布局也发生变迁。这表明我国区域经济和交通基础设施间存在一定的关联性。

9.1.3　我国交通基础设施建设具有强外生性

本书在索洛模型的基础上,纳入了交通基础设施和交通运输需求,分析了经济增长率、客货周转量增长率与交通运输基础设施增长率之间的关系,认为交通运输需求增长率与交通基础设施增长率之间存在动态关系。如果前期的交通基础设施能满足交通运输的需求,那么新增的交通基础设施就不会导致交通运输需求增长率变大,但如果不能满足,则可以提高交通运输需求量增长率。交通运输供给和需求增长率的提高会促进人均 GDP 增长率的提高;人均 GDP 增长率的提高会促进交通运输供需增长率的提高。

在理论分析的基础上,研究采用全国层面时间序列数据并利用向量误差修正模型,以及采用省级面板数据并利用面板向量自回归模型,对我国交通运输和经济增长间的动态关系展开了研究。

基于向量误差修正模型的实证研究表明:(1)长期均衡时,人均 GDP、交通基础设施对换算周转量的弹性分别为 0.521 和 0.512。(2)短期波动时,换算周转量的增长率显著受到滞后 1 期的自身增长率、滞后 1 期的人均 GDP 增长率,及滞后 1—2 期的交通网络里程增长率的正向影响;人均 GDP 增长率显著受到滞后 1—2 期的换算周转量增长率、滞后 1 期的人均 GDP 增长率的正向影响,但与滞后 1—2 期的交通网络里程增长率负相关;交通网络里程增长率显著受到滞后 2 期的换算周转量增长率的正向影响,表明我国交通基础设施建设具有较强的外生性。当三个变量偏离了长期的均衡状态时,系统均进行反向调整。(3)脉冲响应分析表明,来自换算周转量的随机冲击对自身的冲击程度较小且不具有长期效应,并对经济增长具有长期效应,并对交通网络里程具有短期影响;来自人均 GDP 的随机扰动对换算周转量的影响滞后 1 期且具有长期正向效应,对自身具有长期效应,对交通网络里程的短期影响为负,但长期影响为正;来自交通网络里程的随机冲击对换算周转量短期内产生先递增后递减的正向影响,对人均 GDP 的短期影响为负,但长期影响为正。(4)方差分解显示,换算周转量自身、人均 GDP 和交通网络里程均能够对换算周转量变化的相对贡献率起到作用;人均 GDP 的变化主要来源于自身和换算周转量,交通网络里程对人均 GDP 变化的贡献较小;长期而言,交通网络里程变化主要由换算周转量和自身来解释,而人均 GDP 的作用较小。

面板向量自回归模型的实证研究表明:人均 GDP 增长率显著受到人均 GDP 增长率、换算周转量增长率和交通密度增长率的影响;换算周转量增长率主要受到人均 GDP 增长率的影响,交通密度增长率对其的影响具有区域异质性,交通网络密度较低的区域,提高交通网络密度增长率可有效促进换算周转量的提高;交通网络密度增长率与人均 GDP 增长率、换算周转量增长率和交通网络密度增长率均没有显著相关性,表明交通基础设施建设具有较强的外生性。人均 GDP 增长率的随机冲击对人均 GDP 增长率、换算周转量增长率和交通网络密度增长率产生影响;换算周转量增长率的随机冲击对人均 GDP 增长率产生影响,对交通网络密度增长率在第 2 期产生影响;交通网络密度增长率的随机冲击对人均 GDP 增长率和换算周转量增长率产生影响。人均 GDP 增长率变化主要来源于自身,换算周转量增长率的变化主要来源于自身和人均 GDP 增长率,交通网络密度增长率的变化主要由人均 GDP 增长率和自身来解释。人均 GDP 增长率与换算周转量增长率之间是双向因果关系,人均 GDP 增长率与交通网络密度增长率间存在从交通网络密度增长率到人均 GDP 增长率的单向因果关系,交通网络密度增长率与换算周转量增长率之间不存在格兰杰因果关系。

无论使用哪一种方法,都能得到的一个重要结论是:我国交通基础设施具有强外生性,没有受到人均 GDP 增长率和自身增长率的显著影响。这在一定程度上说明我国的交通基础设施建设是由外生推动的,即并非由经济发展水平和基础设施存量来推动,而主要由中央的建设规划和地方政府的"晋升锦标赛"来推动。

9.1.4 交通基础设施产生正向直接效应需具备一定的条件

本研究以宜万铁路途经恩施这一随机冲击事件为例,采用合成控制法构建了一个合成恩施市,用实际恩施市的人均 GDP 与合成恩施市的人均 GDP 的差距来衡量宜万铁路途经恩施给恩施带来的经济效应,验证了宜万铁路的开通对恩施市经济增长的直接效应及其影响程度。本研究利用背景进行了分析,指出宜万铁路途经恩施市可被视为随机冲击事件。研究发现如下结论。

宜万铁路的开通对恩施市人均 GDP 具有正向处理效应,2011—2016 年间,相比没有开通铁路的情况,人均 GDP 平均提高了 1 422 元,平均提高人均 GDP 8.09%;

并且铁路开通后,随着时间演进,处理效应会更大且更显著,无论是采用合成控制法还是双重差分法都证实了此点。因此,在短期内由于要素流动的不均衡,贸易环境改善所带来的好处较低,但从长期而言,如果城市能充分利用比较优势,发展优势产业,因分工获得专业化利益,铁路对经济增长的作用更为明显。

虽然本研究利用宜万铁路开通来分析其对特定城市——恩施市——经济增长效应的影响,并得到了正向的结果,但也有必要指出这并不可推断出宜万铁路的开通一定就对所有途经的县市都具有相同的促进作用,这需要设计出适宜的因果推断方法。一个地区是否受益于铁路的开通或某项基础设施的建设,需要研究者甄别该地区所具备的条件。本研究利用恩施市 2010—2016 年的社会经济发展历程,并挖掘相关的信息进行探索性研究,指出宜万铁路对恩施市人均 GDP 增长具有正向处理效应,主要是以恩施市具有相对吸引力,具有特色资源和比较优势,有良好的投资环境等条件为前提的。为此,地方政府在加大交通等基础设施建设时,要甄别出本地区是否具有特色资源和拥有比较优势的产业,并改善当地的投资环境、人力资本质量等配套条件,提高要素集聚的吸引力,创造出优势产业和承接产业转移的条件。只有这样,才能防止短期内劳动力与资本的外流起到的负面作用,并通过利用特色资源来发展具有比较优势的产业,则交通基础设施项目可以长期促进地区经济发展。

在第 9 章溢出效应的实证研究中,研究同样发现了交通基础设施建设对本地经济增长存在直接效应的证据。但同时发现部分地区的交通基础设施改善并没有产生直接效应,这很可能是没有满足相应的条件。

9.1.5 我国区域经济增长存在较强的空间自相关性

本研究以全局 Moran's I 指数、Moran 散点图、LISA 聚类图和显著性图等方法对我国省级行政区域经济的空间自相关性进行了检验和分析,并得出如下结论。

在 1978—2016 年间,我国 30 个省级行政区的人均 GDP 存在着显著的正向空间自相关,各省级行政区的实际人均 GDP 水平的空间格局表现出相似值之间的空间集聚,实际人均 GDP 较高的省级行政区相对地趋于与人均 GDP 较高的省级行政区在地理距离上较近,以及人均 GDP 较低的省级行政区相对地趋于与人均 GDP 较低的省级行政区在地理距离上较近。

我国区域经济间的空间自相关关系分为三个阶段:第一阶段为 1978—1993 年,实际人均 GDP 的全局 Moran's I 指数变化微小,区域间的空间自相关关系为平稳阶段。第二阶段为 1994—2008 年,全局 Moran's I 指数处于快速上升阶段,各行政区域人均 GDP 出现了较强的空间依赖性,富裕与贫穷的地方均存在空间集聚性。第三阶段为 2009—2016 年,全局 Moran's I 指数处于下降的阶段,中国实施的一系列区域经济协调发展战略开始起到缩小地区间贫富差距的作用。

1978—2016 年间,我国的 30 个省级行政区域大部分落在 Moran 散点图的高—高象限和低—低象限内,表明我国区域经济间主要为正向空间联系,存在低—低集聚和高—高集聚两种类型;而且位于第 3 象限的低—低集聚类型的省级行政区域比位于第 1 象限的高—高集聚类型的省级行政区域要多,表明我国省域经济在整体仍处于较低水平。但我国处于高—高象限的省级行政区域从 1978 年的 7 个,增加到了 2016 年的 11 个;处于低—低象限的行政区域从 1978 年的 14 个,减少到 2016 年的 10 个,说明我国的区域经济总体上得到了发展。

无论是局部 Moran's I 指数还是局部 Geary 指数的 LISA 聚类图和显著性图均表明:我国的高—高集聚区主要在东部沿海地区,而低—低集聚区主要在西部地区,低—高集聚区主要是中部地区。总体而言,我国的区域经济主要以正向的空间联系为主,负向的空间联系并不显著。

因此,中国区域经济增长存在较强的空间自相关性,采用这些带有空间特性的数据进行实证分析时必须考虑其空间自相关性。中国区域经济的空间格局主要以空间集聚为主,而且这种现象有进一步强化的趋势。

9.1.6　我国交通运输的空间溢出效应具有时空异质性

本研究利用面板空间计量模型对我国交通基础设施和交通运输的溢出效应

进行了检验。这一部分利用 Stata15.2 软件进行了模型的估计、检验，并计算溢出效应。

研究采用公路里程和铁路里程作为解释变量来估计交通基础设施的溢出效应，并分阶段、分区域和分阶段分区域进行了模型的估计并测算溢出效应。主要结论如下。

分时期的估计结果表明铁路交通基础设施总体上对我国经济增长具有正向的溢出效应，但由于不同时期铁路基础设施的发展情况，三个时期的溢出效应有所差异，铁路基础设施发展较落后的时期具有较高的溢出效应。公路基础设施在全时期的溢出效应并不显著，但在第 1 阶段，其溢出效应非常大，随着公路里程扩大，溢出效应已大为减弱但仍然显著，如果公路已基本上满足人们的短途交通需求，公路基础设施的溢出效应就不显著了。因此，总体而言，交通基础设施的空间溢出效应明显。全时期的铁路基础设施的溢出效应大于直接效应，且更为显著；分时期而言，公路基础设施只有在第 1 阶段的溢出效应大于了铁路基础设施。

分区域的估计结果表明：由于区域间的交通基础设施和经济发展水平存在差异，交通基础设施在三大区域的溢出效应方向和强弱存在显著的差异，所以表现形式也存在较大差异。东部地区的铁路和公路交通基础设施的溢出效应显著为负，中部地区的铁路和公路基础设施的溢出效应为负，西部地区的铁路基础设施的溢出效应为正，但公路基础设施的溢出效应为负。相比较而言，西部地区的铁路基础设施的溢出效应最大，而中部地区和东部地区的溢出效应为负，这说明在西部省份增加交通设施的规模比在东中部更有利于周边省份的经济增长。

不同地区、不同阶段和不同类型的交通基础设施的溢出效应存在显著差异。东部地区的铁路基础设施只在第 3 阶段存在显著的正向溢出效应，公路基础设施在第 1 阶段存在显著的正向溢出效应。中部地区的铁路基础设施在 3 个阶段均存在显著的正向溢出效应，公路基础设施在第 1 阶段和第 3 阶段产生了显著的正向溢出效应。西部地区的铁路基础设施均产生了显著的溢出效应，但在第 3 阶段的溢出效应为负，公路基础设施的溢出效应在 3 个阶段均没有产生显著的溢出效应。由此可见，交通基础设施是否产生溢出效应与区域的经济水平、交通基础设施类型和交通基础设施的供给情况存在着较大的关系,与理论分析的结果基本一致。

研究采用旅客周转量和货物周转量作为解释变量来估计运输的溢出效应,并分阶段、分区域和分阶段分区域进行了模型的估计并测算溢出效应。主要结论如下。

整体上,交通运输具有较强且显著的直接效应,但旅客周转量和货物周转量的溢出效应均不显著。交通运输的溢出效应在不同阶段的表现具有显著差异,具有阶段异质性。在第1阶段,旅客周转量的溢出效应显著为负,但货物周转量的溢出效应显著为正。在第2阶段,旅客周转量和货物周转量的溢出效应虽然为正但均不显著。在第3阶段,旅客周转量的溢出效应为正但不显著,货物周转量的溢出效应为负且显著。

交通运输的溢出效应具有区域异质性。东部地区旅客周转量和货物周转量的溢出效应均为负但不显著。中部地区旅客周转量的溢出效应为正但不显著,货物周转量的溢出效应为负且显著,表明中部省份之间的产品存在同质化和竞争性的现象,因此,当周边省份的贸易流增大时,本省的贸易将可能受到抑制,以致产生了负的溢出效应。西部地区旅客周转量的溢出效应为正且显著,货物周转量的溢出效应为负且显著。

产生溢出效应的条件是本区域省份的经济结构是否存在较大的关联。如果两个相邻区域的经济结构没有太大的关联,那么交通运输就不会产生溢出效应,但是如果相邻区域间在经济结构和产业结构上存在较强的关联,则可能产生溢出效应。溢出效应的方向与两者的经济结构和产业结构的关系相关,如果是竞争性的关系,则起到负向作用,如果是互补性的关系,则起到正向作用。

同时,随着时间的推移,交通基础设施对区域经济增长的直接影响和间接影响有所提升,但交通基础设施对区域经济增长的直接效应占总效应的比例趋于下降,而正向空间溢出效应是显著存在的,并且这种积极影响会随时间的推移表现得更为强烈,而未考虑到空间溢出效应则可能低估交通基础设施对我国经济增长的影响。同时,铁路基础设施相比公路基础设施对经济增长的溢出效应更加明显。这为我们制定政策建议提供了一个可供参考的方向,在当前我国人均交通基础设施仍落后于发达国家,部分落后地区的经济增长仍受制于交通运输瓶颈的情形下,保持交通基础设施在一定的投资规模是必要的,但在制定交通基础设施建设规划时,必须要充分考虑空间因素和溢出效应,并且从整体而言,建设铁路比建设公路的总效应更大,可进一步扩大铁路基础设施的建设,特别是高速铁路的建设。

因此,本书实证研究的结论表明交通基础设施确实存在,但交通基础设施的溢出效应具有时空异质性。

9.2 政策建议

9.2.1 交通基础设施投资以完善综合交通运输体系为目标

当前我国的交通网络密度(无论是按人均还是面积来计算)仍落后于发达国家和部分发展中大国(如巴西)。保持一定水平的交通基础设施投资规模,加快高速铁路网、高速公路网的建设,加快空港、水港等口岸的建设,提高交通运输的服务能力与水平,通过可达性的提高促进要素和商品流动,提高贸易流,对经济增长仍具有促进作用。但东部省份的交通网络密度已达到较高水平,这表明这些地区交通主导经济增长的效应已经通过饱和点,在这种情况下再增加交通基础设施的投资不一定能对经济增长起到较大作用。因此,交通基础设施存量的增加可能不是未来经济增长的持续路径。因此,东部地区的交通基础设施投资并不以通过交通基础设施建设来促进 GDP 的增长为目标,而是以完善现代化综合交通运输体系为目标。

完善现代化综合交通运输体系是我国区域经济一体化、城市化加速发展与同城化趋势加快的时代要求。通过综合交通运输体系,逐步降低区域间社会公共服务的差距,实现区域间公共服务均衡化,促进要素流动,优化城镇空间布局和产业布局,降低区域间的贫富差距。为完善我国的现代化综合交通运输体系,建议从以下几个方面来完善:

在既有的"五纵五横"综合运输大通道和全国性综合交通枢纽的基础上,大力发展区域间综合交通运输通道及枢纽。要以实现运输一体化为目标,统筹优化各主要通道上的运输结构。中西部地区应该充分发挥后发优势,投资建设一批交通基础设施来支持地方经济发展,特别是铁路建设对中西部地区有着基础性和战略性的作用,完善交通运输网络,以便更好地承接产业转移,增进居民产出,缩小地区差距,从而实现区域经济的协调发展。

提高全国铁路网的覆盖面,发挥铁路对构建综合交通运输体系的衔接作用。对于尚未开通铁路的县市,在效益许可的情况投入资金修建铁路,形成基本覆盖县级以上行政区、物产资源产地、货物主要集散地、主要口岸和港口的铁路网络,构建一个覆盖面广、效率高的现代铁路网,形成高效便捷的开放和流通通道,为居民和企业提供铁路运输服务。通过铁路网的扩展和衔接,形成与公路、水路、民航等其他交通网络有机链接的综合交通运输体系,推动各类交通运输方式协同发展,降低转换成本,提高整个社会的综合效益。同时,为了满足旅客对高速便捷的交通需求,在具有经济发展潜力的地区,修建高速铁路。

提高公路的质量,弱化结构矛盾。我国基本形成了覆盖面广、多种技术等级公路共存的公路网络,已基本能满足客运和货运的各种需求,但在总体上存在着人均量不足,区域不均衡和结构矛盾等突出问题。因此,继续发展西部地区的公路,提高人均网络里程,降低区域间的差异。进一步提高公路的质量,一是大力发展高速公路,特别是在沟通网络的关键节点,提高国家高速公路网的通达性。对国道和省道加大投资力度,提高一级公路在公路网络中的占比,提高大城市之间公路的技术等级,对于县市则主要建设二级公路。同时,多种方式推进农村公路建设,为广大农村地区提供更完善的公共交通服务,为精准扶贫提供基础保障。

强化水路与其他运输方式的衔接与协调,促进区域经济协调发展和对外经贸交流。发挥内河水运的优势,可为流域经济社会发展和国家安全需要提供畅通、高效、安全、环保的运输服务。按照综合运输的基本理念,强化水路与其他运输方式的衔接与协调,完善枢纽集疏运体系。在海港建设上,着重打造区域性国际航运中心和集装箱干线港,扩大沿海港口开放合作,完善港口航线布局和腹地集疏运体系,发展现代物流和航运服务功能,加快打造具有全球竞争力的国际大港。在内河航道建设上,着重建设水资源较为丰富的长江水系、珠江水系等,形成长江干线、西江航运干线等级航道网、珠江三角洲高等级航道网和主干支流高等级航道,同时与航道发展相适应,形成布局合理、功能完善、专业化和高效的内河港口体系。

9.2.2 交通基础设施供给的结构化改革

我国交通基础设施存在结构性矛盾和区域不均衡等问题,因此,应对交通基础设施的供给结构进行调整和改革。

根据区域交通基础设施的需求,实施结构化供给。在实证中发现,不同地区不同类型的交通基础设施的空间溢出效应存在差异,对经济分布效应的方向和大小存在显著差异,为了更好地利用交通基础设施的溢出效应来推动区域间的经济空间布局,应根据区域经济的需求现状和发展目标,对交通基础设施产品供给进行结构性调整,实行结构化改革,从而充分利用交通基础设施的溢出效应。对于需要实现经济集聚的区域,一般是经济落后的地区,重点在本地区建设产生正向集聚效应的高质量交通基础设施,如高速公路、一级公路和高速铁路。对于需要实现经济分散的区域,重点在其周边地区提供交通基础设施,降低周边地区的运输成本,提高其吸引力,从而可以改变本地区经济集聚的离心力和向心力。因此,在某个地区提供何种类型的交通基础设施,需要具有针对性,要结合本地区的交通基础设施建设现状以及本地区的发展目标,甚至要考虑周边地区的交通基础建设现状和发展策略,并且要充分考虑基础设施的溢出效应。

除了在地区上实施交通基础设施的供给结构改革外,在交通基础设施产品的供给类型上也要进行供给结构优化。通过有针对性地提供交通基础设施,优化交通网络结构,形成层次清晰,满足多种需求的交通网络。因此,需要统筹好铁路、公路和水路之间的空间布局,加强不同的交通基础设施建设规划的有机衔接,防止重复建设和交通基础设施供给过剩的情形。

9.2.3　优先与重点发展中西部地区交通基础设施建设

优先建设中部地区的交通基础设施,形成以中部地区交通枢纽为核心的综合交通运输网络体系,以推动区域经济一体化进程。实证研究表明,我国中部地区交通基础设施溢出效应的作用最大,这很可能得益于中部地区优越的地理位置,起到了连接东西的沟通和中转作用。因此,本地区的交通基础设施建设不仅有利于本地区的经济增长,还因降低了西部地区与东部地区间的运输成本,有利于东西部地区间的要素流动和贸易活动,从而对东部地区和西部地区的经济增长起到促进作用。

重点发展西部地区的交通基础设施。对于西部地区而言,目前交通基础设施建设的规模仍然很小,网络里程密度较低(按面积),同时实证结果表明西部地区周转量的增长率受到交通网络密度增长率的正向影响,这意味着西部地区的交通运输需求受到交通基础设施供给的约束。因此,提高该地区交通基础设施的供给,满足居民和企业的运输需求,可以提高要素流动和产品流动,从而对经济增长起到促进作用。因此,未来交通基础设施的建设重点应主要放在西部地区。

对于东部地区而言,由于交通基础设施存量已有较大规模,并且实证表明交通基础设施的直接作用已降低,因此,东部地区交通基础设施的建设在于提高交通基础设施质量,形成现代综合交通运输体系,提高交通运输效率。

9.2.4　提高交通基础设施建设决策的科学性

实证研究表明,中国基础建设具有很强的外生性,交通运输需求和经济增长的显著影响主要通过政府规划来推动,但这样有可能会导致重复建设,无法有效实现资源的有效配置。因此,在部分地区处于较饱和的状态下,应更多从经济和效益的视角出发,来安排好投资决策。特别是在制定交通基础设施建设规划时,区域间要统筹安排,应充分考虑交通基础设施的空间关联性和溢出效应。实证研究已表明,整体上,我国交通基础设施存在较为显著的空间溢出效应,因此,交通基础设施建设规划除了考虑交通基础设施对本地区经济增长的促进作用外,还需要考虑其对临近地区经济增长的影响。优先发展那些具有最大直接效应和间接效应(总效应)的基础设施,除了从经济效应上考虑外,还需要考虑交通基础设施对人口空间布局、精准扶贫脱贫、国防战略等社会效益。

9.3 研究的不足与展望

本书从理论与实证上对交通运输溢出效应与区域经济增长的关系进行了研究,得到了一些有益和新颖的结论。但本书研究也存在不足之处,主要有以下几点。

理论模型的构建仍存在可改善之处。在标准自由资本模型下分析交通基础设施对区域经济增长的溢出效应,发现空间溢出效应主要以负向溢出效应为主。这主要是因为新经济地理学理论强调交通运输成本对现有企业(产业)空间布局(集聚和分散)的影响,因此,一个地区交通基础设施的改善,使得本地区的运输成本降低,将主要产生集聚效应,从而对周围地区的经济产生负面影响。这很可能是因为新经济地理学理论忽视了新企业的产生和结构的升级,忽视了分工和产业结构变迁对两个区域的经济增长的影响,但实证研究表明了交通基础设施存在正向溢出效应的证据。因此,需要进一步完善模型,在模型中不再保持企业数量不变的假定,并纳入分工和产业结构因素,理论分析产生正向溢出效应的条件。

在采用合成控制法实证分析宜万铁路对恩施市经济增长的处理效应时,由于我国在 2016 年时仍未开通铁路的县市较少,遴选的控制单元仅有 10 个,故今后的研究可在满足条件的前提下,遴选早期建设的铁路,从而增加控制单元数量,更全面地考察铁路建设对经济增长的效应,使得显著性水平更加可信,此外今后研究中应加入更多的预测控制变量,如产业结构、政策变量等,可使拟合效果更加可信。

本书在实证研究交通基础设施的溢出效应时,采用的控制变量主要为资本、劳动、进出口和城镇化率,但仍遗留了一些重要的变量如人力资本等,虽然收集和测算了 1994—2016 年我国省级区域的人力资本数据,但受限于原始数据的可获得性,缺失了 1978—1993 年的数据,研究最终去掉了人力资本变量。同时,本书研究主要采用公路里程、铁路里程代理交通基础设施变量作为解释变量,一是缺少了水路和航空里程变量,二是如果能够获取到交通基础设施资本存量的面板数据,替代实物资本变量的效果可能会更好。因此,如果能获取其他变量的数据,则将能更可信地分析交通基础设施的对区域经济增长的溢出效应。这有赖于数据库信息的进一步积累和完善。

本书指出,一个地区是否受益于铁路的开通或某项基础设施的建设,需要研究者甄别该地区所具备的条件。虽然研究利用恩施市 2010—2016 年的社会经济发展历程挖掘了相关的信息进行探索性研究,指出宜万铁路对恩施市人均 GDP 增长具有正向处理效应,但这主要是以恩施市具有相对吸引力,具有特色资源和比较优势,有良好的投资环境等条件为前提的。因此,通过相关的理论分析和实证研究,甄别交通基础设施产生直接效应需具备什么样的条件,仍是未来展开研究的一个方向。同样,本书的研究指出我国交通运输的空间溢出效应具有时空异质性,那么溢出效应的方向受到哪些因素的影响,也是未来开展研究的一个重要方向。

参 考 文 献

A., Abadie, Diamond A, and Hainmueller J., 2015, "Comparative Politics and the Synthetic Control Method", *American Journal of Political Science*, 59(2): 495—510.

A., Abadie, and Gardeazabal J., 2003, "The Economic Costs of Conflict: A Case Study of the Basque Country", *American Economic Review*, 93(1):113—132.

A., Abadie, Diamond, A., and Hainmueller, J., 2010, "Synthetic Control Methods for Comparative Case Studies: Estimating the Effect of California's Tobacco Control Program", *Journal of the American Statistical Association*, 105(490): 493—505.

M. R. M., Abrigo, and Love I., 2016, "Estimation of Panel Vector Autoregression in Stata", *Stata Journal*, 16: 778—804.

D., Acemoglu, Johnson, S., Kermani, A., Kwak, J., and Mitton, T., 2016, "The Value of Connections in Turbulent Times: Evidence from the United States", *Journal of Financial Economics*, 121(2):368—391.

Agell Jonas, Henry Ohlsson, and Peter Skogman Thoursie, 2006, "Growth Effects of Government Expenditure and Taxation in Rich Countries: A Comment", *European Economic Review*, 50(1):211—218.

G. M., Ahlfeldt, and Feddersen A., 2015, "From periphery to core: measuring agglomeration effects using high-speed rail", *Serc Discussion Papers*.

G. M., Ahlfeldt, Moeller K., and Wendland N., 2015, "Chicken or Egg? The

参 考 文 献

PVAR Econometrics of Transportation", *Journal of Economic Geography*, 15(6).

G. M., Ahlfeldt, and Feddersen, A.,2010, "From periphery to core: economic adjustments to high speed rail", *Lse Research Online Documents on Economics*,(38).

G. M., Ahlfeldt, and A. Feddersen., 2015, "From Periphery to Core: Measuring Agglomeration Effects Using High-Speed Rail", *Serc Discussion Papers*.

D. Albalate, Bel G., 2012, "High-Speed Rail: Lessons for Policy Makers from Experiences Abroad", *Public Administration Review*, 72(3):336—349.

Ampe, F., 1995, "Technopole development in Euralille, in: D. Banister (Ed.)", *Transport and Urban Development*, pp.128—135(London: E & FN Spon).

Andrabi, T., Kuehlwein M., and Andrabi T., 2010, "Railways and Market Integration in British India", *Journal of Economic History*, 70(2):351—377.

D. W. K., Andrews, and Lu B., 2001, "Consistent Model and Moment Selection Procedures for GMM Estimation with Application to Dynamic Panel Data Models", *Journal of Econometrics*, 101(1):123—164.

Angrist, Joshua D., and Jörn-Steffen Pischke., 2017, "Undergraduate Econometrics Instruction: Through Our Classes, Darkly", *The Journal of Economic Perspectives*, vol.31, no.2, pp.125—143. JSTOR, JSTOR, www.jstor.org/stable/44235002.

L., Anselin, and Getis A., 1992, "Spatial Statistical Analysis and Geographic Information systems", *Annals of Regional Science*, 26(1):19—33.

L., Anselin, 1995, "Local indicator of spatial association-LISA", *Geographical Analysis*, 27:91—115.

L., Anselin, 1988, *Spatial Econometrics: Methods and Models*, Springer Netherlands.

Luc., Anselin, 2003, "Spatial Externalities, Spatial Multipliers, And Spatial Econometrics", *International Regional Science Review*, 26(2):153—166.

Arellano, Manuel, and Olympia Bove, 1995, "Another Look at the Instrumental Variable Estimation of Error-components Models", *Journal of Econometrics*, 68:

110—121.

Arnold, J., A. Bassanini, and S. Scarpetta, 2007, "Solow or Lucas?: Testing Growth Models Using Panel Data from OECD Countries", *OECD Economics Department Working Papers No.* 592.

Arora, S., and M. Brown, 1977, "Alternative Approaches to Spatial Autocorrelation: An improvement over Current Practice", International Regional Science Review, 2:67—78.

Aschauer, D. A., 1989, "IsPublic Expenditure Productive?", *Journal of Monetary Economics*, 23(2):177—200.

Assenmacher-Wesche, K., Gerlach S., and Sekine T., 2008, "Monetary factors and inflation in Japan", Journal of the Japanese & International Economies, 22(3):343—363.

J., Atack, Bateman F., Haines M., et al., 2010, "Did Railroads Induce or Follow Economic Growth? Urbanization and Population Growth in the American Midwest", *Social Science History*, 34(2):171—197.

Baltagi, B. H., Egger, P., and Pfaffermayr, M., 2013, "A Generalized Spatial Panel Data Model with Random Effects", *Econometric Reviews*, 32 (5—6): 650—685.

Baltagi, B. H., and D. Li., 2004, "Prediction in the Panel Data Model with Spatial Correlation", *In Advances in Spatial Econometrics: Methodology, Tools, and Applications, Heidelberg*, Springer.

A.V., Banerjee,, Duflo E., and Qian N., 2012, "On the Road: Access to Transportation Infrastructure and Economic Growth in China", *Social Science Electronic Publishing*, 11(1):1—53.

D., Banister, and Berechman Y., 2012, "Transport Investment and the promotion of economic growth", *Journal of Transport Geography*, 9(3):209—218.

D., Banister, and Berechman Y., 2000., "Transport Investment and Economic

参 考 文 献

Development", UCL Press.

N.,Baumsnow, and Turner M. A ., 2012, *Transportation and the Decentralization of Chinese Cities*.

N.,Baumsnow, Brandt L, Henderson J. V., et al., 2017, "Roads, Railroads, and Decentralization of Chinese Cities", *Review of Economics & Statistics*, 10: 1162—1174.

N.,Baumsnow, Henderson J. V., Turner M., et al., 2015, "Transport Infrastructure, Urban Growth and Market Access in China", ERSA conference papers, *European Regional Science Association*.

J.,Berechman, Ozmen D, and Ozbay K., 2006, "Empirical Analysis of Transportation Investment and Economic Development at State, County and Municipality Levels", *Transportation*, 33(6):537—551.

J., Berechman, 1994, "Urban and Regional Economic Impacts of Transportation Investment: A Critical Assessment and Proposed Methodology", *Transportation Research Part A Policy & Practice*, 28(4):351—362.

T., Berger, and Enflo K., 2014, "Locomotives of Local Growth: The Short- and Long-Term Impact of Railroads in Sweden", *Journal of Urban Economics*, 98.

A.,Billmeier, and Nannicini T.,2013, "Assessing Economic Liberalization Episodes: A Synthetic Control Approach", *Review of Economics & Statistics*, 95(3): 983—1001.

C., Blanquart, and Koning M., 2017, "The Local Economic Impacts of High-speed Railways: Theories and Facts", *European Transport Research Review*, 9(2):12.

M. G., Boarnet, 1996, "The Direct and Indirect Economic Effects of Transportation Infrastructure", *University of California Transportation Center Working Papers*.

M. G., Boarnet, 1998, "Spillovers and the Locational Effects of Public Infrastructure", *Journal of Regional Science*, 38(3):381—400.

M. G., Boarnet, 1995, "Transportation Infrastructure, Economic Productivity, and Geographic Scale: Aggregate Growth versus Spatial Redistribution", *University of California Transportation Center Working Papers*.

D., Bogart, Chaudhary L., and Herranz-Loncán A., 2015, "The Growth Contribution of Colonial Indian Railways in Comparative Perspective", *Social Science Electronic Publishing*.

R. W., Botham, 1980, "Regional Development Effects of Road Investment", *Transport Planning and Technology*, 6(1):97—108.

R. W., Botham, 1983, "Regional Development Effects of Road Investment: the Problem of the Counterfactual", *Transport Location and Spatial Policy*, 23—56.

L., Brandt, Henderson J. V., Turner M. A., et al., 2012, "Roads, Railroads, and Decentralization of Chinese Cities", *Review of Economics & Statistics*.

R., Bronzini, and P. Piselli, 2009, "Determinants of Long-run Regional Productivity with Geographical Spillovers: the Role of R&D, Human Capital and Public Infrastructure", *Regional Science & Urban Economics*, 39(2): 187—199.

Bruinsma, Rietveld, 1993, "Urban Agglomerations in European Infrastructure Networks", *Urban Studies*, 30:919—934.

Cadot, O., Stephan A., Röller L. H., et al., 1999, "A political Economy Model of Infrastructure Investment: An Empirical Assessment", *Cepr Discussion Papers*, No. 2336.

Cadot, O., L.H. Röller, and A. Stephan, 2006, "Contribution to Productivity or Pork-barrel? The Two Faces of Infrastructure Investment", *Journal of Public Economics*, 90(6—7), pp.1133—1153.

Calderón, C. and L. Servén, 2002, "The Output Cost of Latin America's Infrastructure Gap", *Central Bank of Chile Working Paperm*, No. 186.

Canning, D., and Pedroni P., 2004. "The Effect of Infrastructure on Long Run Economic Growth", *Department of Economics Working Papers*.

Canning, D., and E. Bennathan, 2000, "The Social Rate of Return on Infrastructure Investments", *World Bank Working Paper*, No. 2390.

D., Canning, and P. Pedroni, 2008, "Infrastructure, Long-run Economic Growth and Causality Tests for Cointegrated Panels", *Manchester School*, 76(5): 504—527.

Canova, Fabio, and M. Ciccarelli, 2013, "Panel Vector Autoregressive Models: a Survey", *Working Paper Series*, 31:205—246.

Cantos, P., M. Gumbau-Albert, and J. Maudos, 2005, "Transport Infrastructures, Spillover Effects and Regional Growth: Evidence of the Spanish Case", *Transport Reviews*, 25(1):25—50.

Cashin, P., 1995, "Government Spending, Taxes, and Economic Growth", *IMF Staff Papers*, 42(2):237—269.

Cavallo, E., Galiani, S., Noy, I., and Pantano, J., 2013, "Catastrophic Natural Disasters and Economic Growth", *The Review of Economics and Statistics*, 95(5):1549—1561.

Chandra, A., and Thompson E., 2000, "Does Public Infrastructure Affect Economic Activity? : Evidence from the Rural Interstate Highway System", *Regional Science & Urban Economics*, 30(4):457—490.

Chen, G., and J., 2013, "Silva. Regional Impacts of High-Speed Rail: A Review of Methods and Models ", *Transportation Letters the International Journal of Transportation Research*, 5(3):131—143.

Cheng, Y. S., B. P. Loo, and R., 2015, "Vickerman. High-Speed Rail Networks, Economic Integration and Regional Specialisation in China and Europe", *Journal of Environmental Sciences*, 2(1):171—176.

Cheteni P., 2013, "Transport Infrastructure Investment and Transport Sector Productivity on Economic Growth in South Africa(1975—2011)", *Mpra Paper*, 4(13):761—772.

Chiara F. Del Bo, Massimo Florio., 2012, "Infrastructure and Growth in a Spatial Framework: Evidence from the EU regions", *European Planning Studies*, 20(8):1393—1414.

Cliff, A.D., and J.K.Ord, 1981, *Spatial processes: Models & Applications*, London: Pion.

Coatsworth, J. H., 1979, "Indispensable Railroads in a Backward Economy: The Case of Mexico", *Journal of Economic History*, 39(4):939—960.

Coatsworth, John H., 1979,"Indispensable Railroads in a Backward Economy: The Case of Mexico", *The Journal of Economic History*, 39(04):939—960.

Cohen, Jeffrey P., Morrison Paul, and Catherine J., 2010, *Agglomeration, Productivity and Regional Growth: Production Theory Approaches*, Social Science Electronic Publishing.

Cohen, J. P., 2004, "Public Infrastructure Investment, Interstate Spatial Spillovers, and Manufacturing Costs", Review of Economics & Statistics, 86(2): 551—560.

Cohen J. P., and C. J. Morrison ., 2004, "Public Infrastructure Investment, Interstate Spatial Spillovers, and Manufacturing Cost", *The Review of Economics and Statistics*,86(2):551—560.

Cohen, Jeffrey P., Morrison Paul, Catherine J., 2003,"Airport Infrastructure Spillovers in a Network System", *Journal of Urban Economics*, 54(3):459—473.

Cohen, J. P., 2010, *The Broader Effects of Transportation Infrastructure: Spatial Econometrics and Productivity Approaches*, Social Science Electronic Publishing.

Corey Lang., 2010, "Heterogeneous transport costs and spatial sorting in a model of New Economic Geography", *Papers in Regional Science*, 89(1): 191—202.

R., Crescenzi, Cataldo M. D., and Rodríguez-Pose A., 2015, "Government

Quality and the Economic Returns of Transport Infrastructure Investment in European Regions", *Papers in Evolutionary Economic Geography*, 56(4):555—582.

Daniel M., Amanja, and Tim Lloyd, 2005, "Oliver Morrissey. Fiscal Aggregates, Aid and Growth in Kenya: A Vector Autoregressive (VAR) Analysis", *Credit Research Paper*.

Dash R. K., 2012, "Economic growth in South Asia: Role of infrastructure", *Journal of International Trade & Economic Development*, 21(2):217—252.

Datt G., and Ravallion M., 1998, "Why Have Some Indian States Done Better than Others at Reducing Rural Poverty?", *Economica*, 65(257):17—38.

Datta S., 2012, "The Impact of Improved Highways on Indian Firms", *Social Science Electronic Publishing*, 99(1):46—57.

P. O., Demetriades, Mamuneas T. P., 2000, "Intertemporal Output and Employment Effects of Public Infrastructure Capital: Evidence from 12 OECD Economies", *Economic Journal*, 110(465):687—712.

T., Deng, Shao S., Yang L., et al., 2014, "Has the Transport-led Economic Growth Effect Reached a Peak in China? A Panel Threshold Regression Approach, Transportation", 41(3):567—587.

A. K., Dixit, and Stiglitz J. E., 1977, "Monopolistic competition and optimum Product diversity", *American Economic Review*, 67:297—308.

D., Donaldson, Atkin D., Bandiera O., et al., 2010, "Railroads and the Raj: the economic impact of transportation infrastructure", *Social Science Electronic Publishing*, 16487.

D., Donaldson, Hornbeck R., 2015, "Railroads and American Economic Growth: A 'Market Access' Approach", *National Bureau of Economic Research*, Inc, 2015.

D., Donaldson, 2018, "Railroads of the Raj: Estimating the Impact of Transportation Infrastructure", *American Economic Review*, 108(4—5):899—934.

H. E., Douglas and A.E. Schwartz, 1995, "Spatial Productivity Spillovers from Public Infrastructure: Evidence from State Highways ", *International Tax and Public Finance*, 2: 459—468.

Drakos K, Konstantinou P. T., 2014, "Terrorism, crime and public spending: Panel VAR evidence from Europe", *Defence & Peace Economics*, 25(4):349—361.

W., Easterly, and Rebelo S., 1993, "Fiscal Policy and Economic Growth: an Empirical Investigation", *Journal of Monetary Economics*, (32), pp.417—458.

Eaton, J., and S. Kortum, 2002, "Technology, Geography and Trade", *Econometrica*, 70(5), 1741—1779.

E., Edward Leamer, 1981, "Coordinate-Free Ridge Regression Bound", *Journal of the American Statistical Association*, 24(376):842—849.

Balázs, Égert, Tomasz Kozluk, Douglas Sutherland, 2009, "Infrastructure and Growth: Empirical Evidence", *Social Science Electronic Publishing*, 50 (3): 355—364.

J.P., Elhorst, 2010, "Unconditional Maximum Likelihood Estimation of Linear and Log—Linear Dynamic Models for Spatial Panels", *Geographical Analysis*, 37 (1):85—106.

Elhorst, J. Paul, 2010, "Applied Spatial Econometrics: Raising the Bar", *Spatial Economic Analysis*, 5(1):9—28.

Elhorst, J. Paul, 2005, "Unconditional Maximum Likelihood Estimation of Linear and Log mm inear Dynamic Models for Spatial Panels", *Geographical Analysis*, 37(1):85—106.

Elhorst, J. Paul, 2014, "Spatial Panel Models", *Social Science Electronic Publishing*.

Elhorst, J. Paul, 2003, "Specification and Estimation of Spatial Panel Data Models", *International Regional Science Review*, 26(3):244—268.

O., Eren, and Ozbeklik S., 2015, "What Do Right-to-Work Laws Do?

Evidence from a Synthetic Control Method Analysis", *Journal of Policy Analysis & Management*, 35(1):173—194.

A., Eruygur, 2009, "Public Investment And Economic Growth: A Vecm Approach", *Review of Development Economics*, 7(1):115—126.

H. S., Esfahani, and RamíRez M. T., 2003, "Institutions, Infrastructure, and Economic Growth", *Journal of Development Economics*, 70(2):443—477.

R., Ezcurra, Gil C., Pascual P., et al., 2005, "Public Capital, Regional Productivity and Spatial Spillovers", *The Annals of Regional Science*, 39 (3): 471—494.

B., Faber, 2014, "Trade Integration, Market Size, and Industrialization: Evidence from China's National Trunk Highway System", *The Review of Economic Studies*, 81:1046—1070.

Fan, S., and Chan-Kang C., 2005, "Road Development, Economic Growth, and Poverty Reduction in China", *Dsgd Discussion Papers*,(138).

Fan, S., L. Zhang, and X. Zhang, 2004, "Reforms, Investment, and Poverty in Rural China", *Economic Development & Cultural Change*, 52(2):395—421.

Fan, S., L. Zhang, and X. Zhang, 2002, "Growth, Inequality, and Poverty in Rural China: the Role of Public Investments", *International Food Policy Research Institute(IFPRI)*, 417—419.

R.,Fenge, Ehrlich M. V., and Wrede M.,2009,"Public Input Competition and Agglomeration", *Regional Science & Urban Economics*, 39(5):621—631.

J. G., Fernald, 1999, "Roads to Prosperity? Assessing the Link between Public Capital and Productivity", *American Economic Review*, 89(3):619—638.

M. M., Fischer, and Getis A., 1997, "Recent Developments in Spatial Analysis", *Advances in Spatial Science*.

A., Fishlow, 1967, "American Railroads and the Transformation of the Antebellum Economy", *Southern Economic Journal*, 20(34):379—382.

A., Fishlow, 1965, *American Railroads and the Transformation of the Antebellum Economy*, Cambridge(MA): Harvard University Press.

Fogel, R. W., 1979, "Notes on the Social Saving Controversy", *Journal of Economic History*, 39(1):1—54.

Fogel, R. W., Railroads and American Economic Growth: Essays in Econometric History,

Ford, R., and P. Poret, 1991, "Infrastructure and Private-Sector Productivity", *OECD Economic Studies*, 17, pp.63—89.

Fourie J., and Herranz-Loncan A., 2015, "Herranz-Loncan A. Growth (and Segregation) by Rail: How the Railways Shaped Colonial South Africa", *Working Papers*.

R., Fremdling, 1977, "Railroads and German Economic Growth: A Leading Sector Analysis with a Comparison to the United States and Great Britain", *Journal of Economic History*, 37(3):583—604.

Fujita, M., and T.Mori., 1997, "Structural Stability and Evolution of Urban Systems", *Regional Science and Urban Economics*, 27:399—442.

Fujita, M., and T.Mori., 2005, "Frontiers of the New Economic Geography", *Papers in Regional Science*, 84(3):377—405.

Fujita, M., and Krugman P. R., and Venables A. J., 2001, *The Spatial Economy: Cities, Regions, and International Trade*, MIT Press.

Getis, A., and J. K. Ord, 1992, "The Analysis of Spatial Association by Use of Distance Statistics", *Geographical Analysis*, 24(3):189—206.

Gillanders, R., 2011, "The Effects of Foreign Aid in Sub-Saharan Africa", *Working Papers*.

Glena, Porter, 1980, "Encyclopedia of American Economic History", Charles Scribners Sons.

Gobillon, L., and T. Magnac, 2016, "Regional Policy Evaluation: Interactive

Fixed Effects and Synthetic Controls", *The Review of Economics and Tatistics*, 98(3):535—551.

Gómez-Antonio, M., B. Fingleton, 2012, "Analyzing the Impact of Public Capital Stock Using the Neg Wage Equation: a Spatial Panel Data Approach", *Journal of Regional Science*, 52(3):486—502.

D. J., Graham, Couto A., Adeney W. E., et al., 2003, "Economies of Scale and Density in Urban Rail Transport: Effects on Productivity", *Transportation Research Part E*, 39(6):443—458.

Gramlich, E., 1990, "A Guide to Benefit—Cost Analysis", *Englewood Cliffs*, NJ: Prentice-Hall.

M. R., Haines, Margo R. A., 2006, "Railroads and Local Economic Development: The United States in the 1850s", *Nber Working Papers*.

Haines, Michael, and Roberet A. Margo., 2008, "Railroads and Local Development: The United States in the 1850s", In *Quantitative Economic History: The Good of Counting*, ed. J. Rosenbloom, 78—99, London: Routledge.

P., Hall, 2009, "Magic Carpets and Seamless Webs: Opportunities and Constraints for High-Speed Trains in Europe", *Built Environment* (1978—), 35(1): 59—69.

P., Hall, and Banister D., 1994, "The Second Railway age", *Built Environment*, 19(3/4), pp.157—162.

Hansen L. P., 1982, "Large Sample Properties of Generalized Method of Moments Estimators", *Econometrica*, 50(4):1029—1054.

Par Hansson, and Magnus Henrekson, 1994, "A New Framework for Testing the Effect of Government Spending on Growth and Productivity", *Public Choice*, 81(3—4):381—401.

Haque M., Emranul, and Dong Heon Kim., 2003, "Public Investment in Transportation and Communication and Growth: A Dynamic Panel Approach", *Uni-*

versity of Manchester CGBCR Discussion Paper, No.031.

V., Henderson, and University B., 2002, "Urbanization in Developing Countries, Comparative Economic & Social Systems", 17(1):89—112.

Henderson, Daniel J., and Subal C. Kumbhakar, 2006, "Public and Private Capital Productivity Puzzle: A Nonparametric Approach", *Southern Economic Journal*, 73(1):219.

Herranz-Loncan, A., 2011, "The Contribution of Railways to Economic Growth in Latin America before 1914: a Growth Accounting Approach", *Mpra Paper*.

Herranz-Loncán, A., 2006, "Railroad Impact in Backward Economies: Spain, 1850—1913", *Journal of Economic History*, 66(4):853—881.

Herranz-Loncán, A., 2014, "Transport Technology and Economic Expansion: the Growth Contribution of Railways in Latin America before 1914", *Revista De Historia Económica*, 32(1):13—45.

Herranz-Loncán, A., 2011, "The Role of Railways In Export-led Growth: The Case Of Uruguay, 1870—1913", *Economic History of Developing Regions*, 26(2):1—32.

Holl, A., 2004, "Manufacturing Location and Impacts of Road Transport Infrastructure: Empirical Evidence from Spain", *Regional Science & Urban Economics*, 34(3):341—363.

Holl, A., 2004, "Transport Infrastructure, Agglomeration Economies, and Firm Birth: Empirical Evidence from Portugal", *Journal of Regional Science*, 44(4):693—712.

Holmes, T. J., and James A. Schmitz, 2001, "A Gain From Trade From Unproductive to Productive Entrepreneurship", *Journal of Monetary Economics*, 47(2):417—446.

Holmes, T. J., and Jr J. A. S., 2001, "Competition at Work: Railroads vs. Monopoly in the U.S. Shipping Industry", *Quarterly Review*, 25(March):3—29.

Holtz-Eakin, D., and Newey W., and Rosen H. S., 1988, "Estimating Vector Autoregressions with Panel Data", *Econometrica*, , 56(6):1371—1395.

Holtz-Eakin, D., and Newey W., and Rosen H. S., 1988, "Estimating Vector Autoregressions with Panel Data", *Econometrica*, 56(6):1371—1395.

Holtz-Eakin, D., and A. E. Schwartz, 1995, "Spatial Productivity Spillovers from Public Infrastructure: Evidence from State Highways", *International Tax & Public Finance*, 2(3):459—468.

Holtz-Eakin, D., and M. E. Lovely, 1996, "Scale Economies, Returns to Variety, and the Productivity of Public Infrastructure", *Regional Science and Urban Economics*, 26(2): 105—123.

Holtz-Eakin, D., 1994, "Public-Sector Capital and the Productivity Puzzle", *The Review of Economics and Statistics*, 76(1):12—21.

Hordijk, L., and P. Nijkamp, 1977, "Dynamic Models of Spatial Autocorrelation", *Environment and Planning A*, 9:505—519.

Hordijk, L., and P. Nijkamp, 1978, "Estimation of Spatio-Temporal Models: New Directions via Distuibuted Lags and Markov Schemes", North Holland.

Henderson, Daniel J., and Subal C. Kumbhakar, 2006, "Infrastructure, Externalities, and Economic Development: a Study of the Indian Manufacturing Industry", *The World Bank Economic Review*, 20(2): 291—308.

Hulten, C. R., and R. M. Schwab, 1991, "Public Capital Formation and the Growth of Regional Manufacturing Industries", *National Tax Journal*, 44(4): 121—134.

Hulten, C. R., and R. M. Schwab., 1997, "A Fiscal Federalism Approach to Infrastructure Policy", *Regional Science and Urban Economics*, 27(2): 139—159.

Hulten, C. R., and R. M. Schwab, 1991, "Public Capital Formation and the Growth of Regional Manufacturing Industries", *National Tax Journal*, 44(4): 121—134.

Jedwab R., and A. Moradi, 2015, "The Permanent Effects of Transportation Revolutions in Poor Countries: Evidence from Africa", *Alexander Moradi*, 98(2): 533—540.

Jenks, L. H., 1944, "Railroads as an Economic Force in American Development", *Journal of Economic History*, 4(1):1—20.

P., Jiwattanakulpaisarn, Noland R. B., Graham D J, et al., 2010, "Highway Infrastructure and State-level Employment: A Cusal Spatial Analysis", *Papers in Regional Science*, 88(1):133—159.

Joanna, Gravier-Rymaszewska, 2012, "How Aid Supply Responds to Economic Crises: A Panel VAR Approach", *Working Paper*.

John, Preston, and Graham Wall, 2008, "The Ex-ante and Ex-post Economic and Social Impacts of the Introduction of High-speed Trains in South East England", *Planning Practice & Research*, 23(3):403—422.

Kamps, C., 2005, "The Dynamic Effects of Public Capital: VAR Evidence for 22 OECD Countries", *International Tax & Public Finance*, 12(4):533—558.

Kapoor, M., H. H. Kelejian., and I. R. Prucha, 2007, "Panel Data Models with Spatial Correlated Error Components", *Journal of Econometrics*, 140(1): 97—130.

Kelejian, H. H., and I. R. Frucha, 2004, "Estimation of Simultaneous Systems of Spatially Interrelated Cross Sectional Equations", *Journal of Econometrics*, 118: 27—50.

Kelejian, H. H., and I. R. Frucha, 1999, "A Generalized Moments Estimator for the Autoregressive Parameter in a Spatial Model", *International Economic Review*, 40(2): 509—533.

Kelejian, H. H., and I. R. Prucha, 2002, "2SLS and OLS in a Spatial Autoregressive Model with Equal Spatial Weights", *Regional Science and Urban Economics*, 32: 691—707.

Kemmerling, Achim, Andreas Stephan, 2002, "Comparative Political Economy of Regional Transport Infrastructure Investment in Europe", *Journal of Comparative Economics*, 43(1):227—239.

Khadaroo, J., and B. Seetanah, 2008, "Transport and Economic Performance: The Case of Mauritius", *Journal of Transport Economics & Policy*, 42(2): 255—267.

Kilkenny, M., 1998, "Transport Costs, the New Economic Geography, and Rural Development", *Growth & Change*, 29(3):259—280.

Kim, Jiyoung, and Sun. Go, 2017, "Impact of Railroads on Local Economies: Evidence from U.S. History", *Journal of Distribution Science*,(15):25—32.

Kim, K. S., 2000, "High-speed Rail Developments and Spatial Restructuring : a Case Study of the Capital Region in South Korea", *Cities*, 17(4), 251—262.

Kleven, H. J., C. Landais, and Saez E., 2013, "Taxation and International Migration of Superstars: Evidence from the European Football Market", *American Economic Review*, 103(5):1892—1924.

Krugman Paul., 1991, "Increasing Returns and Economic Geography", *Journal of Political Economy*, 99:483—499.

Krugman, P.,1991,*Geography and Trade*,MIT Press, Cambridge, MA.

Lebergott, S., 1968, "United States Transport Advance and Externalities", *Journal of Economic History*, 28(4):437—461.

Lee, L.-F, 2001, "Asymptotic Distributions of Quasi-maximum Likelihood Estimators for Spatial Econometric Models: I. Spatial Autoregressive Processes", *Department of Economics*, The Ohio State University, Columbus, OH.

Lee, L.-F, 2004, "Asymptotic Distributions of Quasi-maximum Likelihood Estimators for Spatial Econometric Models", *Econometrics*, 72: 1899—1926.

Lee, L.-f., and J. Yu.,2010, "Estimation of Spatial Autoregressive Panel Data Models with Fixed Effects", *Journal of Econometrics*, 154: 165—185.

Legaspi, J., Hensher D., and Wang B., 2015, "Estimating the Wider

Economic Benefits of Transport Investments: The Case of the Sydney North West Rail Link project", *Case Studies on Transport Policy*, 3(2):182—195.

LeSage, J., and R. K. Pace., 2009, "Introduction to Spatial Econometrics. Boca Raton, FL: Chapman & Hall"/CRC.

Leunig, T., 2006, "Time is Money: A Re-assessment of the Passenger Social Savings from Victorian British Railways", *Economic History Working Papers*, 66(66):653—673.

Leunig, T., 2010, "Social Savings", *Journal of Economic Surveys*, 24(5): 775—800.

Levine, Ross, and David Renelt, 1992, "A Sensitivity Analysis of Cross-Country Growth Regressions", *American Economic Review*, 82:942—963.

Levinson, D., 2008, "Density and Dispersion: the Co-development of Land use and Rail in London", *Journal of Economic Geography*, 8(1):55—77.

Long, G. Y., 2003, "Understanding China's Recent Growth Experience: A Spatial Econometric Perspective", *Annals of Regional Science*, 37(4):613—628.

Long, G. Y., 2010, "Measuring the Spillover Effects: Some Chinese Evidence", *Papers in Regional Science*, 79(1):75—89.

Love I., Zicchino L., 2006, "Financial Development and Dynamic Investment Behavior: Evidence from Panel VAR", *Quarterly Review of Economics & Finance*, 46(2):190—210.

Luis Fernando Lanaspa, and Fernando Sanz, 2001, "Articles: Multiple Equilibria, Stability, and Asymmetries in Krugman's Core-periphery Model", *Papers in Regional Science*, 80(4):425—438.

Lütkepohl, H., 1993, "Testing for Causation Between Two Variables in Higher-Dimensional VAR Models", *Studies in Applied Econometrics*, 13:75—91.

Marazzo, M., Scherre R., and Fernandes E., 2010, "Air Transport Demand and Economic Growth in Brazil: A Time Series Analysis", *Transportation Research*

Part E Logistics & Transportation Review, 46(2):261—269.

María Jesús Delgado, and Inmaculada Álvarez., 2007, "Network Infrastructure Spillover in Private Productive Sectors: Evidence from Spanish High Capacity Roads", *Applied Economics*, 39(12):1583—1597.

Martin, P., and C.A. Rogers, 1995, "Industrial Location and Public Infrastructure", *Journal of International Economics*, 39:335—351.

M., Mas, Perez F., Maudos J., et al., 1995, "Public Capital and Productive Efficiency in the Spanish Regions(1964—89)", *International Advances in Economic Research*, 1(4):448—448.

H., Meersman, and Nazemzadeh M., 2017, "The Contribution of Transport Infrastructure to Economic Activity: The Case of Belgium", *Case Studies on Transport Policy*, 5(2):501—512.

P. C., Melo, Graham D. J., and Brage-Ardao R., 2013, "The Productivity of Transport Infrastructure Investment: A Meta-analysis of Empirical Evidence", *Regional Science & Urban Economics*, 43(5):695—706.

P. C., Melo, Graham D. J., and Canavan S., 2012, "Effects of Road Investments on Economic Output and Induced Travel Demand", *Transportation Research Record Journal of the Transportation Research Board*, 297(11):163—171.

G., Michaels, 2006, "The Effect of Trade on the Demand for Skill: Evidence from the Interstate Highway System", *Lse Research Online Documents on Economics*, 90(4):683—701.

S., Mittnik, and Neumann T., 2001, "Dynamic Effects of Public Investment: Vector Autoregressive Evidence from Six Industrialized Countries", *Empirical Economics*, 26(2):429—446.

Y. T., Mohmand, Wang A., and Saeed A., 2016, "The Impact of Transportation Infrastructure on Economic Growth: Empirical Evidence from Pakistan", *Transportation Letters*, 9(2):63—69.

Moshe Givoni, 2006, "Development and Impact of the Modern High-speed Train: A Review", *Transport Reviews*, 26(5):593—611.

Munnell, A. H.,1992, "Policy Watch: Infrastructure Investment and Economic Growth", *Journal of Economic Perspectives*, 6(4):189—198.

Nerlove, M., 1966, "Railroads and American Economic Growth", *Journal of Economic History*, 26(1):107—115.

Nickell, S., 1981, "Biases in Dynamic Models with Fixed Effects", *Econometrica*, 49(6):1417—1426.

T., Nijman, Verbeek M.,1990, "Estimation of Time-dependent Parameters in Linear Models Using Cross-sections, Panels, or Both", *Journal of Econometrics*, 46(3):333—346.

Nurkse, R.,1953, *Problems of Capital Formation in Developing Countries*, Oxford, UK: Basil Blackwell.

D., Okoye, Pongou R., and Yokossi T., 2016, "On the Dispensability of New Transportation Technologies : Evidence from Colonial Railroads in Nigeria", *Working Papers*.

Ord, J. K.,and A. Getis, 1995, "Local Spatial Autocorrelation Statistics: Distributional Issues and an Application", *Geographical Analysis*, 27(4): 286—306.

E., Ortega, López E, and Monzón A.,2012, "Territorial Cohesion Impacts of High-speed Rail at Different Planning Levels", *Journal of Transport Geography*, 24(4):130—141.

G., Ottaviano,Tabuchi T., and Thisse J. F., 2002, "Agglomeration and Trade Revisited", *International Economic Review*, 43(2):409—435.

Ozbay, K., D. Ozmen-Ertekin, and J. Berechman, 2007, "Contribution of Transportation Investments to County Output", *Transport Policy*, 14 (4): 317—329.

PEDRO CANTOS, MERCEDES GUMBAU-ALBERT, JOAQUÍN MAUDOS.,

2005，"Transport Infrastructures，Spillover Effects and Regional Growth：Evidence of the Spanish Case"，*Transport Reviews*，25(1)：25—50.

Percolo，M.，2003，"Transport Infrastructure and Regional Development"，*Analytical Transport Economics an International Perspective*，21：208—232.

Peri，G.，V. Yasenov，2018，*The Labor Market Effects of a Refugee Wave：Synthetic Control Method Meets the Mariel Boatlift*，Social Science Electronic Publishing.

Peter，Allen，2001，"A Sub-Regional Development Approach—Transport，International Trade and Investment Modeled in Space"，*SSRN Working Paper*.

Pradhan，R. P.，T. P. Bagchi，2013，"Effect of Transportation Infrastructure on Economic Growth in India：The VECM Approach"，*Research in Transportation Economics*，38(1)：139—148.

Pradhan，R. P.，Samadhan B.，Pandey S.，2013，"Transportation-Communication Infrastructure and Economic Growth：The Panel VAR Application"，*Journal of Economic & Social Research*.

Puga D.，A. J. Venables，2010，"Agglomeration and Economic Development：Import Substitution vs Trade Liberalisation"，*Economic Journal*，109 (455)：292—311.

Qin Y.，2017，"No County left Behind? The Distributional Impact of High-speed Rail Upgrades in China"，*Journal of Economic Geography*，17(3)：lbw013.

Rafael Flores De Frutos，Mercedes Gracia-Diez，and Teodosio Pérez.，1998，"Public Capital Stock and Economic Growth：an Analysis of the Spanish Economy"，*Applied Economics*，30(8)：985—994.

Rafael González-Val，Lanaspa L，and Pueyo F.，2009，"Trade Policies，Concentration，Growth and Welfare"，*Economic Modelling*，26(6)：0—1364.

Rephann，1993，"Highway Investment and Regional Development"，*Urban Studies*，30(2)：437—450.

Rierveld, Roger Vickerman, 2004, "Transportin Regional Science: The Death of Distance is Premature", Regional Science, 83:229—248.

Percolo, Marco., 2003, "Transport Infrastructure and Regional Development", *Analytical Transport Economics an International Perspective*, 8:208—232.

Romp, W., and J D H., 2007, "Public Capital and Economic Growth: A Critical Survey", *Perspektiven Der Wirtschaftspolitik*, 8(S1):6—52.

Rosenstein-Rodan, P. N., 1943, "Problems of Industrialisation of Eastern and South-Eastern Europe", *Economic Journal*, 1943, 53:202—211.

Rosina, Moreno, Enrique Lópezbazo, and Manuel Artís, 2003, "On the Effectiveness of Private and Public Capital", *Applied Economics*, 35(6):727—740.

Rostow W. W., 1959, "The Stages of Economic Growth", *Economic History Review*, 12(1):1—16.

Ruth A., Judson, and Ann L. Owen., 1999, "Estimating Dynamic Panel Data Models: a Guide for macroeconomists", *Economics Letters*, 65(1):9—15.

Sala-I-Martin, X., 1997, "IJust Ran Two Million Regressions", *American Economic Review*, 87(2):178—183.

Samuelson, P. A., 1952, "The Transfer Problem and Transport Costs: The Terms of Trade When Impediments are Absent", *The Economic Journal*, 62(246): 278—304.

B., Sanchez-Robles, 1998, "Infrastructure Investment and Growth: Some Empirical Evidence", *Contemporary Economic Policy*, 16(1):98—108.

Sands B., 1993, "The Development Effects of High-Speed Rail Stations and Implications for California", *Built Environment*(1978—), 19(3/4):257—284.

Sasaki, K., Ohashi T., and Ando A., 1997, "High-speed Rail Transit Impact on Regional Systems: Does the Shinkansen Contribute to Dispersion?", *Annals of Regional Science*, 31(1):77—98.

Serven, L., and C. Calderon, 2004, "The Effects of Infrastructure

Development on Growth and income", *Econometric Society 2004 Latin American Meetings Econometric Society*, 2004.

Sims, C., J. Stock, and M. Watson, 1990, "Inference in Linear Time Series Models with some Unit Roots", *Econometrica*, 58: 113—144.

Sloboda, B. W., and Yao V. W., 2008, "Interstate Spillovers of Private Capital and Public Spending", *Annals of Regional Science*, 42(3):505—518.

Spiekermann, K., and M. Wegener, 1994, "The Shrinking Continent : New Time-space Maps of Europe", *Environment & Planning B*, 21(6):653—673.

Stephan, A., 2000, "Regional Infrastructure Policy and Its Impact on Productivity: A Comparison of Germany and France", *Applied Economics Quarterly*, 46: 327—356.

Stéphane, Straub, "Infrastructure and Development: A Critical Appraisal of the Macro-level Literature", *Journal of Development Studies*, 2011, 47 (5): 683—708.

J. E., Sturm, and Haan J. D., 2005, "Determinants of Long-term Growth: New Results Applying Robust Estimation and Extreme Bounds Analysis", *Empirical Economics*, 30(3):597—617.

J. E., Sturm, Kuper G. H., and Haan J. D., 1998, *Modelling Government Investment and Economic Growth on a Macro Level: A Review*, *Market Behaviour and Macroeconomic Modelling*, Palgrave Macmillan UK.

Summerhill W. R., 2005, "Big Social Savings in a Small Laggard Economy: Railroad-Led Growth in Brazil", *Journal of Economic History*, 65(1):72—102.

Sylvie, Démurger, 2001, "Infrastructure Development and Economic Growth: An Explanation for Regional Disparities in China?", *Journal of Comparative Economics*, 29(1):0—117.

Tang, J. P., 2014, "Railroad Expansion and Industrialization: Evidence from Meiji Japan", *Journal of Economic History*, 74(3):863—886.

Targa, F., K. Clifton, H. Mahmassani, 2005, "Economic Activity and Transportation Access: An Econometric Analysis of Business Spatial Patterns", *Transportation Research Record Journal of the Transportation Research Board*, 1932 (1):61—71.

Temple, J., 2000, "Growth Regressions and What the Textbooks Don't Tell You", *Bulletin of Economic Research*, 52:181—205.

Thisse, J. F., 2009, "How Transport Costs Shape the Spatial Pattern of Economic Activity, Sourceoecd Transport", 27:17—43.

Thompson, I. B., 1995, "High-speed Transport Hubs and Eurocity Status: the Case of Lyon", *Journal of Transport Geography*, 3(3):29—37.

Timothy J., Fik, 1988, "Hierarchical Interaction: the Modeling of a Competing Central Place System", *Annals of Regional Science*, 22(2):48—69.

Tobler, W., 1979, "Smooth Pycnophylactic Interpolation for Geographical Regions", *Publications of the American Statistical Association*, 74(367):519—530.

UK Department of Transport(UK DOT), 1989, *Roads for Prosperity*, London: HMS.

Vamplew, W., 1971, "Railways and the Transformation of the Scottish Economy", *Economic History Review*, 24(1):37—54.

Van den Berg, L., and P. Pol, 1997, "The European High-peed Train Network and Urban Development", Paper Presented at the European Regional Science Association 37th European Congress, Rome, Italy, August 1997.

Venables, A. J., 1996, "Equilibrium Locations of Vertically Linked Industries", *International Economic Review*, 37:341—359.

Vickerman, R., 1997, "High-speed Rail in Europe: Experience and Issues for Future Development", *Annals of Regional Science*, 31(1):21—38.

Wang, Y., G. Wang, and H. Ding., 2008, "The Ex-Ante Evaluation of Impacts of Beijing-Shanghai High-Speed Railway on WanBei Area (in Chinese)", *Modern*

Econ. Inform，(10)：128—130.

White，C. M.，1976，"The Concept of Social Saving in Theory and Practice"，*Economic History Review*，29(1)：82—100.

Wilfred，Owen.，1987，*Transportation and World Development Baltimore*，Johns Hopkins University Press.

Wylie，P. J.，1996，"Infrastructure and Canadian Economic Growth，1946—1991"，*Canadian Journal of Economics* 29：S350—S355.

Xu，H.，and K. Nakajima，2015，"Highways and Industrial Development in the Peripheral Regions of China"，*Papers in Regional Science*，96(2)：325—356.

Yamasaki，J.，2017，"Railroads，Technology Adoption，and Modern Economic Development：Evidence from Japan"，*Iser Discussion Paper*，2017.

Young，A. A.，1928，"Increasing Returns and Economic Progress"，*Economic Journal*，38(152)：527—542.

Yu，N.，Jong M. D.，Storm S.，et al.，2013，"Spati Spillover Effects of Transport Infrastructure：Evidence from Chinese Regions"，*Journal of Transport Geography*，28(4)：56—66.

Yu，J.，Jong R.，and Lee L.-F.，2006，"Quasi-maximum Likelihood Estimators for Spatial Dynamic Panel Data with Fixed Effects when both N and T are Large"，The Ohio State University.

Zellner，Arnold，1962，"An Efficient Method of Estimating Seemingly Unrelated Regressions and Tests for Aggregation Bias"，*Publications of the American Statistical Association*，57(298)：348—368.

弗里德里希·李斯特：《政治经济学的自然体系》，商务印书馆 1997 年版。

罗雪尔：《历史方法的国民经济学讲义大纲》，朱绍文译，商务印书馆 1981 年版。

威廉·配第：《爱尔兰的政治解剖》，周锦如译，商务印书馆 1974 年版。

亚当·斯密：《国民财富的性质和原因的研究》，郭大力、王亚南译，商务印书馆 1982 年版。

伊特韦尔:《新帕尔格雷夫经济学大辞典》,经济科学出版社 1996 年版。

约翰·穆勒:《政治经济学原理及其在社会哲学上的若干应用》,胡企林、朱泱译,商务印书馆 1991 年版。

肯尼斯·巴顿:《运输经济学》,李晶等译,商务印书馆 2002 年版。

边啸:《交通基础设施对全要素生产率影响研究——基于我国省际面板数据》,北京交通大学,2016。

陈飞:《区域经济增长理论从分化到整合的空间经济学分析》,《天津财经大学学报》,2009 年第 3 期。

陈祖华、夏川:《江苏省区域经济差异的探索性空间数据分析》,《经济论坛》2013 年第 5 期。

程必定:《区域经济学》,安徽人民出版社 1989 年版。

崔淑丹、李星野、熊静等:《我国经济增长和货运周转量之间的互动关系检验》,《统计与决策》2008 年第 8 期。

邓丹萱:《交通基础设施的网络效应及溢出效应的实证研究》,对外经济贸易大学,2014。

邓明:《中国城市交通基础设施与就业密度的关系——内生关系与空间溢出效应》,《经济管理》2014 年第 1 期。

董大朋:《交通运输对区域经济发展作用与调控》,东北师范大学,2010。

董亚宁:《交通基础设施、空间溢出与区域经济增长——基于我国省级层面的实证研究》,《商业经济研究》2016 年第 3 期。

董艳梅、朱英明:《高铁建设能否重塑中国的经济空间布局——基于就业、工资和经济增长的区域异质性视角》,《中国工业经济》2016 年第 10 期。

冯伟、徐康宁:《交通基础设施与经济增长:一个文献综述》,《产经评论》2013 年第 3 期。

高爽:《清末民初铁路建设与经济发展之关系:基于河南的定量研究》,《中国经济史研究》,2016 年第 3 版。

郭劲光、高静美:《我国基础设施建设投资的减贫效果研究:1987—2006》,《农业经济问题》2009 年第 9 期。

郭庆旺、贾俊雪:《基础设施投资的经济增长效应》,《经济理论与经济管理》2006 年第 3 期。

郭晓黎、李红昌:《交通基础设施对区域经济增长的空间溢出效应研究》,《统计与决策》第 4 期。

何江、张馨之:《中国区域人均 GDP 增长速度的探索性空间数据分析》,《统计与决策》2006 年第 22 期。

侯光雷、王志敏、张洪岩等:《基于探索性空间分析的东北经济区城市竞争力研究》,《地理与地理信息科学》2010 年第 4 期。

胡鞍钢、刘生龙:《交通运输、经济增长及溢出效应——基于中国省际数据空间经济计量的结果》,《中国工业经济》2009 年第 5 期。

胡艳、朱文霞:《交通基础设施的空间溢出效应——基于东中西部的区域比较》,《经济问题探索》2015 年第 1 期。

胡煜、李红昌:《交通枢纽等级的测度及其空间溢出效应——基于中国城市面板数据的空间计量分析》,《中国工业经济》2015 年第 5 期。

黄启才:《戴夫·唐纳森对实证贸易经济学的新贡献——2017 年度约翰·贝茨·克拉克奖得主学术贡献评介》,《经济学动态》2017 年第 6 期。

霍旭领、敬莉:《交通基础设施对全要素生产率的溢出效应分析——以新疆为例》,《新疆大学学报(哲学·人文社会科学汉文版)》2014 年第 5 期。

李芬、冯凤玲:《综合交通运输建设规模与经济增长的关系研究——基于 VAR 和 VEC 模型的实证分析》,《河北经贸大学学报》2014 年第 3 期。

李涵、唐丽淼:《交通基础设施投资、空间溢出效应与企业库存》,《管理世界》2015 年第 4 期。

李宏旭、谢元鲁:《川汉铁路线路变迁论析》,《绵阳师范学院学报》2015 年第 7 期。

李敬、陈澍、万广华等:《中国区域经济增长的空间关联及其解释——基于网络分析方法》,《经济研究》2014 年第 11 期。

李一花、于富慧、亓艳萍:《交通基础设施对经济增长的溢出效应分析——基于我国省际动态面板数据分析》,《山东工商学院学报》2018 年第 1 期。

李煜伟、倪鹏飞:《外部性、运输网络与城市群经济增长》,《中国社会科学》2013 年第 3 期。

李祯琪、欧国立、卯光宇:《公路交通基础设施与区域经济发展空间关联研究》,《云南财经大学学报》2016 年第 1 期。

林航、罗宇龙:《上海市公路货运量与经济增长关系的协整分析》,《同济大学学报(自然科学版)》2008 年第 10 期。

林雄斌、杨家文:《中国交通运输投资及其经济溢出效应时空演化——1997—2013 年省级面板的实证》,《地理研究》2016 年第 9 期。

刘安国、杨开忠、谢燮:《新经济地理学与传统经济地理学之比较研究》,《地球科学进展》2005 年第 10 期。

刘秉镰、赵金涛:《中国交通运输与区域经济发展因果关系的实证研究》,《中国软科学》2005 年第 6 期。

刘秉镰、武鹏、刘玉海:《交通基础设施与中国全要素生产率增长——基于省域数据的空间面板计量分析》,《中国工业经济》2010 年第 3 期。

刘荷、王健:《交通基础设施对制造业集聚的溢出效应:基于地区和行业的实证分析》,《东南学术》2014 年第 4 期。

刘甲炎、范子英:《中国房产税试点的效果评估:基于合成控制法的研究》,《世界经济》2013 年第 11 期。

刘建强、何景华:《交通运输业与国民经济发展的实证研究》,《交通运输系统工程与信息》2002 年第 1 期。

刘钜强,赵永亮:《交通基础设施、市场获得与制造业区位——来自中国的经验数据》,《南开经济研究》,2010 年第 4 期。

刘生龙、胡鞍钢:《交通基础设施与中国区域经济一体化》,《经济研究》2011 年第 3 期。

刘生龙、郑世林:《交通基础设施跨区域的溢出效应研究——来自中国省级面板数据的实证证据》,《产业经济研究》2013 年第 4 期。

刘树成:《现代经济辞典》,凤凰出版社 2005 年版。

刘勇:《交通基础设施投资、区域经济增长及空间溢出作用——基于公路、水运交通的面板数据分析》,《中国工业经济》2010 年第 12 期。

罗会华:《交通运输发展促进发展中大国经济增长的机制研究》,《商学研究》2011 年第 3 期。

吕承超、朱英俊:《交通基础设施、时空依赖与区域经济增长》,《软科学》2016 年第 9 期。

吕稼欢、范文强:《基于 VAR 模型的区域交通运输需求与 GDP 的关系实证分析》,《交通科技与经济》2016 年第 2 期。

马春文:《发展经济学(第一版)》,高等教育出版社出版 1999 年版。

马晓熠、裴韬:《基于探索性空间数据分析方法的北京市区域经济差异》,《地理科学进展》2010 年第 12 期。

倪超军、王丹:《一带一路沿线国家的交通基础设施、空间溢出与经济增长》,《新疆农垦经济》2017 年第 3 期。

潘文卿:《中国的区域关联与经济增长的空间溢出效应》,《经济研究》2014 年第 1 期。

曲创、李曦萌:《经济发展还是要素流失:交通基础设施经济作用的区域差异研究》,《当代经济科学》2015 年第 1 期。

任晓红、张宗益:《交通基础设施与制造业区位选择的空间计量经济学分析》,《经济问题探索》2010 年第 10 期。

荣朝和、柴为群:《对福格尔关于铁路与经济增长关系理论的评论》,《北京交通大学学报》1996 年第 3 期。

邵燕斐、王小斌:《中国交通基础设施对城乡收入差距影响的空间溢出效应》,《技术经济》2015 年第 11 期。

宋德勇、胡宝珠:《克鲁格曼新经济地理模型评析》,《经济地理》2005 年第 4 期。

宋英杰:《交通基础设施的经济集聚效应》,山东大学,2013。

苏治、胡迪:《通货膨胀目标制是否有效?——来自合成控制法的新证据》,《经济研究》2015 年第 6 期。

覃成林、张伟丽:《区域经济增长俱乐部趋同研究评述》,《经济学动态》2008 年第 3 期。

陶文达:《经济发展与发展经济学的几个问题》,《教学与研究》1992 年第 1 期。

田书华:《中国区域经济的发展历程及发展趋势》,http://blog.sina.com.cn/s/blog_51bfd7ca0101e2l7.html。

佟家栋、涂红:《加入 WTO 与发展中国家的市场制度建设》,《世界经济》第 7 期。

童光荣、李先玲:《交通基础设施对城乡收入差距影响研究——基于空间溢出效应视角》,《数量经济研究》2014 年第 1 期。

万丽娟、刘媛:《中国交通基础设施投资适度性理论及实证检验》,《重庆大学学报(社会科学版)》2014 年第 5 期。

王刚:《交通设施建设与空间溢出效应对区域经济增长影响模型研究》,《公路交通科技(应用技术版)》2013 年第 10 期。

王会宗:《交通运输与区域经济增长差异——以中国铁路为例的实证分析》,《山西财经大学学报》2011 年第 2 期。

王劲松:《开放条件下内生经济增长理论的研究进展》,《数量经济技术经济研究》2007 年第 10 期。

王任飞、王进杰:《基础设施与中国经济增长:基于 VAR 方法的研究》,《世界经济》2007 年第 3 期。

王武林、杨文越、曹小曙:《中国集中连片特困地区公路交通优势度及其对经济增长的影响》,《地理科学进展》2015 年第 6 期。

王贤彬、聂海峰:《行政区划调整与经济增长》,《管理世界》2010 年第 4 期。

王晓丹、王伟龙:《广东省区域经济差异的探索性空间数据分析:1990—2009》,《城市发展研究》2011 年第 5 期。

王晓东、邓丹萱、赵忠秀:《交通基础设施对经济增长的影响——基于省际面板数据与 Feder 模型的实证检验》,《管理世界》2014 年第 4 期。

王雨飞、倪鹏飞:《高速铁路影响下的经济增长溢出与区域空间优化》,《中国工业经济》,2016 年第 2 期。

魏下海:《基础设施、空间溢出与区域经济增长》,《经济评论》2010 年第 4 期。

许庆斌,荣朝和,马运:《运输经济学导论》,中国铁道出版社 1995 年版。

颜色、徐萌:《晚清铁路建设与市场发展》,《经济学(季刊)》2015 年第 2 期。

杨经国、周灵灵、邹恒甫:《我国经济特区设立的经济增长效应评估——基于合成控制法的分析》,《经济学动态》2017 年第 1 期。

叶昌友、王遐见:《交通基础设施、交通运输业与区域经济增长》《产业经济研究》2013 年第 2 期。

于丽颖:《交通运输对青岛市吸引 FDI 的影响研究》,北京交通大学,2008。

袁冬梅、魏后凯、于斌:《中国地区经济差距与产业布局的空间关联性——基于 Moran 指数的解释》,《中国软科学》2012 年第 12 期。

张光南、李小瑛、陈广汉:《中国基础设施的就业、产出和投资效应》,《管理世界》2010 年第 4 期。

张克中、陶东杰:《交通基础设施的经济分布效应——来自高铁开通的证据》,《经济学动态》2016 年第 6 期。

张培刚:《新发展经济学》,河南出版社 1992 年版。

张文尝,金凤君,樊杰:《交通经济带》,科学出版社 2002 年版。

张文忠:《经济区位论》,经济科学出版社 1999 年版。

张学良、孙海鸣:《交通基础设施、空间聚集与中国经济增长》,《经济经纬》2008 年第 2 期。

张学良:《中国交通基础设施促进了区域经济增长吗——兼论交通基础设施的空间溢出效应》,《中国社会科学》2012 年第 3 期。

张学良:《中国交通基础设施与经济增长的区域比较分析》,《财经研究》2007 年第 8 期。

张学良:《中国区域经济收敛的空间计量分析——基于长三角 1993—2006 年

132 个县市区的实证研究》,《财经研究》2009 年第 7 期。

赵雪阳:《基础设施对浙江全要素生产率的影响研究》,浙江理工大学,2016 年。

赵瑜:《火车头震荡:宜万铁路始末》,作家出版社 2010 年版。

郑广建:《交通基础设施、空间结构调整与区域经济协调》,浙江大学,2014 年。

周浩、郑筱婷:《交通基础设施质量与经济增长:来自中国铁路提速的证据》,《世界经济》2012 年第 1 版。

周江评:《要想富,慎修路——西方学者对交通投资与经济发展关系研究及其对中国的启示》,《国外城市规划》2003 年第 4 期。

周黎安:《晋升博弈中政府官员的激励与合作——兼论我国地方保护主义和重复建设问题长期存在的原因》,《经济研究》2004 年第 6 期。

周黎安:《中国地方官员的晋升锦标赛模式研究》,《经济研究》2007 年第 7 期。

周平、刘清香:《京沪高铁对山东区域经济发展的溢出效应》,《经济与管理评论》,2012 年第 1 期。

踪家峰、李静:《中国的基础设施发展与经济增长的实证分析》,《统计研究》2006 年第 7 期。

图书在版编目(CIP)数据

新兴大国交通运输溢出效应与区域经济增长:以中
国为例/罗会华著.—上海:格致出版社:上海人民
出版社,2019.12
(大国经济丛书)
ISBN 978 - 7 - 5432 - 3086 - 6

Ⅰ.①新⋯　Ⅱ.①罗⋯　Ⅲ.①交通运输建设-基础设
施建设-研究-中国　②区域经济-经济增长-研究-中国
Ⅳ.①F512.3　②F127

中国版本图书馆 CIP 数据核字(2020)第 003503 号

责任编辑　张宇溪
装帧设计　路　静

大国经济丛书
新兴大国交通运输溢出效应与区域经济增长
——以中国为例
罗会华　著

出　　版　格致出版社
　　　　　上海人民出版社
　　　　　(200001　上海福建中路 193 号)
发　　行　上海人民出版社发行中心
印　　刷　苏州望电印刷有限公司
开　　本　787×1092　1/16
印　　张　20.25
插　　页　2
字　　数　294,000
版　　次　2019 年 12 月第 1 版
印　　次　2019 年 12 月第 1 次印刷
ISBN 978 - 7 - 5432 - 3086 - 6/F · 1276
定　　价　85.00 元